白象文化
DYNASTY ESCAPE
王朝大逃亡
Nobu Su 著
Jackie Lun 譯

獻給所有生活和人權受到強權迫害的人們

歷史將會重演嗎？

作者——Nobu Su
（© Odette Sugerman）

目錄

前言

Swap合約（交換合約，又稱掉期合約）：一種金融衍生工具（即根據標的資產情況衍生出來的可以交易買賣的金融工具）的合約，交易雙方約定在未來某一時期相互交換某種資產。

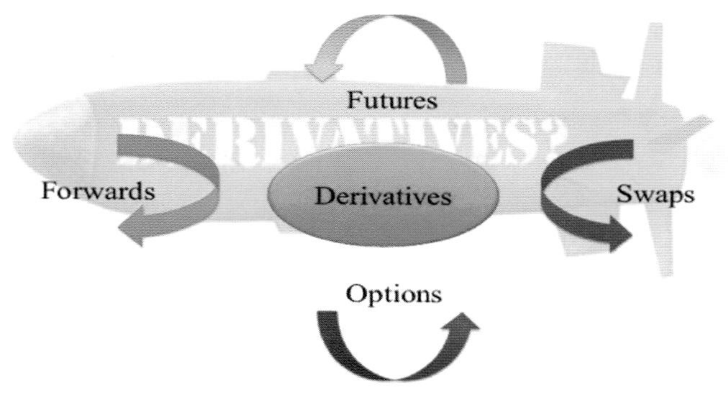

前言1：衍生合約的種類

根據上圖，衍生合約的種類包括：期貨合約（Futures），交換合約（Swaps），選擇權合約（Options）和遠期合約（Forwards）。

書中闡述的是一個真實的故事。它說明了一個道理：交換合約和其他銀行業務需要在全球範圍內被重新評估衡量。簡單來說，這個故事概括了台灣海陸運輸集團（Taiwan Maritime Transportation Group，以下簡稱TMT）的貸款是如何被挾持，以及如何在國民黨的政治王朝走向沒落前從台灣本

地銀行被轉移出去的。這個計畫我們稱之為X計畫。兆豐銀行及其前董事長蔡友才可能在蔡友才口中的台灣前總統馬英九及其夫人周美青（綽號：「大姐」）的指示下從中協助了這個計畫。

蘇信吉是一位亞洲船運巨子及發明家。他擁有TMT集團，是台灣航運業內根據美國《銀行法》的第13.4節申請破產重組保護的第一人。他的故事表明了如果一個中央銀行人員能夠在有政府撐腰的情況下操控交換合約，那麼他／她就可以利用這一點為所欲為。

金融背景

就韓國的財閥系統（the Chaebol system）和台灣的王朝系統來說，台灣和韓國最近幾十年的社會經濟歷史都是非常獨特的。台灣是一個在中國大陸陰影下生存的小國——中華人民共和國根據「一個中國」政策拒絕與任何承認中華民國（即台灣）的國家建立外交關係。迄今為止，全球有20個國家與台灣建立了官方關係，而其餘的國家則通過設立代表處和代表機構等與台灣保持非官方關係。這些代表處和代表機構實際上履行著大使館和領事館的職責。儘管台灣已經完全自治，但是絕大多數有中華人民共和國參加的國際組織都拒絕台灣的加入或參與，除非其不以國家的名義提出申請。從內部來說，它們的政治分歧在於與中國大陸完成統一還是台灣完全獨立，儘管現在雙方都在強化自身政治立場以增加其

政治影響力。

因此，是什麼讓台灣的國內生產毛額（GDP）躋身世界三十強，外匯存底排世界前二十位呢？一個處於亞洲邊緣、人口只有2,300多萬的小島是如何在財政金融上取得如此巨大的成功呢？我的家族在台灣和日本都頗有建樹，因此我對最近五十年來的經濟發展有著獨特的見解。

1997年亞洲金融風暴始於泰國。當時泰國已經外債成災、政府破產、貨幣體系崩潰，由此引起的金融風暴蔓延至東南亞和日本——除了台灣。貨幣貶值、股市下挫、私人債務增加造成了大眾對全球經濟衰退的恐慌。金融風暴最嚴重時，外債對國內生產毛額比率飆升至180%，然而，剛剛完成工業化的台灣並沒有受此影響。最終，國際貨幣基金組織（IMF）介入並提供了金額高達400億美元的紓困貸款以穩定各國貨幣；在此期間，經濟增長停頓、人民暴動頻發、數國政府倒台。自1990年代初開始，儘管在政治上存在著分歧，台灣和中華人民共和國之間仍保持著強有力的經濟聯繫。得益於中國大陸這個逐漸從沉睡中醒來的巨人，台灣富有活力的出口導向型經濟使其真正的平均國內生產毛額年增長達到8%，它的出口更推動了台灣的進一步工業化。台灣的貿易順差額巨大，外匯存底總量躋身世界第五位（2018年）——不得不說，對於一個小國，這實在是一個奇蹟。

在1997年香港回歸以後，台灣憑借其獨特的地理位置一躍成為亞英銀行體系中的領頭羊。在2008年西方金融危機發生時，台灣再次幸免於難。第一個西方的對沖基金在2008年10月登陸台灣，與此同時，西方國家正飽受金融危機困擾，

多家銀行正在接受政府紓困。蘇格蘭皇家銀行（Royal Bank of Scotland）、匯豐銀行（HSBC）、巴克萊銀行（Barclays）、渣打銀行（Standard Chartered）還有澳新銀行（ANZ Bank）都開始在台開展業務。這些銀行一開始都只是商業銀行，投資業務不多。然而，其中一個銀行異軍突起，那就是澳大利亞的麥格理銀行（Macquarie Bank）。它的發展勢頭異常迅猛，很快成為了該銀行集團的在亞洲市場的新星。麥格理專注於投資以中國地區為中心的商品，如煤炭和鐵礦石，其投資業務範圍之廣可與美國的高盛（Goldman Sachs）、摩根士丹利（Morgan Stanley）還有美林銀行（Merrill Lynch）媲美，一躍成為台灣投資銀行的龍頭。

值得一提的是，澳大利亞和紐西蘭的銀行系統與繼承自英國殖民主義的系統是密不可分的。類似於東印度公司的不受規範的運營模式，促使了匯豐銀行、渣打銀行、澳新銀行、紐西蘭銀行、巴克萊銀行以及其他銀行以自由放任主義為中心的方法論的形成。它們依照著在英國銀行等級制度下長期形成的法律及金融習慣運營。

不過，現在先讓我們回顧一下2007—2009年的西方金融危機。其成因有很多，但貪婪是最主要的原因。我在拙作《東方金客》中詳細地闡述了西方大型銀行所執行的巨大騙局——這個故事鮮為人知，我極力推薦讀者們將它作為《王朝大逃亡》的輔助閱讀參考材料。從本書的觀點來看，蘇格蘭皇家銀行對荷蘭銀行（ABN AMRO）的收購超過了其自身的負荷。荷蘭銀行台灣分行是全球表現最好的銀行之一。它在2007年擁有80億美元的現金存款和零衍生品業務，其業務

要麼與現金相關，要麼與穩定的房地產市場相關。而陷入困境的蘇格蘭皇家銀行是一家典型的羅斯柴爾德式「好銀行／壞銀行」企業。它深陷債務擔保證券（CDO）和信用違約交換（CDS）的泡沫；泡沫的最終破裂導致了災難性的混亂局面，以及西方銀行見證過的最大規模的政府金融援助。

然而，金融援助過後，混亂局面必須被清理乾淨，能揭露這個聳人聽聞的銀行騙局真相的證據必須被銷毀。這些最後是通過亞洲銀行在2009—2010年完成的。當時，雪梨、新加坡和其他銀行中心都受到了高度監管，但台灣銀行體系獨特的「王朝」風格在銷毀證據方面發揮了戰略性的作用。2009年，台灣財政部長同意開始債務擔保證券和信用違約交換的衍生品交易，而這些衍生品交易正是西方金融危機的起源。這樣一來，這些有毒資產被隱藏起來，從而不被引入新的監管措施並企圖找出真相蛛絲馬跡的政府所發現。

因此，2007—2009年金融危機後，在清理西方銀行的混亂局面的過程中，台灣銀行了解到交換合約在不受規範的金融交易中非常有效。他們領悟到這是一種他們能加以利用然後從中得益的技術——一個可以套用以實行詐騙的公式。當時，統治了台灣六十多年的國民黨王朝即將結束。據說它在當權期間通過腐敗和欺詐積累了巨額財富。它能夠在沒有任何人知道或懷疑的情況下，找到把這些巨額財富從台灣轉移出去的方法嗎？

這就是蘇信吉先生及其台灣海陸運輸集團參與到這個故事中來的原因。

前言2：蘇信吉先生與民進黨政治人物在討論兆豐銀行案時的合影

CHAPTER 1
歷史背景

明朝軍事家鄭成功在1644年明朝覆滅後抵達台灣島，並成功驅逐了在那裡駐軍的荷蘭人，建立了以台南為首都的東寧王國。鄭氏政權共歷21年（1662年至1683年），在此期間持續西征中國大陸東南沿海乃至清朝的領土。鄭氏家族沿用了荷蘭的稅制，並建立了學校和宗教寺廟。

清朝曾認為台灣是「一個尚未開化的泥球」，因而在1683年以前，台灣從未在任何中國官方地圖上出現過。然而，在鄭成功的孫子鄭克塽被清朝閩南將領施琅擊敗後，台灣正式併入清朝疆域，由福建省管轄。這場戰爭的目的是摧毀鄭氏政權，而不是占領台灣島，因此清朝主張將所有華人遣返大陸並放棄台灣領土。到了1683年，在台灣只剩下大約7,000名華人，全部都是因為與當地原住民通婚而留下來的。

為了杜絕海寇，清朝頒布了一系列管理移民和承認台灣原住民土地權的法令。但是，不斷有大陸的居民移民到台灣，尤以福建南部居民為主。於是，需要納稅的土地與蠻荒之地間的界限逐漸東移，有些原住民被「漢化」，而另一些原住民則退居山中。從1683年到1760年，清朝一直採取措施限制移民進入台灣，但到了1760年，這些限制被解除了。到1812年為止，在台灣有超過200萬的華人移民。

清朝攝政太后、來自滿洲葉赫那拉氏的慈禧在清朝末年成為了實際掌權者。她年少時就成為了咸豐帝的嬪妃，並於1856年生下了兒子載淳。1861年咸豐帝駕崩後，少帝載淳即位，稱號同治皇帝，而慈禧則成為了攝政太后。1875年同治皇帝去世後，她將侄子推上皇位，成為了光緒皇帝。這個做法有悖於清朝「父位子承」的傳統，進一步鞏固了她對清朝的控制。為了加強葉赫那拉氏對清皇室的影響力，慈禧更在1889年把她位居將軍的弟弟的二女兒嫁給了光緒帝，她就是中國歷史上最後一個皇后——隆裕皇后。然而，光緒帝並不親近他的皇后，反而對他他拉氏的珍妃萬般寵愛。慈禧發現此事後將珍妃打入冷宮，最後更將其溺斃在紫禁城中的一口井中。

慈禧堅決反對光緒帝倡導推行的維新變法，並將其軟禁於頤和園。隆裕皇后監視著皇帝的一舉一動並向慈禧太后報告，但此舉並無礙她被普遍認為是一個親切的人。

在這段時期的台灣，閩南各地區的漢族和客家族之間，以及福建華人和台灣原住民之間都存在著不少矛盾和衝突，讓清朝頭疼不已，認為台灣難以管治。台灣還受到外族入侵的困擾——1841年，英軍曾三次入侵基隆，但都被由姚瑩率領的清朝海軍打敗了。1867年，一隊美國入侵者被台灣原住民所殺；之後美國發動福爾摩沙遠征以報復，卻被原住民再次打敗，之後被迫撤退。台灣北部和澎湖列島是中法戰爭（1884—1885年）的主要戰場，法國在1884年10月1日占領了基隆。清將領劉銘傳招募了當地的原住民並將他們收編到軍隊裡，與清軍並肩作戰，終於在淡水之戰中打敗了法軍，

迫使法軍最後全線撤退。鑒於上述多次的外國入侵，清朝從1855年開始修築了一系列的沿海防禦工事，並在1887年將台灣升格成為行省，劉銘傳出任台灣省首任巡撫，首府為台北。劉銘傳將台灣劃分成十一個縣，並修築了從台北到新竹的鐵路，在基隆開設了一個礦場，還建立了一個兵工廠，用以鞏固台灣對外國入侵者的防務。

早在1592年，日本就試圖宣稱對台灣擁有主權，並將其稱為「高砂國」。日本在隨後的三百年中曾對台灣發起零散的入侵，但都無功而返。這主要是由於疾病橫行和島上原住民的反抗。1871年，排灣土著獵頭族人割掉了一艘遭遇海難的琉球船隻上54個船員的首級，日本企圖藉此事件將其在台灣領土的擴張合法化。儘管清朝指出琉球乃中國領土，日本無權干涉中國內政，日本仍宣稱清朝及其海關對這些未開化的野蠻族人根本鞭長莫及，無法控制他們，並且以此作為1874年派出3,600名士兵出兵牡丹社的理由。排灣獵頭族人損失了30名青壯年男性，而日本則損失了543名士兵，只好撤兵。之後清朝派出三個師（約9,000人）鞏固了對台灣的主權。

日本直到在第一次中日戰爭（1894—1895年）中大敗清海軍之後才終於占領台灣。日本的殖民擴張分為三個階段：

1）始政時期，鎮壓一切武力反抗。

2）同化時期，相近平等地對待各種族。

3）皇民化時期，將台灣人民變成忠誠於日本天皇的臣民。

台灣銀行成立於1899年，旨在鼓勵包括三菱和三井集團在內的日本私營公司投資台灣。截至1905年，台灣財政實現了自給自足，基隆港和高雄港的現代化促進了原物料和農產品的海路運輸。有的人願意受日本統治，有的人樂意成為日本天皇的臣民，但中國民主革命者熱衷於光復台灣，回歸祖國。從1897年起，他們發起了多起叛亂，其中最著名的一次是由民主革命家羅福星率領的；他之後不幸被捕，與200名同志一起被處決。羅福星是同盟會的成員，而同盟會是國民黨的前身。

雖然同盟會在台灣沒有打敗日本侵略者，但他們推翻了清朝並在中國大陸建立了中華民國。1908年光緒皇帝逝世，慈禧太后在幾天後也相繼去世。她死前命光緒皇帝兩歲的侄子溥儀繼承皇統。溥儀過繼給了無子的光緒皇后，後者稱號隆裕太后（寓意吉祥和興盛）。隆裕太后攝政，成為清朝的實權人物，參與所有的重大決策。直到1911年辛亥革命，她代表五歲的溥儀簽署退位詔書，才正式走下政治舞臺。

國民黨，即中國國民黨，是辛亥革命後由宋教仁和孫中山創立的政黨。儘管孫中山被尊為「國父」，但他沒有軍權。他於1912年2月12日將共和國臨時總統的職位交給了袁世凱，而後者一手安排了末代皇帝溥儀的退位。1925年孫中山去世後，國民黨內的實際權力落到了蔣介石的手上。他曾在俄羅斯接受培訓，是國民革命軍的領導者。1928年，他成功地統一了中國的大部分地區，結束了民國「軍閥時代」的混亂局面。

此時，台灣已成為服務於日本工業經濟的主要食品生產

地。1935年10月，台灣總督舉行了「始政四十周年紀念台灣博覽會」，以展示在日本統治下台灣如何實現了現代化。這引起了全世界的關注，中國國民黨派遣曾留學日本的陳儀出席了此次會議。他對日本的高效率表示欽佩，並慶幸台灣人能在如此高效的管理下生活。具有諷刺意味的是，陳儀後來成為中華民國第一任台灣省行政長官，並因在其治理下腐敗貪汙之事頻頻發生而臭名昭著。

1937年，隨著日本在華展開與中國的全面戰爭，台灣的工業生產能力已擴大到能夠生產戰爭物資。到了1939年，台灣的工業生產量超過了農業生產量。與此同時，皇民化運動正在繼續進行，以確保台灣人民仍然是日本天皇的忠實臣民。1942年，在美國參加抗日戰爭並支持中國後，中國國民黨政府廢除了與日本的所有條約，並將台灣回歸中國作為戰時目標。1945年，日本無條件投降，結束了其在台灣的統治。

戰後，聯合國裁定台灣由中國行政統治。而在戰爭剛剛結束時，國民黨行政當局與以前日本政府相比是極其腐敗的，又對人民採取鎮壓手段。這引起了人們的不滿，從而導致了國民黨對人民施行鎮壓，史稱「白色恐怖」。在此期間，14萬人因被視為反國民黨而被監禁或處決。許多人因有與共產黨或真或假的關係而被逮捕受刑，被監禁，甚至被處決。由於這些人多數是台灣知識分子、積極分子和社會精英，整整一代的政治和社會領袖都從地球上消失了，其惡劣作為與1989年的「六四事件」相當。

從20世紀30年代起，蔣介石的國民黨政府和毛澤東的共

產黨之間一直籠罩著內戰的陰霾。1949年共產黨獲得內戰勝利後，主要來自國民黨的200萬難民逃往台灣。中華人民共和國在中國大陸成立了，而蔣介石在台北也成立了中華民國臨時（或稱戰時）首都，並將其政府從南京遷到台北。1949年，蔣介石宣布對台灣的軍事統治。在國民黨的統治下，這些來自大陸的國民黨人在未來幾十年裡主宰了台灣。

國民黨接手並控制了原來由日本人擁有的壟斷行業。他們將台灣17%的國民生產毛額國有化，並且宣布由台灣投資者持有的日本國債債券無效。國民黨政府將許多國寶、外匯存底、還有所有的黃金儲備從中國大陸轉移到台灣，並利用這筆儲備支持新台幣，穩定新幣，制止惡性通貨膨脹。

從1950年到1965年，台灣從美國獲得總共15億美元的經濟援助和24億美元的軍事援助。這主要是因為美國政府不希望共產黨進一步擴大其領土範圍。在20世紀50年代，國民黨實施了一項影響深遠的土地改革方案，即在中小農戶中重新分配土地，並用實物土地債券和公營事業股票補償給被征收土地的大地主。一些人將他們的補償轉化為投資資金，開始建立商業和工業企業。這些企業家成了台灣的第一代工業資本家，並促使台灣從農業經濟向商業經濟和金融經濟的轉變。然而，其中受惠最多的是國民黨的精英們，其餘大多數人並沒有受到亞洲四小龍的經濟發展所帶來的好處。

幾十年前就有這麼一個謠言：如果把蔣介石及其夫人還有國名黨的所有資產合併起來，那麼這個數額將會超過整個中國當時全年的國內生產毛額。

圖1.1：蔣介石與國民黨眾

圖1.2：蔣介石及夫人

兆豐銀行的歷史背景

2006年8月21日，中國國際商業銀行（ICBC）與交通銀行（Chiao Tung Bank）合併成立兆豐國際商業銀行（Mega International Commercial Bank Co. Ltd.）。這兩家銀行在台灣和中國都有著悠久的歷史。

中國銀行的起源最早可以追溯到大清銀行及其前身戶部銀行（隸屬於清王朝的財政部門）。在1928年中國中央銀行成立之前，中國銀行一直是國庫的代理銀行，具有發行貨幣的職能。1971年，中國銀行在台灣改制為民營，更名為中國國際商業銀行（ICBC）。而自那時起，中國銀行成為了一家從事國際貿易和外匯交易的特許專業銀行。

交通銀行成立於在中華民國（台灣）建國五年前。自民國成立開始，它跟中國銀行一樣，是一家被授權為政府的代理銀行並具有發行貨幣的職能。1928年它還是一家工業持牌銀行，1975年轉型為工業銀行，1979年再次轉型為發展銀行；1999年，交通銀行從國有控股銀行轉型為民營銀行，並從那時起開始從事貸款展期、股權投資和風險投資業務。

交通銀行和國際證券公司於2002年成立了交銀金融控股公司。之後，它控制了中興票券金融公司和倍利國際證券公司。2002年12月31日，中國產物保險股份有限公司與交銀金融控股公司聯合組建了一個名為兆豐金融控股股份有限公司的聯合企業，簡稱兆豐金控。

2006年8月21日，中國國際商業銀行與交通銀行正式合併，改名為兆豐國際商業銀行股份有限公司。截至2015年

底，該行在台灣擁有107家分行，在海外擁有22家分行，5家支行和5個代表處。加上在泰國和加拿大銀行網絡內的全資銀行子公司，其海外機構總數達到39家。該公司現有員工近6,000人，實收資本總額達新台幣855億元。

由此可以看出，兆豐銀行受國民黨的影響甚巨，因為它既是中國大陸的國民黨，又是台灣的執政黨。

CHAPTER 2
台灣國民黨王朝

在前一章中，我們概述了中國近現代史中關於中華民國（即台灣）建國的那一部分。雖然這本書的目的並不是講述台灣政治或其他方面的歷史，但第二章概括了近幾十年發生的事件以幫助讀者理解本書背景。

國民黨統治下的中華民國，一直被美國和大多數西方國家承認為中國大陸唯一的合法政府，這是因為西方國家由於冷戰而拒絕承認中華人民共和國。國民黨以警惕共產主義的滲透和準備反攻大陸的藉口對台灣實行軍事管制，以一黨專制控制台灣，不允許政治反對派的存在。這種情形一直保持到20世紀70年代。1971年，聯合國承認中華人民共和國北京政府的代表是中國在聯合國的唯一合法代表，因此台灣退出了聯合國。聯合國給予台灣雙重代表權，但蔣介石要求保留台灣的安理會席次，這是北京政府所不能接受的。蔣介石本著「漢賊不兩立」的立場退出聯合國，取而代之的是中華人民共和國。1979年美國與北京政府正式建交。

蔣介石於1975年去世後，其子蔣經國繼任國民黨領導人，頭銜由他父親的「總統」改為「主席」。雖然蔣經國是令人聞風喪膽的特務頭子，但在他治理下的台灣政府逐漸放鬆了政治控制並向民主邁進。儘管反對黨仍然是非法的，但

國民黨不再禁止反對派舉行會議或發表文章。1986年底民進黨成立，蔣經國決定默認其存在，不解散該黨或迫害其領導人。翌年，他停止了對台灣的軍事管制；1988年他去世後，其繼任者李登輝繼續推行政府民主化。李登輝的改革措施包括由中央銀行而不是按照以往慣例由台灣省級銀行印刷鈔票等，但他並沒有成功地打擊到隨處可見、規模甚大的政府腐敗。許多國民黨擁護者認為李登輝改革太多而背叛了中華民國，而反對派則認為他的改革遠遠不夠。

李登輝以時任台灣總統的身分，在1996年台灣首次公民直接投票的總統大選中擊敗民進黨候選人彭明敏。李登輝在任後期被牽涉進政府賣地和購買武器有關的腐敗案件，引起廣泛爭議——雖然沒有執法單位對他採取任何法律行動。

2000年的總統選舉標誌著國民黨一黨統治的結束。民進黨領導人陳水扁在此後八年擔任了台灣領導人。在2004年大選勝利的前一天，陳水扁和副總統候選人呂秀蓮遭受槍擊，民進黨認為這一暗殺行動是由國民黨策劃的。凶手共開了兩槍，其中一顆子彈穿過吉普車擋風玻璃和陳水扁的幾層衣服後擦過其腹部，另一顆子彈則在穿過擋風玻璃後打中呂秀蓮因先前受傷而戴著的護膝。這些都不是致命傷。警方表示，犯罪嫌疑最大的嫌疑人是陳義雄，他指責總統執政後經濟不好，導致其失業，後來被發現時已經死亡。然而，呂秀蓮堅信當時有兩名槍手。

2000年以後，國民黨開始剝離資產以緩解財政困難。交易沒有被公開披露，出售資產後所得資金下落不明。在陳水扁擔任總統職務期間，民進黨在立法院提出了要追回非法所

得黨產並歸還給政府的提案。但由於民進黨對立法院缺乏控制，這一提案沒有實現。國民黨確實承認它的一些資產是通過非法手段獲得的，並承諾將它們返還給政府。然而，沒有人知道這些被視為非法所得的不當黨產究竟有多少？民進黨聲稱這些不當黨產實際上比國民黨承認的多得多，國民黨準備以低於市場的價格出售它們，而不是將它們退還給政府。這些交易的細節從未被公開披露過。

陳水扁在任期間的國內政治在很大程度上是一個政治僵局，因為國民黨在立法機構中僅以微弱的優勢占有多數席位。銀行改革立法是在此僵局中進展甚微的眾多項目中的一個，其初衷為整合台灣多家銀行。2005年台灣通過修憲，建立了一個兼有單席位選區相對多數制和比例代表制的兩票選舉制度，並廢除了國民大會，將其大部分權力轉移到立法院，並以全民公投決定進一步的修憲內容。

政治是一場昂貴的遊戲。政治家需要金錢和資源，尤其他們幾十年來一直被人民又愛又恨。我們已經看到，台灣本地人，或者說是「本地化」的台灣人，一直是台灣人民的主體，無論是原住民還是來自海外最終選擇留下來的冒險者。然而，在過去70年間，一群少數外來者顯而易見地「入侵」了台灣——他們就是在1949年被毛澤東領導下的共產黨打敗後逃離大陸的國民黨。此後，台灣在政治和經濟方面都經歷了巨大的實驗性的改革，而這些改革中的最大成功是直接選舉制度。由於選舉人大多數來自不同的民族，台灣的政治舞臺注定是紛繁複雜的；但是，在全球只有極少數國家的公民能以直接投票的方式選舉其領導人。

2005年，馬英九出任國民黨主席，並於2007年因涉嫌挪用34萬美元而被台灣高等檢察署起訴。但他最後被判無罪，並立即向檢察官提起訴訟。2006年，國民黨將其位於台北中山南路11號的總部以9,600萬美元（幾乎是市場價值的一半）出售給長榮集團，並遷入台北市八德路上一棟較小的樓房。

2008年，國民黨的馬英九在總統選舉中獲勝，前任總統陳水扁及其夫人因賄賂罪名成立後被投入監獄。陳水扁在獄中度過了六年，他的支持者堅持認為他被判有罪是國民黨出於政治動機對其執政八年而實施的報復。2008年，馬英九當選台灣總統，他的妻子周美青成為了第一夫人。周美青夫人曾供職於台灣的兆豐國際商業銀行；在她的丈夫成為總統後她繼續在兆豐銀行「工作」。她出任兆豐國際慈善基金會的祕書，而前兆豐銀行董事長擔任該基金會主席。

對台灣人民來說，金錢的力量是巨大的。除了金錢以外，維持執政黨的運營和供養地方政客還需要一個體系。台灣基礎產業幾乎全部被政府資金通過銀行和國有企業（如兆豐銀行、台灣銀行、彰化銀行、華南銀行、台灣土地銀行、台灣合作金庫銀行、中國鋼鐵、台灣電力、台灣中油、台灣糖業、台灣啤酒等）所控制。國民黨作為在台灣執政多年的執政黨，在銀行、投資公司、石油化工公司、電視臺和廣播電臺等領域建立起龐大的商業帝國，成為世界上最富有的政黨，資產曾一度估計在100億至500億美元之間（不包括長期股息和捐贈，通常被稱為「黑金」）。他們控制了警署和司法部，組成了一個由同一個團體統治的王朝，利用他們的財政權力來控制國家和台灣人民——而在2008年，周美青夫人

成為這個王朝的王后。

中國歷史上有許多王朝如宋朝、明朝、朝等——王朝制度古已有之。台灣的現代政黨制度支持著政治王朝的更替，其方式與古代王朝大同小異，只不過它是通過選票而不是專制來達成這一目的。國民黨王朝在金融方面是一個貴族，並非基於任何的貴族血統，而是基於財富譜系。政治就是力量，金錢成就政治。關於金錢淩駕於道德信念之上的一個好例子就是2016年美國總統選舉。這個事實讓人很不舒服，國民黨對陳水扁的監禁也是如此。

2010年，這種政治報復行為開始讓國民黨王朝不安；對選民報復的恐懼使他們寢食難安、夜不能寐——如果他們再次失去了權力，他們將如何保住自己的巨大財富？即使馬英九在2012年贏了總統大選，國民黨仍然非常恐懼。民進黨再度受到民眾的歡迎，其贏得2016年大選的機會也越來越大。2014年3月和4月，為了抗議國民黨的腐敗和獨裁，大學生們占領了議會大樓（「太陽花學生運動」）。2014年7月，國民黨報告其總資產為8.924億美元，利息收入為新台幣981.52億元，其中很大一部分被懷疑是非法獲得的。類似這樣的事件改變了選民的選舉情緒和對馬英九領導的台灣王朝的觀感，周美青夫人由此看到了不祥之兆。正如馬英九監禁了陳水扁及其妻子一樣，周美青夫人擔心，一旦失去了權力的保護，她和她的丈夫也會遭受同樣的報復。

周美青夫人擔心的結果無可避免，因此很早以前，國民黨王朝就已決定把資金從台灣轉移出來。我們不要忘記，周美青夫人曾在台灣最大的兆豐銀行從事法務相關工作超過

二十五年。她是該行的法務處處長，對台灣、美國、台北外交盟友如巴拿馬（中華民國花費了大量資金維持外交關係的親密盟友）的司法管轄區、中國大陸和英國的銀行交易和法律程序都有著全面的了解。除了她還有誰可以更好地保護國民黨王朝的財政呢？她在仔細地研究了2007—2009年的全球金融危機後，可能沒花太長時間就已經弄清楚該怎麼做：她可以充分利用她的財務和法律專業知識來幫助她的家人和國民黨逃過大難。

國民黨確實有理由感到擔憂：2016年1月，民進黨獲得總統席位，並在立法院取得實質性勝利，獲得其113個席位中的68個席位，占國會的絕對多數。這次選舉標誌著非國民黨首次在立法機構中獲得多數席位。民進黨成立了不當黨產處理委員會，對在戒嚴期間獲得的國民黨資產進行調查，並追回那些被認定為非法獲得的資產。

然而，蔡友才口中的周美青夫人可能沒有等到2016年才開始策劃台灣國民黨資金的轉移——哦，不，她可能在2008年一成為國民黨王朝的王后就開始策劃了。那個時候，她和她的同夥開始注意到我的公司台灣海陸運輸（TMT）集團的「運輸」潛力。

我們再來談談馬英九總統政治世家與情報體系。他優秀的政治情報血統可以從他的母親秦厚修女士談起。秦厚修（1922年11月19日—2014年5月2日），字彤熙，生於中華民國湖南省甯鄉縣，前中華民國國軍中校、公務員、中國國民黨黨員，曾任台灣石門水庫管理局組員。1949年國民黨敗退，她與先生撤退到香港，並於1950年生下馬英九。1952年她隨

夫家來到台灣，後直接進入國防部工作，為國防部總政治作戰局的統計官，官拜中校。而後因為具有統計及商業背景，她在中央銀行外匯局業務科擔任主任一職，在我看來這是為國民黨的「黨庫通國庫」的極佳安排。

秦女士的父親秦承志曾任軍統局第三處處長，負責間諜、反動、暗殺等工作，隨國民黨撤退來台，改任警察廣播電臺主任祕書、文刊總編輯。

圖2.1：惡魔：「戒嚴獨裁和白色恐怖」
國民黨：「噢，那些充滿榮耀的日子！」

CHAPTER 3 金融王朝

國民黨黨產就我認知可以從民國四大家族說起，即「孔」、「宋」、「蔣」、「陳」。陳博達先生曾說過四大家族在其當權的民國初期，就已累積超過200億美元的巨額財產，壟斷了全中國經濟命脈；1949年中國全國國內生產毛額約為180億美元左右。1993年，國民黨中央投資公司總經理劉維琪指出，黨營事業40餘年，營運累積9,639億新台幣。1949年撤退來台後，國民黨在黨國不分的極權統治之下，其投資包含接收日本戰後財產及黨營特許經營之行業，可分為七大控股公司，包括中央投資公司、光華投資公司、華夏投資公司、建華投資公司……等。其轉投資之特許與非特許行業更超過300家以上。為簡單起見，我統稱這些控股公司為「中國投資基金」。

以下為維基百科整理：

・中央投資公司

主要轉投資公司（金融、石化、一般、海外事業、證券投資）：中興票券、國際票券、中央產物保險、台灣苯乙烯、中美和石化、中興電工、東聯化學、中華開發、復華金控、高雄企銀、中鼎工程、建台水泥、信大水泥、亞洲水

泥、新新天然氣、德記洋行、合勤科技、遠東航空、國際投信、幸福人壽、環宇投資、中加投資、清宇環保、灃水營造、漢洋建設、永昌建設、宏啟建設、啟祥實業、中輝建設、金泰建設。

・光華投資公司

主要轉投資公司（能源科技事業）：複華金控、欣高石油氣、欣雄石油氣、欣泰石油氣、欣南石油氣、北誼興業、三星五金、欣欣大眾、遠東航空、聯電、倫飛。

・華夏投資公司

主要轉投資公司（文化事業）：中視、中廣、中影、中央日報、中華日報、正中書局、欣和。

・啟聖投資公司

主要轉投資公司（營建開發）：灃水營造、漢洋建設、永昌建設、宏啟建設、啟祥實業、中輝建設、金泰建設、中華開發。

・建華投資公司

主要轉投資公司（金融事業）：建華銀行、中華開發、中國信託、中興票券、高雄企銀。

・悅升昌投資公司

主要轉投資公司（海外投資事業）：新地平線、賴比瑞亞悅升昌、新加坡大星、昌鈦投資。

・景德投資公司

主要轉投資公司（保險事業）：幸福人壽、中華開發、中華映管、中影。

・其他

主要轉投資公司（航運事業和航空事業）：台灣航業，中華航空，陽明海運，中國造船。

昱華開發、雙園投資、中園建設、豐園建設、齊魯企業、裕台企業、裕台開發實業、盛昌投資、帛琉大飯店、日本台灣貿易開發株式會社、其士國際（英屬維京群島）、KOPPEL、APH Investment及新地平線等。天然氣供應（與退輔會合資者）計有欣隆、欣欣、欣雲、欣嘉、欣南、欣營、欣高、欣雄、欣屏、欣泰、欣芝、欣中等12家。

太子黨

故事可從1970—1980年代台灣政壇的國民黨「四大公子」談起。國民黨四大權貴富二代在中國及香港金融體系所建立的關係包含：

錢復（Frederick Chien／Chien Fu）：駐美代表（1982年11月19日—1990年7月20日）；中華名外交部長（1990年5月30日—1996年6月8日）；現任國泰世華銀行董事，國泰慈善基金會董事長。

其子錢國維（Carl Chien）：1964年12月10日生。學歷：喬治城大學MBA。曾任摩根史丹利資產管理副總裁（華爾街）（1994—1997年）；高盛證券執行董事（1997—2002年）；摩根大通銀行台灣區總經理（2002年），同年8月主導「國泰合併世華案」；摩根大通台灣區總裁（2004年2月）；摩根大通亞太區主席兼任台灣區總裁（2017年）。

連戰（Lien Chan）：中華民國外交部長（1988年7月20日—1990年5月30日）；台灣省主席（1990年6月15日—1993年2月27日）；行政院長（1993年2月27日—1997年8月31日）；中華民國副總統（1996年5月20日—2000年5月20日）

長子連勝文（Sean Lien／Lien Sheng-Wen）：1970年生。GE亞太創投執行董事；摩根史坦利投資銀行副總裁；永豐金控董事（2011年1月—2014年6月）。

次子連勝武（Lien Sheng-Wu）：1974年生。現任鑫鑫資本公司董事長、中盛資本管理執行董事、天津中銀中盛股權投執行董事、永豐商業銀行董事

陳履安（Chen Li-an）：曾任經濟部長（1998年7月20日—1990年6月1日）；國防部長（1990年6月1日—1993年2月1日）；監察院院長（1993年2月1日—1995年9月23日）；富裕創投基金董事長（2002年—至今）

其女陳宇慧（Chen Yu-Hwei）：1973年生。目前任職香港荷蘭銀行。

除了上述之外，還有前副總統蕭萬長的兒子蕭至佑，目前任職台灣工業銀行大陸政策CEO；前副總統吳敦義公子任職於香港金融圈；江丙坤的兒女目前也在中國經商，所以稱之為太子黨。

接下來談談國民黨的前總統馬英九，其座右銘為「溫良恭儉讓」，表面看似溫文儒雅，實質希望大權在握。這從馬英九任內媒體統計所爆發的黨產及金融相關弊案或許可以略窺一二：

1）大巨蛋案：馬英九在卸任前匆促與遠雄集團簽下大巨蛋BOT合約，檢調應追查其中有無弊端。

2）中廣空頭交易案：在馬英九精心設計下，由趙少康成立四家空頭公司，與華夏投資進行假交易，順利取得中廣經營權，整個交易過程都是黑箱作業。

3）中影黑吃黑案：國民黨賣中影公司，採取檯面下交易方式；最後，掛名董事長的蔡正元和出資入主的莊婉均，互控對方黑吃黑。

4）中視洗錢通黨庫案：國民黨將財報淨值一五二億的三中，以四十億元賣給榮麗公司，雙方契約中明列「回算機制」，依這些不動產日後實際處分價格，結算雙

方應取付的價金，涉嫌用此方式洗錢。

5）國發院賣地案：馬英九以四十二億五千萬元，將國發院土地賣給元利建設，雙方在合約中增列但書，土地買賣完成前，國民黨須先負責向政府部門申請完成都市計畫變更，將機關用地改為住宅用地，「馬市長」涉嫌圖利「馬主席」。

6）北市銀超貸中廣案。

7）兆豐金控紐約洗錢案。

8）慶富造船詐貸案。

馬英九（Ma Ying-jeou）：曾任法務部長（1993年）；台北市市長（1998年）；中華民國領導人（2008—2014年）。

配偶周美青（Christine Chow Ma）：曾任職兆豐商業銀行法務處處長。

女婿蔡沛然（Allen Tsai）：曾任職德意志銀行；目前任職於香港摩根銀行，並定居香港。

因此，在全世界緊盯洗錢及國際金融秩序的關鍵時刻，若台灣繼續黨國不分，讓國庫通黨庫，那麼金融幫將會掌控國家利益，使大家族利益、國民黨官二代的利益淩駕於台灣全民利益之上。最後，這樣的損失將不會停止，而且無窮無盡。然而，真相大白總是只差一步之遙。

圖3.1：國民黨在台北被視為「不當黨產」的大樓

CHAPTER 4
騙局開端

蘇信吉，如何在臭名昭著的英國石油公司（BP）墨西哥灣漏油事故發生後，將我的超級油輪A Whale號改裝成除油船在馬康多油井（Macondo Well）協助除油的故事從未被報導過，至少沒被正確地報導過。馬康多油田是一個位於墨西哥灣美國專屬經濟區由BP運營的石油和天然氣井。該油田在2010年4月發生深水地平線（Deepwater Horizon）鑽井平臺爆炸事件，造成人類歷史上最大的漏油事件。為了幫助清理海上浮油，我花費了數百萬美元將我的A Whale號油輪改裝成世界上最大的除油船，讓它可以吸入含油海水，透過Weir系統分離出油，並將清潔過的海水排回大海。

我們成功收集了100萬桶石油和海水混合物。然而，BP曾祕密地向污染海域注入不知名的分散劑將浮油分解成浮油滴，這樣一來，基於水油比重差異（海水為1.025而油小於0.85）的分離技術就沒有了用武之地，從而無法將油從被污染了的海水中分離出來——因為A Whale號的除油設計是基於黑色黏稠的油樣，其中不含任何分散劑。但它在原則上是行得通的，此領域的技術人員和工程師亦已承認了該設計的成功。我不打算深究這件事，然而這件事引起了深遠的影響，直到今天，還有數百起英國石油公司（BP）法律糾紛訴訟仍

在繼續。

美國政府在馬康多井漏油事故發生後發布了一項新法規，該法規不允許任何人在墨西哥灣沿岸一定範圍內採集石油。美國喬治亞州薩凡納的弗蘭克・皮普爾斯（Frank Peeples）先生告訴了我這件事。他的生意遍布美國沿海地區，擁有龐大的物流、倉儲和運輸網絡。因此，我在美國的聯繫人無法向我提供合適的油分散劑樣品，而這影響了最初的改裝設計——這將需要一個月的時間才能將A Whale號油輪的除油系統改裝好。儘管如此，八位美國海軍學院的專家登上了A Whale號油輪，不受限制地收集了世界上最大的有塗層油輪的除油原理的信息。只有用有塗層的油輪才能除油。正常的超大型油輪（VLCC）沒有塗層，因此在除油後，該船將不再適合運輸油類。這就是為什麼我設計的世界上最大的除油船是一個劃時代的發明。

圖4.1：完全塗層的油輪——A Whale號油輪

雖然我已經提交了A Whale號油輪的專利，但我決定讓全世界都可以在將來的石油泄漏事件中使用該專利技術。之後在2015年，美國政府和美國海運局運用了我們的技術，悄然建造了兩艘可以除油的阿芙拉極限型油輪（Aframax tanker）用於處理漏油事故，使他們在A Whale號上獲得的技術與美國漏油事故應急方案相匹配。

2010年6月20日，我在登上A Whale號油輪的駕駛甲板時，收到了辦公室給我的電話，告訴我兆豐國際商業銀行的代表拜訪了TMT的台北辦事處，並會見了TMT集團的財務總監洪國琳先生。兆豐銀行國際部副部長張定華以及兩位年輕的中國信託商業銀行（Chinatrust）代表有意向與TMT建立財務關係。

「在我們看來，蘇信吉先生是台灣的閃亮之星。我們非常樂意貸款給他。」

「這是個好消息。」我從A Whale號的衛星電話回答道。

我告訴我的辦公室把相關文件準備妥當，為A Whale號的姐妹船C Whale號借貸8,400萬美元。我們剛剛為A Duckling號的船公司完成了2,500萬美元的貸款手續，那是一艘剛服役了9年的好望角型散貨船（巴拿馬公司）——一艘掛有巴拿馬國旗的船。該船的貸款交易剛於2010年4月完成，兆豐銀行經過短短三周談判後便跟我們簽署了合同。而兆豐銀行和中國信託商業銀行對C Whale號的聯合貸款（又稱「銀團貸款」）則於兩個月後才開始。

在此有必要向讀者解釋，每艘船都有自己的船公司，換句話說，就是每艘船都在該船的註冊地有一家為之設立的

公司。這是一項出於行政管理目的、標準海事程序，便於在船舶註冊地而不是在船東所在地，或者船舶運營地管理船舶的公司稅和其他海事法規。因此，A Duckling號有相應的A Duckling號船公司；C Whale號亦將有相應的C Whale號船公司。換句話說，船舶將自己負責支付留置權或抵押。當船東用船舶抵押擔保其他船舶時，應保證付款的是船舶本身，而不是船東。

2010年，兆豐銀行當時是台灣最大的銀行，其20%的股份為台灣政府所有，另有20%的股份為中國信託商業銀行（由辜濂松家族控制）所有，剩餘的60%為公有。2010年8月我自美回台並在台北拜訪兆豐銀行的時候，銀行代表們熱烈歡迎了我，並盛讚我是台灣的英雄。他們表示全力支持我的生意，並希望為我的Whale號系列船舶提供融資，使TMT成為本地區的頭號船隊。中國信託商業銀行在提供條款方面非常積極，沒有執行相關的客戶背景調查。他們有五個條件：

1）用現金提前支付整個貸款的7%。

2）我的個人保證。

3）提交一張公司台幣本票。

4）貸款人為在巴拿馬、馬紹爾群島和利比里亞的每艘船的船公司。

5）TMT的公司擔保。

然後，銀行才會以有利條款滿足TMT未來的融資要求。這與西方金融市場的操作完全不同——西方銀行剛剛經歷了2007年至2009年的金融危機，信貸緊縮正在進行中。

中國信託商業銀行制定了一份Whale號輪聯合貸款的招股說明書，涉及到我獨特的設計，包括：

1）在甲板下建造油管，用於裝載和卸載——而在標準船上，它們都暴露在甲板上。

2）混合動力推進——雖然未被批准，但已內置。

3）混合排放泵——雖然未被批准，但已內置。

銀行對聯合貸款（由數個貸方提供的貸款）的要求可能是在台灣總統馬英九的妻子，蔡友才口中的周美青夫人的命令下而做出的。後來，我聽到一些銀行董事長提到她的綽號「大姐」，類似於英文裡的「Big Mama」。

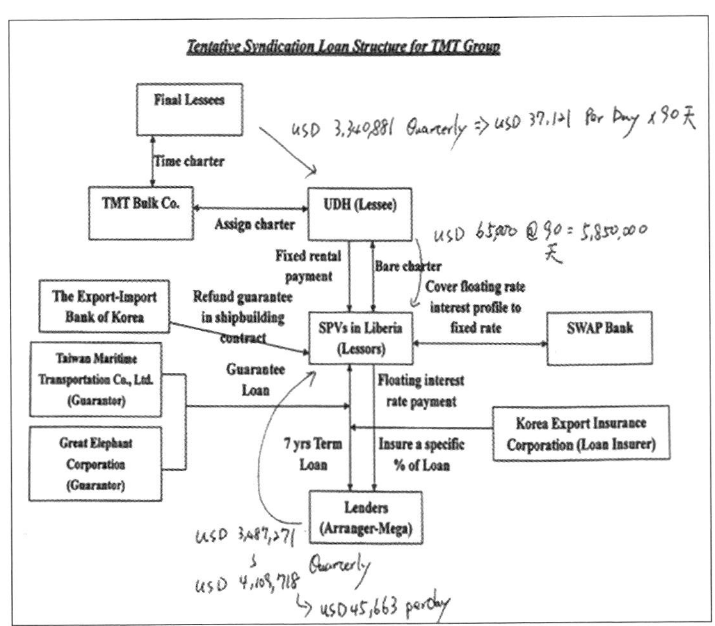

圖4.2：TMT臨時聯合貸款結構示意圖

然而，貸款文件既沒有包含擔保物的描述，包括常見的船舶明細，也沒有包含適當的質押文件，而只有公司財務文件，就好像它是一筆公司貸款一樣。企業融資與正常的船舶融資完全不同。萬一違約，這將導致TMT集團成為違約目標——巴拿馬公司的目標。換句話說，在巴拿馬註冊的船公司可以將責任轉嫁給台灣TMT。具有公司擔保的違約也可以讓貸款人在創建子公司時為所欲為。股份可以被出售給巴拿馬各方——銀行可以接管TMT及其在巴拿馬公司的擔保人；甚至它願意的話，可以更換主席和董事，甚至可以利用公司章程而開設帳戶。

最可疑的是，「Ding & Ding」的名字出現在A Duckling號貸款文件的第一頁。Ding & Ding是一家中文名為「聯鼎」的法律事務所。與位於敦化北路台塑集團總部的理律法律事務所（Lee & Li）不同，聯鼎主要處理馬英九總統及其家族王朝的大部分法律案件，之後，香港的孖士打律師行（Mayer Brown JSM，前身Johnson Stokes & Master LLP）提交對A Duckling號貸款文件的分析指出，這些文件不是正常的船舶融資文件。這些應該是專業的公司貸款文件，已經超出聯鼎的正常職責範圍（僅供參考：他們的郵件地址是dingandding@gmail.com，這看起來很奇怪，因為一家「主流」法律公司竟然用Gmail地址？）。我們相信這是一筆以價值4,000萬美元的船舶為擔保的2,500萬美元的貸款——事實上，它的存在旨在觸發違約條款並啟動公司章程。

此處稍為複雜——在2008年，TMT將一艘名為A Duckling號、船籍為巴拿馬的好望角型船出售給了星散海運公司

（Star Bulk Carriers；納斯達克SBLK）。當時，帕帕斯（Petros Pappas）和我都是星散海運的聯合主席。該船是作為一艘只受帕帕斯控制的船舶（以Vinyl Corporation作為中介）被售的。在2009年，TMT購買了一艘船齡更短的好望角型船，同樣將之命名為A Duckling號，並使用了相同的A Duckling號船公司。在我離開星散海運的董事會後，前A Duckling號輪被賣給了一家帕帕斯私人擁有的公司，並且由巴拿馬的基哈諾法律事務所（Quijano & Associates）還有其他公司處理了這筆頗為神祕的交易。

A Duckling號輪融資得到的2,500萬美元給了巴拿馬TMT股份公司——因此，兆豐銀行知道巴拿馬TMT的存在，他們可以利用美亞博法律事務所（Mayer Brown LLP）將巴拿馬TMT設為二級債權人，而將巴拿馬醜小鴨公司（Ugly Duckling Panama）（我們把股份給了兆豐銀行）設為英國擔保人。考慮到兆豐銀行在巴拿馬擁有巨大的影響力和自由度——台灣與巴拿馬保持著良好的外交關係兼巴拿馬有著兆豐銀行在台灣以外的最大海外銀行業務——兆豐銀行的律師和帕帕斯的律師極有可能在巴拿馬登記處互相勾結，找出如何刪除前A Duckling號輪的船名，並讓新船使用同一名字的方法。當第一筆A Duckling號輪的貸款以2,500萬美元註冊時，兆豐銀行和帕帕斯之間必定已通過律師直接或間接地進行過反覆溝通。

讓我解釋一下：兩艘A Duckling號輪是兆豐銀行與帕帕斯建立聯繫的紐帶。TMT於2008年將造於1991年的前A Duckling號輪售予了星散海運。幾年後，帕帕斯重新將之命名，並將之出售給其子公司，但保留了其巴拿馬船籍。A Duckling號輪

的交易涉及到A Duckling號船公司，TMT在2009年購買新船時保留了該公司。新船隨後在此公司下被賦予相配的名字「A Duckling號」。當帕帕斯試圖刪除舊船的曾用名「A Duckling號」時，巴拿馬的一些律師必須聯繫A Duckling號船公司——但是，A Duckling號公司的全部股份已根據貸款條款抵押給了兆豐銀行。這聽起來真令人費解，不是嗎？但是，這對於熟知海事融資和程序的人來說只是非常標準的東西。

因此，我們因在巴拿馬和倫敦開了很多公司帳戶而在與兆豐銀行的合作中出於劣勢。我的問題是，A Duckling號船公司的股票、註冊登記以及醜小鴨公司的公司章程到底發生了什麼？他們是否與巴拿馬的律師有關？一定有人知道。

雖然我不知道帕帕斯和兆豐銀行之間所有的聯繫和勾結，但我知道當時有很多法律事務所都有參與其中。除了基哈諾以外，白羊座法律事務所（Aries Law）、摩根摩根法律事務所（Morgan & Morgan PA）、巴拿馬運河的律師們還有其他很多人都以這種或那種方式牽涉其中。

還有一件奇怪的事發生在我的C Whale號輪上。正如我所說，當我在馬康多時，這艘船（建造費用為1.55億美元）簽訂了由兆豐銀行和中國信託商業銀行安排的8,400萬美元貸款文件。兆豐銀行的張定華和兩位中國信託商業銀行代表撰寫了招股說明書，其中包括甲板下管道，他們知道這是一筆非常好的投資。然而，兩個星期後，當我還在A Whale號輪上忙著除油的時候，這些銀行要求我提交一些相當可疑的額外文件。我收到了我的財務總監洪國琳先生的電話；我別無選擇，只能接受貸款協議的附錄——假如我在台灣的話，我可

能不會同意。事實是，從未討論過的奇怪的附加文件被插入到衍生協議中，而這些衍生協議從未得到過雙方的同意寫進合同中。合同增加了三頁，允許七家銀行能夠進行衍生品交易。這難道不是證明了，在安排TMT C Whale號貸款的短短幾天前，兆豐銀行運用了來自「中國投資基金」（亦即所謂的「國民黨控股集團」）的資金嗎？

反正對我來說，這已證明了這筆貸款的目的是把「中國投資基金」的資金從台灣轉移到海外。他們極有可能利用我司的貸款，在無人知曉的情況下，將現金從台灣轉移出去。

為什麼是「中國投資基金」？

因為「中國投資基金」中的「中國」是指中華民國，這是國民黨對台灣的官方稱謂；也因為它控制著國民黨的所有現金和投資——就像舊時以中國皇帝為首的封建制度，該基金在以下的三個層面上起著作用：

1）王侯貴族：國民黨的精英們。

2）大臣：那些支持王侯以換取特權的人。

3）奴隸：通過工作來生產財富的普通勞動力。

財富以稅收的形式流向王侯貴族，其中一些財富作為控制奴隸的獎勵給予大臣，而奴隸是靠努力工作創造財富的普通勞動力。這是一個在中國已經運作了5,000年並且今天仍在運作的簡單公式。

所以，你能看到可能正在發生的事情——如果兆豐銀行貸給TMT用於建造或購買船舶的資金，實際上屬於台灣國民黨的話，當這筆錢連本帶利還清時，或者通過迫使TMT違

約並出售其船隻以獲取還款時，這筆錢並不會返回台灣，而是會流到境外的中國投資基金（國民黨）的存款帳戶。這實質上就是洗錢。很可能國民黨就是這樣在沒有人懷疑的情況下，將其通過不當手段獲得的資產液化並通過TMT「運」出台灣。

圖4.3：帕帕斯

CHAPTER 5
「大姐」的「無形之手」

在台灣共有46家受財政部承認的持牌銀行，其中超過20家銀行有銀團金融，幾乎占全部台灣銀行的一半。他們嚴格遵守財政部所謂的「指導方針」，CEO的提名是其中一項。馬英九總統和第一夫人周美青夫人（「大姐」）擁有這些銀行CEO的任免決定權。因此，顯而易見地，「大姐」的「無形之手」或通過財政部的指導方針，又或通過祕而不宣的商業慣例和行業文化左右著這些銀行的最高管理層的決策。銀行業受到政府的嚴格監管，其CEO的提名必須得到政府的許可，因此政府牢牢控制著這些銀行的CEO。事實上，監管機構的辦公室就在高雄、台中和其他主要城市的銀行旁邊——因此，這是一個「旋轉門」機制。從高雄銀行到台中商業銀行，被政府控制的小型銀行一直都採用銀團貸款的方式來分散風險。

正如我說過的，二十多家銀行對A Duckling號船發起了銀團貸款。從今天看，整個TMT船舶融資過程都明顯有些奇怪。所有文件的初衷都是為了A Duckling號巴拿馬公司的融資，除了2011年底簽署並提取了借款的A Whale號貸款文件以及2010年底簽署並提取了借款的B Whale號貸款文件。相關的律師們都聯合起來了，就像銀團聯合一樣——美亞博法律事

務所（Mayer Brown LLP）、孖士打律師行（Johnson Stokes & Master LLP）、聯鼎法律事務所和萬國法律事務所等——相關的律師都涉及了同一個貸款流程。而通常情況下，只會有一家法律事務所負責整個貸款；但在TMT案件中，兆豐銀行卻要求多家銀行共同參與。高度可疑——我的意思是，如果沒有相關服務行業（如會計師和律師）的協同合作，銀行內部將無法出現這樣的密謀，不是嗎？

蔡友才口中的「大姐」周美青夫人在金融世界呼風喚雨。她推薦、提名並更換了許多銀行的負責人，其中一位是蔡友才。蔡友才從2006年起擔任兆豐銀行副總裁，促成了兆豐銀行與交通銀行合併成兆豐國際商業銀行的合併案。他曾多次造訪紐約，或獨自一人，或與周美青夫人一起，完成了兆豐紐約分行最後的設立工作。該分行的地址與中央銀行的地址相同。布希政府甚至向多家台灣銀行，包括兆豐銀行、中國信託商業銀行、上海商業儲蓄銀行和國泰世華銀行頒發了一個名為K條例（Regulation K）的特別許可證，為從事國際交易的銀行控股公司提供了指導方針。

2010年8月，我從BP墨西哥灣深水地平線漏油事件回來後，兆豐銀行的張定華將我介紹給了蔡友才。由於他兢兢業業，忠於國民黨王朝，蔡友才在2010年4月，也就是TMT與兆豐銀行正在進行關於A Duckling號的第一筆交易的時候，成為了兆豐銀行的董事長。我們都是高爾夫球的愛好者。這是巧合嗎？我想不是，他們顯然很熟悉我；我相信他們可以憑此利用我。當蔡友才造訪我的辦公室、並被我帶著參觀了大概三十分鐘的時候，他問：「你打高爾夫球嗎？」

「當然打。」

在台灣，我喜歡打高爾夫球不是什麼祕密。幾天後，他邀請我到他在兆豐銀行的辦公室。再次見到他的時候，他的態度很友善，我們在友好的氣氛中討論了銀行的運作方式。

「你從銀行借錢，銀行收取利息。你支付銀行的利潤差額加上雙方事先同意的利息，然後我們把錢借給你，為你的船舶融資，你想要多少就有多少，就這麼簡單。」

他的敏捷才思和個人魅力都使我深深折服。之後我們一直保持著密切聯繫——如果我有任何問題，我甚至可以在極短時間內在他的董事長辦公室跟他見面。

在兆豐銀行裡，無人不知我們倆的關係很好。我曾邀請他和他的妻子參加Whale號油輪的命名儀式，他當時甚至還發表了演講。他的得力助手陳女士也被多次邀請參觀韓國蔚山的現代重工。蔡友才和我在兩年的時間裡打了80多次高爾夫球，我還個人輔導他的高爾夫球，教他一些竅門和技巧。我對他那與商業文化不符的做法很是好奇。在國際會議和晚宴上，很多銀行的總經理和分行經理都會試圖獲得貸款的預先批准。他卻從來不願意參與這種心照不宣的行業文化，因此我想知道他究竟有多大的權力。

終於有一天，我問他為什麼他不發起與其他銀行的合併，創建一個真正的全球性機構，大到足以與華爾街或倫敦金融城抗衡。他告訴我這是周美青夫人和政府的決定，而不是他的。

「我的薪水很低，我並不想這樣做。」

我對他言不由衷的自謙感到驚訝。

「我在南方的一個小鎮長大。現在的成就對我來說已經足夠了。」

他的微笑中有一絲憤世嫉俗。

他諷刺般的自嘲無損我對他成就的尊重。儘管台灣的國內生產毛額躋身世界前二十位，但是因為台灣與許多國家都沒有建立官方的外交關係，它的全球銀行網絡非常脆弱。新台幣兌換成美元、歐元、日元、英鎊等均需要技巧和外交手段，因為許多銀行都需要一層政治關係的保護，但恰恰他們都缺乏。如同在國際金融叢林中純熟地走鋼絲，蔡友才成功讓兆豐銀行紐約分行被批准成為清算美元的中介銀行，並可以在其旗下開設投資銀行。對於「在南方的一個小鎮長大」的人來說，這個成就不可謂不大。

圖5.1：蔡友才（照片來源：《自由時報》）

除了任命銀行CEO之外，「大姐」周美青夫人還有為家人爭權的能力。2012年，她的長女馬唯中與美籍台灣時裝模特兒蔡沛然結婚。蔡沛然除了是一名時裝模特兒之外，還在銀行界擁有廣泛的人脈。從2006年到2008年，他在香港德意志銀行的睿富房地產基金（RREEF）工作，共事的年輕銀行家包括投資公司SC洛伊（SC Lowy）的李素天（Soo Cheon Lee）等。與馬唯中結婚後，蔡沛然供職於香港摩根大通銀行，並參與了很多重大的金融交易。據說他甚至不需要到摩根大通上班——他被允許「在家辦公」。在香港，企業公司聘請中國大陸和台灣的高級官員的子女在大中華地區開展業務已是司空見慣。這是摩根大通於2016年夏因違反海外資產控制辦公室（OFAC）相關規定而被罰款2.64億美元的原因之一。

我們稍後會詳細介紹此事。

辜氏家族擁有的中國信託商業銀行案更為明目張膽。擁有兆豐銀行20%股份的中國信託商業銀行前董事長辜濂松自日本殖民時代以來便一直與台灣政界人士有著緊密的聯繫。他的兒子辜仲諒對台灣經濟有舉足輕重的影響力——他先是以極低的價格收購了國家開發銀行，再從紐約的一家對沖基金公司手中收購了東京之星（日本）銀行，然後購買了與交通銀行合併後的兆豐國際18%的股份及一家證券公司，並成立包括凱基銀行（KGI Bank）在內的凱基集團（KGI Group）（辜氏集團）。辜氏集團是一個涉及廣泛行業的泛亞商業集團，包括銀行業、製造業、石化、電子業、租賃業、水泥業、金融服務業、酒店業、房地產業、私募股權和投資銀行

業。報導內幕交易是台灣新聞業的禁忌，因為他們為之工作的媒體巨頭也是這個一個圈子的一部分。如果人們開始深究一些不同尋常的問題，許多醜聞可能就會曝光，正如打開了潘朵拉魔盒一樣。

有人會反駁說，只有獲得了政界人士的允許和參與，企業才能有可能在像台灣這樣的小島上進行友好互利的商業活動。也許蔡友才也明白為了達成交易，他別無選擇，只能對「大姐」周美青夫人那「無形之手」妥協。中肯地說，類似的裙帶關係事件不僅在台灣有，而且在全世界範圍內也普遍存在——就金融財政而言，這是極不健康的。

TMT的抵押貸款最初是100%來自中國信託商業銀行和兆豐國際商業銀行這兩家銀行。然後，在提取借款的短短兩周內，此筆貸款在沒有知會TMT的情況下被分成了數個聯合貸款。牽涉在內的其他銀行分別有第一銀行、上海商業儲蓄銀行、永豐銀行、國泰世華銀行和其他幾家被政府控制的銀行。這本身就非常可疑——兩家主要銀行的貸款最後由數個被「中國投資基金」控制的小型銀行所擁有；而正如我所說的，「中國投資基金」只是我對國民黨資產的總稱。

我堅信，「大姐」那「無形之手」由始至終都參與了TMT集團的船舶融資計畫——從一開始，也就是當我在A Whale號的駕駛甲板上第一次接到他們電話並被告知他們願意提供融資來擴大我的業務的時候。要了解一家公司在國內和全球航運業的情況、經歷和業務網並不難。該計畫的最後一步於2011年底實施，那就是國泰世華銀行為A Ladybug號輪——世界上最大和最快的汽車滾裝船——提供融資。極有可

能的是，「大姐」已經向她的銀行CEO們下達命令，要貸款給TMT的某些特定船舶，而當時這些船舶還在韓國現代重工業公司這個全世界最大的造船廠裡。

請您不妨思考一下：這是一種獨特的洗錢方式——事實上，比起還款，違約是「中國投資基金」將其資金安全地轉移出台灣的更快捷的方式。為此，他們需要採取六項重要行動：

1）創建嚴格的違約條款（無任何緩衝時間的「突然死亡」），以便在發生違約時可以控制貸款。

2）要求借款人在提取借款前自己支付現金到保留帳戶。這意味著可以設立一個基金來接收其他來源的資金，或者該基金可以被用作銀行自己的資金，通過信貸創造系統進行借貸。所以，整個貸款不會使用銀行自己的資產負債表。考慮到相關政黨的權力，這是完全有可能的。

3）不要將借款人保留帳戶的日結單和月結單通知給借款人，使得借款人認為這是一筆以質押形式存在的不能動用的現金存款。這筆錢不需要支付利息，也不需要給審計師或借款人提供財務報表；儘管出現在借款人的帳戶裡，但是它很容易地就可以被銀行當成是自己的資金來運作。

4）確保用於建造新船的貸款期限為七年而非十五年，因此違約的可能性非常高。

5）依照這種架構，銀行將使用借款人的資產負債表，而不是自己的資產負債表。

6）銀行貸款時不作客戶背景調查。確保多家銀行參與到此銀團貸款業務中來——將其傳遞到台灣銀行體系的各個環節，以便通過各種渠道轉移資金。

主要幾家台灣銀行很快就參與到TMT集團16艘船的銀團貸款中來。

例如，上海商業儲蓄銀行在20世紀40年代跟隨國民黨到台灣，儘管它在上海已經建立了九十年。該銀行從未做過客戶背景調查，但它向TMT提供了5,000萬美元貸款，用於三艘小型散貨船和一艘名為B Max號的巴拿馬極限型船，這是一艘能夠通過巴拿馬運河船閘室的中型貨船。TMT在世界上共建造了9艘最大的巴拿馬極限型船舶。該銀行參與了許多船舶貸款，從來沒有做過任何的客戶背景調查，也從來沒有設立過可以償還12至15年的正常航運融資款的現金流模式。

另一個例子是永豐銀行，該銀行於2011年12月31日，也就是該銀行的財政年度結束的最後一天，與TMT簽署了一份9,000萬美元的貸款合同，這筆貸款是100%獨家銀行的貸款。奇怪的是，他們要求運營公司（藍鯨公司）在中國銀行香港分行而不是台灣分行開戶。原理是這樣的：如果銀行在台灣開立帳戶並從事貸款活動，然後要求貸款者還款到香港帳戶，這樣理論上就可以把錢從台灣轉移到香港。永豐銀行與當時台灣的副總統兼坐國民黨第二把交椅的連戰關係密切。

同樣的事情也發生在一筆第一銀行的貸款上——第一銀行是排在台灣銀行之後的第二大國有銀行。這筆貸款同樣也在財年結束時完行，並由聯鼎法律事務所創建相關貸款文件。

由於最大的二十家銀行之CEO的提名必須得到國民黨的首肯，蔡友才口中的周美青夫人在金融世界能呼風喚雨、一手遮天並不奇怪。CEO們很可能是通過股權制度和監管「旋轉門制度」被她牢牢控制住的——又是封建制度。蔡友才只是其中一個傀儡。他在2006年擔任兆豐銀行的副總裁，而在2011年就被擢升為董事長。這是出於對他「工作賣力」的讚賞——是否其中一部分「工作」是跟我一起打高爾夫球並讓我陷入一種虛假的輕信感呢？

蔡友才口中的周美青夫人及密友的貸款日程

2010年：12月29日在台灣結束——永豐銀行100％——要求在第一個提款日開設香港帳戶。

2011年：12月29日在台灣結束——第一銀行100％——必須在年底前結束——需要股本。

2012年：第三季度——7月1日——為2011年無擔保貸款要求其他的擔保。

2012年：第四季度——中國信託商業銀行和兆豐銀行的金額2.5億美元的銀團貸款給予了麥格理銀行。

2012年：11月22日——麥格理銀行用中國信託商業銀行和兆豐銀行提供的資金購買了A Ladybug號的貸款，其被批准的授權書是從雪梨發出的。

2013年：2月——在兆豐銀行敦南分行辦公室再融資——孖士打律師行將增編翻譯成英文，但初稿只在孖士打手上。他們對B Whale號貸款使用了相同的伎倆：只有律師的名字，但沒有提供最終文件。

圖5.2：周美青夫人
（照片來源：《三立新聞》：https://www.setn.com/News.aspx?NewsID=344901）

CHAPTER 6
X計畫：執行開始

2012年的總統選舉是國民黨的最後一次狂歡。馬英九僅以51.60％的選票驚險獲勝，國民黨前途黯淡。來自中國大陸的移民選民逐漸老去離世，而已經深知社會財富分配不公的台灣年輕人將投票反對國民黨。許多台灣人選擇回中國，比如上海（今天上海有超過一百萬的台灣人）；在2007—2009年金融危機之後通過世界各地年輕一代傳播的民粹主義也影響了台灣。國民黨注定會在2016年大選中失敗，這個失敗不僅是馬總統和周美青夫人的失敗，而且是作為議會黨的國民黨的失敗。

國民黨即將失去執政黨的地位。

馬總統及其夫人「大姐」周美青還有其他國民黨內部高層對此事的擔憂一定造成了人心惶惶。他們下一步要怎麼走？他們將如何保護自己的財富？一旦民進黨再次當權，他們一定會盡全力找尋國民黨在多年執政期間積累的不當黨產。國民黨在民進黨候選人第一次當選總統時因為仍占議會多數席位而受到了保護，但在2016年之後，情況即將改變。正如我所說，遮蓋不當黨產的手段始於資產剝離。國民黨將國民黨總部半價售予長榮海運集團就是一個例證。以低於價值的價格出售這些資產是一回事，但這筆錢仍然需要被洗白。

長榮、萬海、陽明、裕民、台灣航業、達和和豐業等航運公司都是兆豐銀行的客戶。周美青夫人不難通過她對台灣所有律師的了解和她作為兆豐銀行前法務處處長的經驗來策劃國民黨王朝在金融財政上的大逃亡。

這就是X計畫。

自從我2010年第一次造訪兆豐銀行董事長蔡友才的辦公室以來，我一直跟他打高爾夫球並相處甚歡。2011年和2012年，他曾兩度邀請我跟他一起觀看女子職業高爾夫球協會（LPGA）在台灣的比賽。兩年內我們一起打了超過80次的高爾夫球，還坐私人飛機到馬來西亞的亞庇，在絲綢港灣高爾夫球鄉村俱樂部（Sutera Harbour Golf & country Club）與兆豐銀行前總裁林宗勇一起打了18洞。

以下關於TMT無擔保貸款是如何被兆豐銀行操縱的描述將會非常複雜且難以理解，但我會盡我所能向讀者們解釋清楚。2012年，蔡友才邀請我造訪他位於吉林路的兆豐銀行辦公室。這次會議在友好的氣氛中進行，他告訴我他準備給我一筆有180天循環信用證的無擔保貸款來幫助我購買一艘供油船以便為我的船舶提供燃料。我覺得這筆6億新台幣的貸款是他基於我們兩年的友誼而給我的好處，當然也有我還款情況良好的緣故：我同時在償還之前的原始貸款，已經還了30%，沒有任何拖欠。這聽起來像是天上掉下來的餡餅：用一個價值2,500萬美元的大禮來鞏固我們的關係，只要我願意的話。

幾個月後，這筆金額已經用完，蔡友才在原有的2,500萬美元貸款之上再次批准了1,500萬美元的增加貸款，使貸款總額達到4,000萬美元。協議文件由兆豐銀行的敦南分行準備，

而蔡友才妻子的高爾夫球友、總經理助理陳世明向TMT提供了許多服務，包括一個免費的保險箱，雖然那並不在我的要求之內。

2010年英國石油公司馬康多油井除油事件發生後，TMT船隊被列入眾多公司的黑名單，包括石油市場巨頭埃克森美孚、殼牌、英國石油和道達爾，以及鐵礦石公司市場巨頭必和必拓，力拓和淡水河谷。TMT必須每天償還貸款40,000美元，但其船隊則由於商業巨頭們的抵制而閒置運力，每天收入低於10,000美元。除此之外，因為星散海運案中海洋散貨船運公司（Ocean Bulk）與TMT之間涉及Vinyl Corporation的官司，希臘船運巨頭帕帕斯對TMT南非公司實行「刺破公司面紗」（又稱「否認公司人格」，指在某些情形下，為保護公司之債權人可揭開公司之面紗，否定股東與公司分別獨立之人格，令股東直接負責清償公司債務）。這一點我已在前文提過。然後他開始在世界各地扣押TMT的船舶。幾位希臘船東和英國海事律師也繼續向TMT提出訴訟。

2008年，數艘TMT的船舶被扣押；自那時起，TMT其他的船舶陸續被國泰世華銀行在英國律師喬治・帕納戈波斯（George Panagopoulos）的協助之下，為另一位希臘船東伊萬基羅斯・瑪瑞納克斯（Evangelos Marinakis）的資本海運貿易公司（Capital Maritime & Trading Corp.）扣押。資本海運貿易公司是裡德史密斯法律事務所（Reed Smith LLP）的客戶。

C Ladybug號輪被活躍油輪公司（Active Tankers）扣押了。儘管糾紛金額僅為25萬美元，但這艘2004年從瑪瑞納克斯處購買的價值100萬美元的船舶還是被倫敦仲裁院出售了。仲

裁持續了八年，讓好幾個海事律師賺了大錢。仲裁開始時，TMT忙於其他案件，並沒有支付訴訟費用。精明的裡德史密斯法律事務所的帕納戈波斯以此為藉口讓瑪瑞納克斯扣押了C Ladybug號。作為一項海事訴訟，這是不可接受的，TMT正準備在將來採取行動起訴瑪瑞納克斯及其法律代表。由於沒有支付法律費用，C Ladybug號輪於2012年2月在安特衛普被扣押了。然而涉案的法律費用是在瑪瑞納克斯還是船東時出售船隻所產生的，與TMT無關。那筆法律費用甚至還有三個月才到期。此外，法律費用不是船舶優先權（maritime lien）之一（船舶優先權，又稱海上留置權、優先抵押權，是指特定海事債權人依法享有的、當債務人不履行或不能履行債務時，以船舶為標的的對擔保物優先受償的權利）。所以，律師費不能成為扣船的合法理由，但卻在安特衛普的英國法庭上實實在在地發生了。

最重要的是，國泰世華銀行要求TMT支付7,000萬美元，這個金額遠高於實際未償還的債務。瑪瑞納克斯的律師帕納戈波斯和一位與他共事的不知名的英國律師肯定祕密溝通過。這是我將來需要揭露的另一個謎團。

我還被牽涉進了一起與萬泰深海鑽油公司（Vantage Drilling Corporation）的訴訟裡——它如今叫萬泰國際鑽油公司（Vantage Drilling International）——這導致E Whale號輪被新利德控股有限公司（NewLead Holdings Ltd）扣押給了另一位希臘船東麥克·佐洛塔斯（Michael Zolotas）（希臘人與我八字不合），我則因在英國法庭上缺席而被判處18個月監禁。我雇了一個英國御用大律師（Queen's Counsel）來糾正英國法

院犯的錯誤。他說，如果我出席法庭聆訊並道歉，他們將會減刑到零；但如果我不道歉，那麼法庭會堅持六個月監禁的判決，因為第一次聆訊舉行時我沒有派我的律師出席。在我看來，這個判決是一個笑話，因為它依照的是18世紀英國入侵南海某個島嶼時的先例。據記載，該島的首領因為沒有請一個御用大律師出席法庭聆訊而被視為藐視英國法律制度，因此該島被英國沒收充公。我不確定自那以後還有沒有其他類似的情況發生。起碼同樣情況在任何其他地方都沒有發生過，甚至在2008年金融危機之後美國前財政部長提摩西・蓋特納在美國缺席法庭時也沒有發生過。

我沒有入獄。2013年2月，TMT在蘇黎世機場與新利德和解了糾紛，當時我、船東佐洛塔斯、律師帕納戈波斯和TMT當時的財務顧問亞倫・當納利（Alan Donnelly）都在場。後來，在2015年，佐洛塔斯欺騙了公眾投資者。我發現他在一樁巴林的交易中開了一家假公司，最終被關進了塞浦路斯的監獄。E Whale號的扣押旨在防止TMT發現他的資金流動。真是報應不爽。2009年，佐洛塔斯在陷入困境時向一家名為白羊座海事運輸有限公司（Aries Maritime Transport Ltd.）的上市公司出售了四艘船。他沒有更改帳戶，並繼續向TMT要求把高額費用存進他的私人帳戶。到目前為止，由於我太忙了，暫時沒有向他提起刑事訴訟。

在2012年的夏天，蔡友才告訴我兆豐銀行將有一個來自紐約的新負責人，我們可以重組問題貸款。2012年7月，他請我到台北兆豐銀行總部來跟他會談。與會者包括蔡友才、他的祕書陳世明、TMT的財務總監洪國琳先生和我。在會議期

間，儘管TMT的信用額降至剛過4,000萬美元，但他還是有點擔心地建議我拿出一些抵押來減少4,500萬美元的無擔保貸款的曝險。我當時不太確定這是什麼意思，可是因為我們在過去的兩年中已經建立了信任，於是我告訴他我沒有一艘船的價值恰好符合這個金額，但我可以給他當時價值近1億美元的A Ladybug號輪作為抵押品。他駭笑了起來——他當時心裡一定在說：「這個人好蠢」！TMT的財務總監洪國琳提醒我，此舉意味著在沒有收到任何資金的情況下提供擔保，而這筆資金是將近6,000萬美元的現金。我回答說，沒關係，因為蔡友才告訴我這對我的公司有幫助，我們又是好朋友。

現代重工（HHI）同意免抵押貸款交付A Ladybug號輪，TMT也同意了我的決定，將該船作為之前那筆4,000萬美元無擔保貸款的擔保品。該交易是在兆豐國際商業銀行敦南分行完成的。這是很常見的做法，因為許多台灣銀行通過分行而不是總行提供貸款。那時，我還不知道他們會用A Ladybug號巴拿馬旗艦作為一個騙局的工具。

我們與現代重工的訂單是正在建造中的總價值為26億美元的32艘船，A Ladybug號也在其中。而蔡友才之前從未為在建的其他船舶提供資金，甚至連提及它們也沒有，更絲毫沒有表現出任何興趣。如果我有仔細想，我會意識到某些奇怪的事情——他從未問過我關於TMT業務的事情；他從未問及TMT如何為在韓國現代重工建造的其他船舶融資；他也從未問及《貿易風（TradeWinds）》和路透社（Reuters）等新聞媒體關於TMT訴訟的報導。他對這一切都不感興趣。當然，我當時並不知道這個計畫可能已經開始了，給TMT的貸款可能

來自「中國投資基金」和國民黨，而這一切要在好幾年之後才會曝光。

在2012年9月的一次高爾夫球切磋時，蔡友才告訴我他將重組兆豐銀行。國際部負責人張定華將被新任副總經理替代，而我的帳戶將由一名來自海外的新代理人負責。我當時只是聆聽，然後繼續打球。該銀行在2013年初完成了重組，並且我的新代理人是一位名為邢獻慈（Priscilla Hsing）的女律師。她似乎在國際交易方面非常有經驗，我沒有對此深思過。

考慮到石油和礦石市場巨頭們對TMT的抵制以及與希臘船東們的糾紛，TMT決定聘請艾睿鉑（AlixPartners）投資咨詢公司，專門負責企業重組管理，或稱企業復興。他們是亞倫・當納利推薦的，當納利在倫敦經營著一家名為主權策略（Sovereign Strategy）的咨詢公司。他說，艾睿鉑以重組通用汽車和其他知名公司而聞名，他們可以幫助TMT解決問題。我前往艾睿鉑的紐約辦事處，與他們的顧問麗莎・多諾霍（Lisa Donahue）和艾斯本・克里斯坦森（Esben Christensen）進行了長達八個小時的會議，向他們解釋了TMT的業務。多諾霍向我推薦了她認識的一個航運業專家，倫敦的阿爾伯特・斯坦因（Albert Stein），他與德州休士頓的布雷斯韋爾與朱利安尼法律事務所（Bracewell & Giuliana LLP）有業務聯繫。2月底，艾睿鉑準備好了早期的重組計畫，隨後斯坦因飛往台北並在3月將之提交給銀行。我由於錯過了航班而晚到了一天。

TMT的艦隊是一支由16艘船組成的現代化船隊，平均

船齡為兩年。考慮到我與兆豐銀行領導階層良好的職業關係和私人關係，我相信貸款重組應該不太困難。我沒有想到的是，蔡友才一邊與我切磋高爾夫球技，一邊在我背後捅刀以奪取TMT的資產。

艾睿鉑提交的計畫遭到了銀行的聯合抵制。當我在第二天抵達時，我從洪國琳先生處聽到了這個消息。我立即跟斯坦因一起去到兆豐銀行總部，在那裡我們見到了該銀行國際部的副高級總裁邢獻慈。儘管之前蔡友才曾向我提到過此人，但當時是我第一次跟她見面。她笑著歡迎我們進來，聽了我們要說的話，但極少回答。很明顯，她並沒有把我們當回事，儘管她一直保持微笑。45分鐘的會議後，當我們回到車上時，斯坦因告訴我，這些台灣銀行看起來好像對重組我的債務沒有興趣，也不願意和我們討論。

他預感是對的。跟兆豐銀行見面結束後，我們又去了中國信託商業銀行的敦南辦事處，與那兩位之前為TMT的C Whale號聯合貸款撰寫了招股說明書的精明銀行家見面。他們氣勢洶洶，不願合作，似乎搞不清狀況卻又要跟我們對著幹，因此會議只持續了幾分鐘。我們下午去國泰世華銀行的時候也發生了同樣的事情——他們不想和我們談判。這看起來就好像有人從上層下達命令給這些銀行家一樣。在台灣的銀行體系裡，領導決定一切。如果他們拒絕和我們合作的話，一切都是徒勞的。沒有重組，也沒有興趣。銀行所承諾的什麼與企業「同舟共濟，風雨同路」都是謊言。這就是真相。

但為什麼呢？

因為2013年3月8日在兆豐銀行總部三樓舉行的祕密會議上，兆豐銀行、第一商業銀行和中國信託商業銀行已決定採取法律行動出售TMT的船舶。事實上，我相信兆豐銀行和中國信託商業銀行已經接觸過幾位潛在買家。這很可能是一場銀行聯手以TMT表現不良為藉口來出售其資產的行動。我們是如何發現的呢？這次祕密會議的細節出現在2015年在南非發布的一份帕帕斯E Whale號輪披露的資料裡。它清楚地表明了兆豐銀行和帕帕斯已經相互勾結了一段時間，它迫使TMT接受新的擔保貸款，不費分文就得到了A Ladybug號輪。這一信息在我根據美國《破產法》第11章申請破產後並未向休士頓的法庭披露。我相信台灣銀行向法院提交了偽造的文件並將披露降低至最低程度，這等同於藐視美國的法律制度。

關於破產重組，我之後會有更多的描述。

抵制艾睿鉑的重組計畫也證明了邢獻慈有自己的打算：接手TMT資產並利用它們把國民黨數十億資金轉移出國。顯而易見，蔡友才了解我，知道我聘請了財務顧問。他們不能允許任何能破壞掉我稱之為X計畫的「王朝大逃亡」計畫的機會的存在。所以這個命令下達給了蔡友才——一開始是一筆無擔保貸款，然後是用A Ladybug號輪以及個人和公司擔保，「擔保」了這筆貸款。他們可能向蔡友才解釋了他們需要如何確保非正規貸款能夠被捆綁成台灣16家銀行的總體銀行貸款的一部分，而這些貸款沒有在吉林路的銀行總部而是在敦化分行登記。

我確信蔡友才是按指令辦事，之後我再也沒有見過他。

2013年3月14日，國泰世華銀行董事長下令在比利時的

安特衛普扣押了C Ladybug號輪。其他銀行也紛紛效仿，中國信託商業銀行甚至在參與該聯合貸款的銀團銀行之間散播謠言，說出售TMT船舶能賺大錢。C Handy號輪被扣押，F Elephant號輪將被必和必拓在中國大陸拍賣。他們根本不關心這個情況，因為國民黨可能發布了命令，不允許任何一家銀行跟我就重組進行談判。他們必須採取一致的行動——周美青夫人要控制這些貸款，不能讓TMT和艾睿鉑的債務重組計畫成功。

一切必須按照她的計畫進行！

在2013年4月1日，邢獻慈要求我出售一些資產。但我總覺得她作為兆豐銀行的副總來說過分沉默。她的存在感很低，就像一隻蜘蛛等待著一隻毫無防備的蒼蠅跌入陷阱。那天是愚人節，所以我沒有把她的話當一回事。我相信銀行董事長蔡友才，在過去一年裡我幾乎每周都跟他打高爾夫球，還認識他的妻子和兒子。此外，TMT還提供了足夠的擔保如A Ladybug號輪以滿足兆豐銀行的需求。TMT的資產負債表也非常穩健。然後她問我是否知道某家著名的英國航運基金公司正在尋找價格便宜的優質資產來購買。我聽說過那家公司，但我假裝沒有，因為我自己從來沒有用過它。現在看來，很明顯地，她當時已經有很多祕密買家企圖以低廉價格購買TMT資產。

這表明兆豐銀行已經進入了X計畫的執行階段。

同月的晚些時候，即4月15日，兆豐銀行最終給了TMT沉重一擊。該銀行突然使用一張銀行本票讓TMT在約75分鐘內還款，將原來在90天的限期內分期還款的計畫作廢。兆豐銀

行下午1點45分給我發了一封電子郵件，要求我在銀行下午3點關門前支付170萬美元。如果TMT未能支付，那麼結果將是TMT全部未償還貸款按違約處理。有趣的是，孖士打作為兆豐銀行的律師代表發出該通知，但發給我的電子郵件卻分別來自兆豐總行的李先生和敦南分行的陳女士。這很奇怪，不是嗎？在那個時候根本不可能按其規定還款，所以我開始考慮按照美國《破產法》第11章走申請破產前的流程。根據該流程TMT或許能夠重組其業務，卸掉債務並恢復盈利。

與此同時，我和台北TMT試圖以中小企業的身分尋求政府救助，但TMT的規模使之被排除在中小企業之外，因此憑借中小企業身分重組初步方案失敗了。我和洪國琳試圖提出一個各方都能接受的重組計畫。2013年5月，我們被邀請到兆豐銀行總行，與當時的銀行國際部負責人林先生會面——但奇怪的是，無論是邢獻慈還是她的手下都沒有參與。他要求TMT注資2,000萬美元以重組所有TMT在台灣銀行的融資債務；這與邢獻慈上個月提出的建議大致相同。我對這個被一再提起的提議感到非常奇怪，認為這違反了台灣法律，所以我沒有同意。

我前往艾睿鉑倫敦辦事處，希望能挽救我的公司。與紐約布雷斯韋爾與朱利安尼法律事務所有合作聯繫的斯坦因表示，根據第11章申請破產是個好主意，他們可以在布雷斯韋爾律所的協助下以美國實體申請破產。考慮到其他辦法都行不通而銀行又不準備理性地聽取我們的建議，這個建議頗有說服力。那一天，我在倫敦通過電話聯繫上了在紐約的埃文・弗萊申（Evan Flaschen），他是布雷斯韋爾與朱利安尼法

律事務所介紹給我的。我決定飛去紐約見他。在會議期間，當我問誰來處理破產案時，室內一片寂靜。弗萊申沒有清楚地說明是他還是我處理。

2013年6月17日，當我回到TMT台北辦公室時，洪國琳先生找到了我。

「邢獻慈來了。」

我還沒有從舟車勞頓中恢復過來，但我還是同意了見她。這是我們最後一次見面。她再次要求我接受兆豐銀行的條款。我什麼都沒說。在會議結束時，她問及TMT是否會根據《破產法》第11章申請破產。我沒有說話。我清楚地記得那一刻她的臉充滿了怒氣。我以前從來沒有見過她生氣過。邢獻慈最大的擔憂可能是X計畫不能如期進行，而我們最後一次會議激怒了她，因為我沒有就是否會根據第11章申請破產發表意見。

根據第11章申請的破產有別於一般的破產，因為它使申請破產的公司有復活的機會。根據美國《破產法》第11章申請的破產通常被稱為「破產重組」。這種重組正是TMT和艾睿鉑向銀行提出的方案。第11章允許債務人提出重組計畫，賦予企業生機並在長期內向債權人償還債務。它給了我希望——可是我不知道，由於空前規模的祕密協作和法院被操縱，這個希望落空了。國民黨的政治觸手甚至能夠伸進美國的司法系統。

因為我拒絕了邢獻慈的要求，所以越來越多的船舶在不同的司法管轄區被扣留。這就是我現在回顧這一切是所看到的——TMT船舶對運輸國民黨的資金和貨物毫無知覺；即使

TMT在申請破產重組之前，相關證據已經正在消失。

我希望在未來的訴訟中，這些證據都會被披露。

圖6.1a：兆豐銀行紐約分行：建於1902年，商會原址

圖6.1b：兆豐銀行紐約分行

CHAPTER 7
2013年6月20日：申請破產重組

紐約布雷斯韋爾與朱利安尼法律事務所的埃文・弗萊申對此案頗有信心。我們在開會期間決定撥款15,000美元設立美國TMT採購部。弗萊申建議我們在德州休士頓提交第11章破產申請。

「為什麼在休士頓？」

「休士頓法院的業務量從2008年開始下降，他們需要案件。」

另外，布雷斯韋爾的傑森・科恩（Jason Cohen）是德州南區的美國破產法官伊斯古爾（Judge Isgur）的助理。

2013年6月20日，按照弗萊申的建議，TMT採購部在休士頓的一家法院根據第11章申請破產。無獨有偶，中華民國（台灣）駐美代表金溥聰在同一天從紐約來到休士頓。

這是巧合嗎？

因為在破產重組申請提交後不久，數家台灣銀行迅速地採取了非常奇怪的行動。2013年7月7日，台灣政府下令財政部和金融監督委員會將未償還貸款減半。一些銀行對這種激烈的措施並不滿意。政府這種不尋求獨立第三方意見和分析來進行合理的估值並使用資產來彌補損失的做法是極其異常的。我的意思是，如果船舶被允許出航，那麼它們可以賺錢

——然而，政府卻下達了相反的命令。A Duckling號輪的貸款最初為2,500萬美元，後被削減至1,250萬美元。正如我之前所說的，A Ladybug號輪是一艘新建的價值近1億美元的汽車滾裝船，它4,030萬美元的未償還貸款被減至2,015萬美元。

其實，貸款減半非常耐人尋味。我相信這樣做是為了確保沒有銀行在TMT案件上蒙受損失——帳面上，他們從之前的盈利中蒙受了損失，但實際上出借的資金幾乎可以肯定是從投資方（「中國投資基金」），交給「商業方」（兆豐國際商業銀行），最後借給TMT的。如果是這樣的話，許多銀行實際上並沒有在資產負債表、財務報表和審計分析中有所虧損，只有中央銀行不希望被視為參與騙局或不願意承諾而沒有在此列中。這似乎也證實了TMT貸款並非來自銀行，而是從一開始便來自「中國投資基金」資金。

最大的問題是誰有權力下令將貸款減半？誰可以把這樣的命令發給財政部的負責人？是周美青夫人嗎？

2013年7月7日，財政部下令將TMT債務減半；巧合的是，「中國投資基金」（集體）的負責人代表財政部被任命為兆豐金控的董事。這一切都被掩蓋起來：雖然在法律上兆豐金控並不附屬於「中國投資基金」，但兆豐金控和「中國投資基金」有著相同的工作人員，都與國民黨和財政部有關係。正如我所說，此事錯綜複雜，難以理解。但我決心要將真相解釋清楚，會在完成這本書後寫第三本書中以進一步揭祕。

然後第二件奇怪的事發生了。

巴拿馬船舶登記處顯示，2012年底，A Ladybug號輪的擔

保貸款被出售給了澳大利亞麥格理銀行，但沒有通知TMT，我幾乎肯定這是一種犯罪行為。該登記項原需被刪除，但並沒有，並且有一處奇怪的安排——金額為2,000萬美元的二次抵押貸款的日期被倒填了。二次抵押貸款的信息在巴拿馬登記處出現，相關文件被提交至破產重組法官伊斯古爾。此事非常離奇，更令人震驚的是，許多沒有授權委託書的巴拿馬知名法律事務所都被牽涉在內，包括基哈諾法律事務所、摩根摩根法律事務所、白羊座法律事務所和托爾托拉法律事務所（Tortora Law Firm LLC）。

讓我們把話題轉回到邢獻慈身上——我相信她從第一天開始就知道這筆貸款是由國民黨提供資金的，她的工作就是阻止我發現。她擔心兆豐銀行會被揭發出售A Ladybug號輪的貸款給澳大利亞麥格理銀行。在邢獻慈手下工作的李先生是第一個發現這些奇怪文件的人——電子郵件通知和其他文件都沒有遵循任何銀行的合法規定。這些文件在2013年12月31日下午5點後由人手送遞到TMT——在台灣沒有簽署收件人的人手交付手續不具有法律約束力，而TMT在12月31日下午5點後已經關門了。更耐人尋味的是，直到後來我才發現被牽涉在此案內的巴拿馬律師們從未提交過授權委託書來更改抵押文件。還有其他一些問題在很晚之後才被發現，比如在馬耳他非公開出售三艘Ladybug號船（A Ladybug號、B Ladybug號和D Ladybug號），而這些船從2014年2月開始一直被牽涉進二次抵押貸款問題中。我明白此事相當令人費解，而且還涉及到船舶和馬耳他政府及法律體系，因此我將在下一本書中再詳細說明，敬請關注。

但是，為了簡單起見，我認為該計畫分為兩個階段：

首先，將TMT船舶貸款出售給第三方，從而截斷了與兆豐銀行、中國信託商業銀行等銀行並最終與「中國投資基金」的直接聯繫。其次，船舶在多個國家被扣留後出售所獲得的資金不會回到台灣，而會流進預先安排好的國民黨海外帳戶裡。從前文可以看出，紙質文件線索，或者在很多情況下，電腦數據線索被一次又一次刻意模糊。例如，我認為兆豐銀行在2013年12月30日為了清理資產負債表而偽造了一筆轉帳。文件上面的簽名並非由麥格理銀行簽署，而是通過剪切、黏貼偽造的。這引發了人們的懷疑：A Ladybug號輪被用來籌集5,400萬美元，它要麼被作為第一抵押賣給了麥格理銀行，要麼成為了被紐約州金融署（NYDFS）調查的第一個洗錢防制案件。

我們將在後面的章節中討論已經被曝光的兆豐銀行洗錢防制案。

兆豐銀行選擇了位於紐約、在紐約證券交易所上市的橡樹資本（Oaktree Capital Management），而不是邢獻慈之前問過我的那個英國基金，來處理有關洗錢和支付台灣銀行事宜。橡樹資本通過指定帳戶接收款項，但他們從未披露過橡樹資本作為TMT貸款的買方身分。相反，他們以北美摩根大通作為買方來完成銷售。這些貸款幾乎是以報廢價格出售的，還加上船齡兩年的船舶作為額外資產——這是聞所未聞的。毫無疑問，這個計畫是銀行通過將貸款包裝成他們想要的樣子，將TMT的船舶出售給銀行密切相關的業務合作夥伴。此外，我目前的法律事務所聘請的胡佛斯洛瓦切克法律

事務所（Hoover Slovacek LLP）還發現了台新銀行於2013年11月以極低的利率貸給了橡樹資本一億美元。

第一筆貸款已經轉給了橡樹資本台灣海峽控股有限公司（OCM Formosa Strait Holdings），此事已於2013年11月7日在台灣被披露。然而，按照第11章，2014年1月21日中國信託商業銀行貸款被出售時，相關信息本應已被錄入披露文件，但事實上卻並沒有。這也與代理現代重工領頭的無擔保債權人委員會（Unsecured Creditors Committee；簡稱UCC）的修華及柯塞爾法律事務所（Seward & Kissel LLP）披露的信息有關。該信息披露了購買6艘Whale號船舶的權益通過新光金控（Shin Kong Financial Holdings）的子公司在一次祕密交易中轉給了台新銀行。

順便提一下，TMT的超大型油輪B Elephant號於2013年3月22日被埃及海軍扣留，據稱是因為在亞歷山大港對外的埃及水域損壞了水下電纜。埃及海軍和電信公司向TMT索賠4,000萬美元，同時扣留了船隻和船員。最初有17名船員在船上，然後兩名工程師被允許下船，其餘人員被扣留在船上長達數月。埃及海軍和電信公司要求的賠款顯然過高，這又是一起有國家撐腰的針對TMT的強盜行為。

最後，加拿大的蒂凱油輪公司（Teekay Tankers）CEO彼特・埃文森（Peter Evensen）向倫敦勞埃德銀行（Lloyds of London）支付了一筆金額為1,000萬美元的保障與賠償責任險的保費。之後，蒂凱油輪便成了B Elephant號的所有人。他們僅用了1,000萬美元就獲得了價值超過6,000萬美元的船。這麼驚人的暴利，不是誰都可以賺到的。那麼我的問題來了：為

什麼大不列顛俱樂部（Britannia Club）和保險公司在TMT申請破產之前沒有解決這個問題呢？因為TMT在2013年6月一開始申請破產重組，這些禿鷹就已經在旁虎視眈眈。

到目前為止，TMT已經發現了，涉及TMT破產重組案的馬紹爾群島和巴拿馬旗船舶都在2013年6月20日各登記了每份2,000萬美元的二次抵押。2014年7月所有利比里亞旗船舶都被轉為希臘旗船舶，利比里亞旗船舶的記錄都被銷毀了。TMT懷疑所有利比里亞旗的Whale號船也都各有2,000萬美元的二次抵押。讓我解釋一下——曾經有一個大新聞，指出國民黨存在兆豐國際商業銀行的旗艦基金中有3.2億美元消失了。當時反對黨對此強烈不滿，並在媒體上施壓要起訴銀行。如果您將此事與TMT破產重組案放在一起同時考量，你會發現16艘船、每艘2,000萬美元的二次抵押貸款總計剛好是3.2億美元，即金額為3.2億美元的TMT船舶第二抵押貸款是來自兆豐銀行，或是「中國投資基金」。這是一個驚天醜聞。你無需是一個天才來發現兩者之間的聯繫。

此外，在對月度運營報告（MOR）進行分析後，TMT發現總計有3.76億美元從TMT破產重組案中消失。這是通過大數據分析完成的，因此這個證據已經被完整提交至法庭。「中國投資基金」的3.2億美元肯定是被用於我在前文提到過的每艘船的金額為2,000萬美元的二次抵押，一共16艘船。這筆錢從留置權被移除後，又流進一個由台灣摩根大通銀行CEO Mr. Shi管理的一項投資裡。接下來，橡樹資本向指定帳戶支付了款項，但從未透露是哪個帳戶。摩根大通有三家分支機構參與其中，他們之間是如何轉移資金的我們還不清

楚。當然，5,600萬美元的差額與A Ladybug號有關——更多細節將在下一本書中揭露。

紐約摩根大通銀行的CEO傑米・戴蒙（Jamie Dimon）對此作出了激烈的反應，並於2017年6月底解雇了台灣摩根大通的董事及其手下的十人團隊。沒有任何一家擁有1,000億美元資金的銀行會公布其CEO因違反了「內部」規定——只可能是違反了「外部」的法律——而將其解雇。解雇的真正理由從未向證交會或台灣公眾解釋過。摩根大通之前曾為這種違法行為付出過代價。2016年9月，美國司法部指控摩根大通通過「子女項目」招聘中國大陸政府官員親屬以贏得業務，違反了《反海外腐敗法案（FCPA）》，因此摩根大通不得不繳納巨額罰款以達成和解。

兆豐銀行當時正處於為期兩年、受紐約證券交易所監管的暫停期，而美方的第一次檢查是在2017年7月。華盛頓的美國聯邦儲備委員會（FRB）還因兆豐銀行美國辦事處的反洗錢違規行為對其重罰了2,900萬美元。聯邦儲備委員會向兆豐銀行表示，它需要完善其洗錢防制監督和控制措施，並稱其在紐約、芝加哥和矽谷的分支機構均未有效地遵守美國《銀行保密法（BSA）》和《反洗錢法（AML）》。委員會稱，2016年6月至12月期間，紐約、芝加哥和舊金山聯邦儲備銀行對兆豐銀行進行的檢查披露了其分行在風險管理和遵守《銀行保密法》與《反洗錢法》方面的重大缺陷。

讓我們回到第11章破產重組，代表兆豐銀行和中國信託商業銀行的債權律師是美亞博法律事務所，在亞洲的辦事處稱孖士打律師行。在我看來，此舉很不妥，存在著很大的

利益衝突，因為孖士打律師行的前身Johnson Stokes & Master（亦稱孖士打）在2010年是所有Whale號船的律師代表。但似乎沒有人關心這件事，而美亞博的債權律師查爾斯・凱利（Charles Kelley），並不同意根據第11章提出的重組計畫。事實上，從2010年到2013年，在根據第11章申請破產重組之前發生的所有事情都從未向法院提交證據，即使這些都是與案子相關的並且非常重要，還可能會影響法官的決定。

你可以看到破產重組案變得如此錯綜複雜。除非是有執業資格的破產法律師，否則當時幾乎不可能了解情況，而我恰恰不是。而本書的讀者也會覺得此書難以明瞭，但我會在後續章節中盡量簡述法庭的做法。現在，只能說在幕後發生了很多見不得人的勾當，而我自己和TMT當時都沒有意識到這些。

從總體上來說，國民黨的計畫正在奏效——TMT的重組之路正被複雜難言、兩面三刀的訴訟行為所阻礙。

圖7.1；蘇信吉在破產法庭

CHAPTER 8
被挾持的貸款

X計畫盯上了TMT，並劫持了其貸款——我對此毫無疑問；TMT被用作將資金從台灣銀行轉移到海外目的地的工具——我對此也毫無疑問。這些事實引發了許多問題，而我決心要找到它們的答案。X計畫要取得成功，必須滿足以下條件：

- 它必須是可管理的。
- 它必須是可擴散的。
- 它必須是保密的。
- 它的匯款必須無跡可尋。
- 它必須由少數人分工管理。
- 它必須聘用外部人員來專門管理這項工作，他們完成計畫中的任務後可以繼續做其他工作。
- 它必須擴散到多家銀行中，以達到「大隱隱於市」。
- 它必須讓外國銀行作為中間人參與進來，這樣一來台灣當局鞭長難及，無法監管它們。
- 它在將來必須難以適用司法管轄權。
- 它必須能以看起來合法的方式輕鬆地銷毀證據。

TMT的案例符合了上述所有的條件。

很明顯，兆豐銀行董事長蔡友才遵循了周美青夫人的指示，而蔡友才口中的周美青夫人的舉動很有可能得到了馬總統的支持。我深信了無痕跡地把這筆錢從台灣轉移到海外目的地的並不止蔡友才一個人——我相信他是遵循了第一夫人的命令並得到了總統的首肯的。我花了近十年的時間調查和分析銀行如何利用客戶貸款轉移資金，或者在更複雜的情況下，使用債務擔保證券（CDO）和信用違約交換（CDS）以及其他更新式的金融產品。我可以有把握地得出結論：如果他們與業務純熟的合作夥伴一起策劃，這個計畫絕對會超出財務主管和監管機構檢測非法活動的能力。在只知其一的情況下進行有效的反洗錢調查是不可能的——它需要帳戶被劫持的第三方以及中間人的詳細信息。

中信和橡樹資本推動了X計畫最後一步的執行。他們有一家名為橡樹亨廷頓（開曼）6 CTB（Oaktree Huntington（Cayman）6 CTB）的投資公司。這已經被橡樹資本的法律事務所寶維斯法律事務所（Paul Weiss Rifkind Wharton & Garrison LLP）在2014年7月14日於紐約舉行的破產法庭聽證會上宣誓確認了。橡樹資本的律師給出的解釋相當驚人：橡樹亨廷頓（開曼）6 CTB基金在2014年1月1日之前更名為橡樹資本台灣海峽控股（OCM Formosa Strait Holdings）。因此，2013年12月31日的試算表背後有著很多不為人知的故事。國民黨似乎已向橡樹資本台灣海峽控股有限公司，即前橡樹亨廷頓（開曼）6CTB基金，注資了3.2億美元。我將在下一本書中寫更多這方面的內容。

還有證據顯示，橡樹資本台灣海峽控股公司於2014年1月

21日向兆豐銀行購買了1,350萬美元的貸款，安排給了北美摩根大通，由其副總裁斯蒂芬・克拉克（Stephen Clark）授權簽署。但是，原來簽署的姓名首字母是克里斯・克雷格（Chris Craig）的，但是被劃掉然後以克拉克的簽名覆蓋。克拉克在摩根大通紐約總部工作，克雷格則在倫敦的信用風險部門工作。無獨有偶，台灣銀行的所有申報均向台灣的英國金融行為監管局（FCA）和美國證券交易委員會（SEC）報告，並以北美摩根大通作為貸款的買方。這確實非常曲折神祕：到底是是紐約還是倫敦？

我將在我的下一本書詳細介紹。

中國信託商業銀行一開始出售其擁有的TMT公司1,800萬美元的貸款，麥格理銀行就在同一時間成為了正式的持有資產的債務人（debtor-in-possession，以下簡稱DIP）的貸方。事實上，在兩個月前，麥格理銀行已聯繫艾睿鉑的首席財務顧問（對債務人）麗莎・多諾霍，表示他們願意作為DIP的貸方提供2,000萬美元。DIP的貸方有著重要的地位，並在重組計畫的審批中擁有最終決定權。

為了清楚起見，我認為這裡需要進一步解釋DIP貸款，也就是持有資產的債務人貸款。

在合適的情況下，根據第11章的破產重組可以提供一些選擇來促進融資。如果一家公司需要資金，但貸款人由於擔心法律問題而不願意為該公司融資的話，該破產法令可以提供解決潛在貸款問題的方法。當公司提交第11章破產申請時，公司的管理層和董事會仍然持有該公司，因此稱為「債務人持有資產（DIP）」。當債務公司找到了一個貸款人時，

會提出一項動議，要求破產法庭批准其DIP融資。如果DIP貸款獲得批准，公司將需要確保現有貸方的留置權受到保護（保證不會變得更糟）。現有的貸款人本身可能願意提供DIP貸款，即使它拒絕了在破產範圍之外再提供貸款。

與破產範圍之外的貸款不同，如果法院批准DIP貸款，那麼DIP貸款將不會有法律上的問題——DIP貸款通常由內部人士或「假馬」買方提供，希望能購買該公司的資產。這並不容易，但在合適的情況下，一家處境困難的公司或許能夠使用破產重組下的DIP融資來獲得所需的流動資金，為正式的破產重組提供資金。DIP貸款非常昂貴，因此對於DIP貸方而言非常有利可圖。

當然，麥格理銀行沒有用自己的錢來進行DIP貸款。兆豐銀行給了他們2,000萬美元，他們拿了免費的資金，只交了了1%的費用。所以2,000萬美元就變成了2,020萬美元。來自溫斯頓法律事務所（Winston & Strawn）的查爾斯・施賴伯（Charles Schreiber）在紐約進行超前交易，然後前往休士頓，而他的上司是一位名叫布萊克（Black）的人，他在華盛頓特區工作，並與2012年至2014年的駐美台灣代表金溥聰有密切關係。在破產重組聽證會上，DIP貸款人（麥格理銀行）從未就重組計畫的任何正面的事項達成一致的意見。

那些涉及債務銷售的公司的誠信變得非常可疑。公司名稱一直在變化，直到在破產重組流程中無法確定公司的合法註冊身分為止。

中國信託商業銀行和大眾銀行（台塑集團的一部分）於2014年1月21日至23日連續完成了兩次船舶銷售，並由摩根大

通的斯蒂芬克拉克和兆豐銀行簽署。順便提一句，台塑集團的鋼鐵廠曾向海中排放了大量的有毒污染物。這造成了約115噸死魚被沖上越南海岸。此環境污染對包括當地漁民在內的20萬人的生計造成了負面影響。2016年7月，台塑集團承諾向受有毒排放影響的越南人民支付5億美元的賠償。

我的個人看法是，每艘船的售款中有5,500萬美元到6,150萬美元不等的資金被用作了洗錢用途。2014年1月28日C Whale號以總價5,150萬美元的價格出售給了新的貸款人克里斯・克雷格（Chris Craig）。台中銀行和國泰銀行轉帳的公開網站宣布，北美摩根大通銀行將債務出售給北美摩根大通銀行——換句話說，它們將債務賣給了自己。但款項收據上的日期都是錯誤的——我指的是不可能在收到收據的前一天付款。2014年1月27日，台新銀行是唯一一家沒有出售其E Whale號輪債務的銀行，這讓它在未來間接成為了一個揭祕者，曝光了所有看似非法的交易是如何進行的。然而，如前所述，該銀行已向橡樹資本安排1億美元的有利期限貸款，於2013年9月份開始、11月的第一周結束。台新銀行仍然是D Whale號輪的債權人，但儘管台新銀行是TMT破產重組案的一部分，其1億美元的貸款卻從未在破產重組中被披露。換句話說，他們並沒有向破產法庭宣布真實的情況。

在2013年11月13日提交索賠詳情的最後一天，更多有趣的事情被發現了。整個索賠和債務的真實帳戶沒有以合適的方式提交給美國第11章破產法庭。應該提交給法庭的信息從來沒有被完整地提交過。

我將在下一本書中詳述這些與事實不符的地方。

台灣歐力士（ORIX，日本金融服務公司歐力士集團旗下的分公司）的CEO告訴我，在兆豐銀行債務的銷售中摩根大通是中介，它的轉讓條款使台灣銀行不能成為直接參與方，讓此交易變得不同尋常。我試圖獲得更多細節，但台灣招股書中列明的拍賣過程特別要求不合乎規定的潛在參與者必須銷毀其邀請文件。這些合規條件阻礙了日本公司參與拍賣。因此，在我看來，這些貸款早已經被台灣的銀行監管機構、即國民黨王朝預先決定了向紐約橡樹資本和星散海運的股東君上資本（Monarch Capital）出售。

X計畫已經完成。

我相信以下是事件發生的次序：

- 兆豐銀行、中國信託商業銀行和大眾銀行被國民黨政府和蔡友才口中的周美青夫人告知要祕密參與3.2億美元的無擔保貸款，該貸款於2013年11月被售予了紐約摩根大通——此事並未在休士頓的第11章破產法庭上被披露。
- 2013年11月，台新銀行向橡樹資本提供了1億美元貸款；與此同時，中國信託商業銀行完成了第一筆交易。
- 高雄銀行於2013年12月17日以3.06億美元把貸款的一小部分出售給了香港SC洛伊（SC Lowy）。實際上，整艘船的貸款被分成許多部分——幾乎就像信用違約交換一樣（CDS）。與此同時，澳大利亞麥格理銀行悄悄地把破產重組中的DIP貸款給了TMT，這同樣也沒有被公開披露。

- 兆豐銀行的高層管理人員可通過wkc3@megabank.co.tw團體郵件在內部控制正在發生的一切事情——非常可疑的是，銀行中有三個人的名字是相同的。
- 2013年12月25日，邢獻慈發送電子郵件告訴蘇信吉，一個月後，她不會再負責簽署文件——這是為了遮蓋她與這件事相關的痕跡。
- 國民黨基金（「中國投資基金」）對此罪案注資，以銀行利潤的方式在2013年底完全抵消了這五艘船的所有債務。
- 2014年1月15日，第一筆轉入與國民黨有關聯的銀行（上海商業儲蓄銀行）的貸款被轉入麥格理銀行和德意志銀行。但相關文件是打印在「錯誤紙張」上。實際上全都文件都是打印在「錯誤紙張」上。這不是很奇怪嗎？
- 2014年1月21日，中國信託商業銀行最終將貸款餘額出售給了摩根大通，以便以適當的方式收回資金。該交易已上報到第11章破產法庭。摩根大通一收到這筆錢，便會將其還給台灣的中國信託商業銀行以便讓其看起來就像一筆合法的交易。
- 2014年1月23日，又有350萬美元貸款被售予摩根大通，之後是同樣的操作，簽署人是北美摩根大通的斯蒂芬・克拉克。
- 2014年1月27日，整個聯合貸款的餘額付給了9家銀行。所有牽涉在內的台灣銀行都在1月28日前收到了款項——克里斯・克雷格在倫敦簽署了轉帳文件。

- 2014年1月28日，SC洛伊（SC Lowy）和星散海運的大股東君上資本（Monarch Capital）關於A Whale號的第一筆銀行交易在一天內完成。這是巴克萊銀行（紐約）在一天內用新加坡銀行代碼（SWIFT code）付款完成的唯一一艘船——事實上，這是不可能的。這筆交易是虛構的，從來沒有發生過。
- 2014年1月29日，兆豐銀行，橡樹資本和北美摩根大通銀行均在紐約勾結起來，但它們分別簽署了兩份合同。兆豐銀行和摩根大通在倫敦簽署協議——由信用風險部門的克里斯・克雷格簽署。
- 橡樹資本和北美摩根大通銀行的協議僅由橡樹資本代表橡樹資本台灣海峽控股公司簽署。
- 為什麼這些資金都是分開的？

答案是，橡樹資本把資金匯入兆豐銀行的指定帳戶，而不是摩根大通銀行的帳戶。它應該是給摩根大通的國民黨基金。如果是後者的話，北美摩根大通必須作為資金的最終所有者而把這筆錢存起來，又或者把這筆錢匯出到指定帳戶——要麼是兆豐國際商業銀行的紐約代理（銀行代碼ICBCUS33：ICBC代表中國國際商業銀行，33代表紐約），要麼是國民黨的資金。

E Whale號於2013年初在南非被兆豐銀行扣留，因此當它被公開拍賣時，美國法院的裁決不能適用。那麼，為什麼E Whale號的貸款還款沒有回到破產重組的資產中去呢？第一筆交易是高雄銀行與香港SC洛伊金融投資銀行（SC Lowy

Financial（HK）Limited）之間的交易，但後者在交易中更名為SC洛伊首要投資公司（SC Lowy Primary Investment），地址為台北市敦化北路214號7樓珍妮弗・阿特肯森（Jennifer Atkinson）女士，電話02-5588-1798。這是真實信息嗎？我發現這是理律法律事務所（Lee & Li）的地址，這家法律事務所與台塑集團控股的大眾銀行（最近他們出售了大眾銀行，以遠離這一騙局）相關。這筆交易所得款應該回到破產重組案，而不是回到每月的業務營運報告中。儘管還有一些細節需要確認，但TMT破產重組案和我都可以提供上述的詳細證據。

申請破產重組需要從不同的角度進行分析。請記住，第一銀行、彰化銀行、兆豐銀行、華南銀行、CBT銀行、台中銀行、高雄銀行、台灣銀行、土地銀行和合作銀行都是政府控股銀行，由蔡友才口中的「大姐」周美青夫人提名或官派董事長。

以下是一些有趣的問題，供讀者思考：

1）為什麼麥格理銀行可以作為對破產重組感興趣的投資銀行提供2,000萬美元現金呢（這與它作為貸款持有人的身分有利益衝突）？

2）為什麼SC洛伊這樣的小型基金（其創始人曾供職於德意志銀行）能洞悉先機、參與其中呢？SC洛伊在香港的辦公室毗鄰上海商業儲蓄銀行香港分行，而上海商業儲蓄銀行總部設在台北。

3）為什麼上海商業儲蓄銀行作為一家私人銀行會借貸這麼多，然後又立即將所有債務出售給麥格理銀行呢？

4）為什麼佣金回扣圍繞著麥格理銀行循環流動？（台灣麥格理銀行距離國民黨總部只有三十米）。

2013年12月31日，多家銀行很可能以200萬美元二次抵押貸款的形式從國民黨處獲得了資金，因此他們無需在其財務報表中註銷債務。2014年1月27日，全部債務都已用國民黨資金償還了。台灣銀行被告知這筆債務已被賣給了摩根大通銀行。但實際上，摩根大通從橡樹資本台灣海峽控股公司處（帳戶不詳）獲得了資金，然後於1月29日在紐約支付了這筆錢。有幾筆與中國信託商業銀行、大眾銀行和上海商業儲蓄銀行有關的貸款在11月和12月分別被售予了摩根大通銀行和麥格理銀行。這些交易無疑是可恥的醜聞——日期不匹配，銀行的一舉一動明顯表明他們共謀。他們為什麼要讓摩根大通偽裝交易？為什麼世界上最大的頂尖銀行之一摩根大通需要這樣做？摩根大通管理層中地位最高的台灣銀行家是摩根大通（亞洲）總裁錢國維。他代表整個亞洲的摩根大通，與其歐洲地區的投資銀行和商業銀行分部的負責人一樣，直接向傑米・戴蒙彙報。他也是1990年至1996年擔任台灣外交部長的錢復的兒子。

難道是要把腐敗控制在「國民黨家族範圍內」嗎？

中介銀行需要在破產重組中披露明確的合同。那麼問題來了。摩根大通紐約的副總裁否認倫敦的克里斯・克雷格有權簽署。克雷格的簽名是在一筆中國信託商業銀行和大眾銀行的交易中出現的，轉帳日期是五天後。此事涉嫌欺詐，有關文件也沒有在破產重組案中披露。摩根大通的律師在伊斯

古爾法官面前申明，摩根大通在破產重組案中扮演的角色是經紀人。儘管如此，事實證明，摩根大通不是經紀人，因為他們持有中國信託商業銀行的4,000萬美元貸款和大眾銀行的3,000萬美元貸款長達兩個多月。我們有來自摩根大通的聲明作為上述兩者的證據。

突然之間，前兆豐銀行董事長蔡友才在2016年2月被任命為國泰世華銀行董事。這是一個非常重要的舉措，即使對金融界以外的人也是意義重大。2014年底，TMT的16艘船舶全部出售後，紐約州金融署（NYDFS）對兆豐銀行洗錢行為的調查就開始了。這與2014年橡樹資本試圖在芝加哥與TMT達成和解的事件正好吻合。然而，到2016年初，事態變得非常嚴重，蔡友才隨後被起訴。

2016年8月21日，被許多人認為是美國最有效的洗錢防制執法監管機構的紐約州金融署與在紐約和巴拿馬共和國均設有主要分行的兆豐銀行簽署了同意令（一份列明有關人員達成共識的詳細信息的法律文件）。同意令包含了對兆豐銀行因洗錢防制嚴重不力處以1.8億美元的罰金，以及在法律遵守監督委員會中對該銀行實行強制性的全面補救措施。所有法遵監督人員被要求閱讀該同意令。兆豐銀行洗錢防制措施的缺失範圍是如此的廣泛，我鼓勵讀者們閱讀完整的文本。特別是對位於北美的銀行法遵監督人員來說，文件中描述的巴拿馬銀行的兩個辦事處——一個在巴拿馬城，另一個在科隆自由貿易區——存在著洗錢防制措施嚴重缺失的細節也同樣重要。紐約州金融署的法令特別提到巴拿馬是「洗錢的高風險管轄區域」，還列出了一個洗錢防制措施缺失的清單（更

多詳細信息參見本書第18章——伍鮮紳（Samson Wu）事件：虛假新聞？）。

其中列出的最不尋常的違規行為之一是「付款授權」（付款逆轉）的模式，即電匯在完成後的幾個月內被撤銷並且退還所有資金。特別值得注意的是，即使客戶在巴拿馬關閉帳戶後，銀行也允許進行該轉帳。其中有一些轉帳的發款人和收款人是同一個客戶。銀行允許這種用於洗錢的伎倆，其效用是顯而易見的。

根據公開的記錄，巴拿馬銀行監管機構並沒有對兆豐銀行巴拿馬城和科隆支行採取任何行動。法遵監督官員應立即檢查他們最近的電匯記錄，以確定他們的銀行是否與兆豐銀行進行了任何交易。他們應該立即開展調查，了解轉帳的情況、牽涉在內的各方人士以及這些轉帳所揭露的未公開的商業關係。

台灣銀行自2012年開始公開辦理人民幣（人民幣是中華人民共和國的官方貨幣）業務。這與國民黨的資本外流的時間正好吻合。2012年至2014年間，由於台灣銀行向中國大陸貸款，台灣的資金流出量很大。與台灣2%的貸款利息收益相比，銀行可以獲得6%的利息回報。其中一個例子是2014年啟動的台灣中國信託商業銀行／大陸中國國際信託投資公司聯合創辦的合資企業，其目的是便於在台灣和中國大陸之間轉移資金。然而，在由紐約州金融署發起的對兆豐銀行罰款1.8億美元的洗錢防制案開始之後，合資談判立即取消。這是一個因為違反了反壟斷法而影響台灣與其他各地關係的案例。中國信託商業銀行CEO辜仲諒被台灣當局逮捕，後來以300

萬美元的保釋金獲釋。台灣財政部正在調查他涉嫌參與的非法交易。他現在面臨著違反《銀行法》和《證券交易法》的指控，可能因此入獄12年。看起來，台灣當局此舉是為了確保他不能揭穿有關2012至2014年銀行業反洗錢不力的醜聞真相。

圖8.1：蔡友才被捕

圖8.2：辜仲諒被調查

CHAPTER 9
申請破產重組（續）

讓我們回到之前的話題。

TMT破產重組案對兆豐銀行副總裁邢獻慈來說是一件創巨痛深的事。我相信她直接從政府和國民黨的高層處得到了指令，用「中國投資基金」對TMT貸款實行欺詐。因為TMT根據第11章申請了破產重組，她一定清楚現在最需要的是隱瞞整個X計畫。她可能聯繫了兆豐國際商業銀行的律師團隊孖士打律師行，在香港、紐約和休士頓辦事處之間也一定有很多內部信息交流。正如我以前所說，台灣駐美代表金溥聰在同一時間訪問德州，我可以想象到邢獻慈從台北給他打電話，用顫抖的聲音告訴他TMT已根據第11章申請破產。從那時起紐約美亞博法律事務所的律師查爾斯・凱利和麥克・洛萊特（Michael Lloite）被任命處理此事。詳情請參閱本書附錄中美亞博的信函，其中巴拿馬TMT被引用為二級貸款人。但是，TMT在此事中是借款人，而不是貸款人。令人驚訝的是，這是來自C Whale號的契約。這個驚人的發現表明一切計畫從2010年就開始了。

陰謀詭計如此之多！

當時的最大問題是什麼？嗯，首先，需要正確地提交A Ladybug號輪的登記信息。令人驚訝的是，在TMT提交破產重

組申請後的第十天，台灣金融監督管理委員會（FSC）下達指示，要台灣銀行將其曝險降低一半，以達到2013年底經審計的財務報表中不存在虧損情況的目的。這需要在法庭上解釋——但從來沒有。這筆貸款的錢已經從銀行體系內經「中國投資基金」獲得，這意味著整個騙局都需要隱藏起來，避開法庭耳目。另外，美亞博似乎被要求不要披露賣給麥格理銀行的Ladybug號貸款的信息——這只可能是為了爭取時間。

美亞博聯繫了布雷斯韋爾與朱利安尼法律事務所（Bracewell & Giuliana LLP）。他們本應該協助提交TMT的第11章破產重組計畫以換取時間。然而他們卻提出了一個名為「誠信或不誠信破產重組」的論點。基本上，這個論點反對TMT重組的提議。這引發了一個問題：他們為什麼會反對重組一家擁有如此雄厚資產的公司和一條船齡僅兩年的年輕的現代化的船隊？這不但是不尋常的，還可以說是相當罕見的。同樣罕見的是，艾睿鉑的運輸部負責人多諾霍一直告訴我，台灣銀行不願意跟我對話。我所能做的就是等待貸款被出售給紐約對沖基金，然後我才可以開始談重組。

直到2013年9月，事情才真正改變。多諾霍給我打了電話，告訴我麥格理銀行願意提供資金來幫助TMT重組，但條款很苛刻：他們希望獲得二次抵押貸款和9%的利息。細節決定成敗，在這種情況下，關鍵在於條款和條件，但我別無選擇，只能接受。那些條款非同一般，麥格理銀行的Ann Chen和另外兩位女士來到布雷斯韋爾法律事務所的洛克菲勒中心辦公室來跟我們「打招呼」。我對那次會面記憶猶新。沒有一位女士了解他們在航運中所充當的角色，她們連TMT船隻

的船頭和船尾都分不清楚。這三位年輕的中國女性又怎能決定向破產重組的DIP的16艘船提供2,000萬美元的二次抵押貸款呢？這當然是不可能的——他們早已在別處做好了決定，簡單地蓋章了事，或者說在不知道麥格理銀行遵從何種授權委託書的情況下簽署了貸款。會議很短，但對我來說，那好比旱逢甘露、雪中送炭——給我資金，讓我的船可以繼續航行、創收。

麥格理銀行卻有其他想法。

2013年11月，法院批准麥格理銀行提供2,000萬美元的DIP貸款，該貸款分兩批支付給惠特尼銀行（Whitney Bank）。所有的資金都被服務費用吞沒，完全沒有花在船上。除此之外，美亞博仍然以「誠信或不誠信破產重組」計畫拖延時間，所有船舶都動彈不得，同時也消耗掉了TMT的5,800萬美元保留資金。修華及柯塞爾法律事務所是無擔保債權人委員會的代表律師，該委員會試圖為現代重工、現代三湖等帶頭的各方收回資金。但是，他們卻保持沉默。TMT從韓國第一大船廠訂購了價值26億美元的船隻，現代公司是唯一了解這些船舶的性能和真正價值的公司——但是，他們不願意出庭作證，支持TMT並證明這些船的真實價值。直到2018年1月，我才找到了原因。

但在我看來，他們的一舉一動肯定是修華及柯塞爾法律事務所授意的，而此法律事務所是他們在紐約的法律顧問，同時也是星散海運的法律顧問。橡樹資本（擁有超過50%的星散海運股份）和君上資本已經同意以高額折扣購買TMT的債務。或者說在購買談判中，他們無法雇用修華及柯塞爾法

律事務所做他們的法律顧問，因此他們聘請了著名的寶維斯法律事務所（Paul Weiss）和威爾基法爾法律事務所（Willkie Farr LLP）。

破產重組案於2013年12月有了新的進展。當時法庭聽說台灣銀行已開始向摩根大通、橡樹資本和君上資本出售貸款（後兩者是帕帕斯的星散海運的兩大股東）。我曾一度與帕帕斯共同擔任星散海運的董事長；2008年他在一次陰謀中獲得了30%的股份（詳見拙作《東方金客》）。

世易時移，人事變遷——來自艾睿鉑的多諾霍和來自布雷斯韋爾的律師從此案中銷聲匿蹟，此後事件的進展非常耐人尋味。台灣律師於2013年6月20日至2014年1月31日期間毫無動靜。而有一件事情讓我覺得很奇怪——一位有禿頭之憂的中國男子一直坐在法庭中央。他從未錯過任何一次法庭聆訊。他總是每天八小時、毫無間斷地盯著法官，從未動過。他每時每刻都專心聽著法庭上發生的事情，就好像他在身上某處藏了一個隱祕的麥克風正在記錄著一切，並且向上面彙報以確保真相不能大白一樣。

他難道是個間諜嗎？我曾經在洗手間裡站在他的身後，即使在那種情況下，他也從來沒有說過一句話。難不成他在法庭上當一個沉默的國民黨間諜超過了200天？

破產重組的法庭案例就像一部電影。萬泰鑽油（Vantage Drilling）的行政長克里斯・迪克拉爾（Chris Declare）及其CEO保羅・布拉格（Paul Bragg）聘請了維達爾・馬丁內斯法律事務所（Vidal Martinez LLP）處理收購價值5,000萬美元的股票質押事宜。馬丁內斯是一位住在休士頓並有40餘年從業經

驗的資深律師。他曾效命於萬泰董事保羅・布拉格和約翰・奧賴利（John O'Reilly），負責應對美國財政部的海外資產控制辦公室（OFAC）和處理有關《反海外腐敗法（FCPA）》事宜。然後，在2014年，他再次回到了萬泰，每天來到位於四樓的法庭並交換信息。馬丁內斯從9月分開始出現，目標是買斷所有的條款。讓我這麼說吧，我認為迪克拉爾是不稱職的，但他有忠於他的得力助手布拉格，儘管他最終在萬泰違反美國證券交易委員會（SEC）的規定後被解雇。他決定對萬泰的最大股東F3資本（F3 Capital）進行報復，該公司一度擁有萬泰70%的股份，但這又是另一回事了。

讓我們來談談維達爾・馬丁內斯——他被萬泰聘用的原因有幾個，其中一個是處理其第一批鑽機中的一台關於《海外反腐行為法》的巴基斯坦法遵問題，另一個我認為是毀掉蘇信吉。美亞博要求額外擔保以維持誠信，最終我同意向法院質押5,000萬美元的萬泰股票。萬泰的CEO在法庭上發誓，聲明他想盡可能地購買股票。而在美國，一家公司的CEO未經董事會批准而來到德州法院購買股票，這是聞所未聞的。萬泰聘請馬丁內斯，試圖通過聯繫所涉及的律師來阻撓破產重組案的順利進行。這是一起潛在的犯罪行為，違反了美國證券交易委員會的規定和美國公司法。

如此多的律師和法律糾紛——DIP的律師、上海銀行的律師、無擔保債權人委員會的律師、現代集團的律師、TMT的律師還有財務顧問——美亞博的查爾斯・凱利，布雷斯韋爾的埃文・弗萊申，溫斯頓法律事務所（Winston & Strawn）的查爾斯・施賴伯，他們在破產重組案中舉足輕

重，讓所有的船隻都閒置在港，無法創收。如此多的「專家」參與了此案，卻對航運業一竅不通，連什麼是「超大型油輪（VLCC）」或者「超大型礦油兩用船（VLOO）」都不懂。這些所謂的「專家」對航運界的發展動態一無所知。每天都是像「搶座位遊戲」一樣的訴訟流程，而且他們都收費不菲。有著斯坦福大學MBA學位的伊斯古爾法官（Marvin Isgur）在數字不合理的時候會詢問，但律師們都竭盡全力地為他們的雇主的資產安全打「擦邊球」，說一些似是而非的話而不是提交準確的事實和數字。

沒有人針對關鍵性的問題發問，例如公司陷進危機的根源是什麼。更多的問題是圍繞著一些抽象的話題，比如說什麼是有誠信的破產重組方案。與其同時，TMT船隊仍然處於閒置狀態，全體船員都在船上繼續消耗原油和其他資源，沒有收入。有一天，一名船員在新加坡去世，我不得不飛去處理這件事。沒有一位律師向法院報告這件事。來自挪威的船舶管理公司隱瞞了此事，艾睿鉑隱瞞了此事——他們都向伊斯古爾法官隱瞞了此事。我想說出來，但是埃文・弗萊申不讓我說。事實上，由於禁止船舶移動，他們間接殺死了這名在新加坡的工程師，但卻沒有向法官報告。那時候快到聖誕節了，他們都只想著回去他們的豪宅，度過一個愉快的假期。

後來，該計畫向橡樹資本提供五年優惠貸款，橡樹資本似乎參與了騙案，向兆豐銀行提名的銀行支付了用於購買貸款的款項。這些銀行所在地可能是紐約、倫敦、香港、雪梨、巴拿馬或其他任何地方。我們根本不可能找出確切地

點。這筆交易非常有吸引力，我相信橡樹資本不會拒絕協助遮蓋洗錢證據。這個毫無道德感的企業涉及了挪用、隱藏巨額資金及刪除證據。要把數十億美元放在小銀行中並且能夠隱藏痕跡並不容易。這就是為什麼本書《王朝大逃亡》耐人尋味，因為它點亮了一支火把，將真相之光照到幕後腐敗的黑暗角落。

2013年11月7日，發生了兩件大事。橡樹資本和台新銀行簽署了為期五年、帶「優惠條款」的1億美元貸款協議。有些船舶似乎被抵押給了台新銀行，但這違反了台灣法律中銀行不能從資產出售中獲利的規定。在後來的2016年調解期間，泰信銀行購買了15%的Fortune Elephant號船。這也與國泰世華銀行陳姓董事長涉及與科特蘭資本（Cortland Capital）的一美元交易、董事長從而受惠2,000萬美元的醜聞有關。

然後出現了一件奇怪的事。

2013年11月13日是提交索賠詳情、以確認欠下各方多少錢的最後一天。現代集團聘請了另一家律所高偉紳法律事務所（Clifford Chance LLP），但他們的申請在我看來明顯是欺詐。前三頁沒有問題，但剩下百餘頁的支持文件全部都由高偉紳法律事務所「修改」過並人工送達明尼蘇達州的EPIC。EPIC是接收電腦歸檔服務的重要的全天候信息中心。為什麼要人工送達呢？美國地域這麼廣闊。

這確實很奇怪。

與此同時，向TMT的索賠細節還有其他問題——經聯邦快遞（Fedex）發送的文件存在著其他不一致的地方。艾睿鉑在2017年的宣誓供詞中聲明，這些文件上的日期標記被修改

了。修改細節可以得到確認，聯邦快遞記錄也可以確認索賠中的欺詐行為。這很可能是紐約的一個由艾睿鉑以電子方式提交的交換合約（SWAP）。這意味著破產重組案中的TMT應賠金額和現代重工的索賠金額不符。如果說，整個破產重組案早在2013年11月就已經受到威脅，那時候這場戲劇性的相互勾結很可能剛剛開始呢！

兆豐銀行於2013年4月15日下午1:45發布違約通知的8個月後，也就是2013年12月15日，根據第11章破產重組真正開始執行。A Ladybug號正式交叉違約。通知是由兩個辦事處發出的——一則來自兆豐銀行的總部，另一則來自其敦南分行。孖士打僅以草稿形式擬定了文件。文件不是正式的，當時被保存在敦南分行。這就是違約通知來自兩個辦事處的原因。

我很明白TMT被騙了——貸款最初只有信用證而沒有擔保，其合同於2012年7月在兆豐銀行總部簽署。正如前文所述，隨後A Ladybug號被要求作為貸款增加的抵押品，然後於2013年12月被售予了麥格理銀行。雪梨麥格理總部於2012年11月22日批准了此項交易（當然這是一個錯誤的日期，用於混淆試聽）（見附錄），利用來自兆豐銀行的2,500萬美元貸款的一部分，以約定的價格購買A Ladybug號的貸款，並在紐約支付。這可能是我們業已清楚的第一起洗錢案。

我認為美亞博和溫斯頓之後為DIP債權人擬定的平行文件完全是用來掩蓋對TMT的欺詐。由於事實被歪曲，破產重組法庭沒有完整地了解整個事件，因而所謂的「誠信／非誠信」論點被提出。從表面上看，破產重組只是一個展覽的櫥窗，因為在背後，涉及整個台灣銀行體系，甚至紐約、倫

敦、香港、巴拿馬、華盛頓特區和台北的眾多銀行的重大會議正在全面展開。

到2013年12月底，巴拿馬駐台灣大使館也全面履行其職責，最後修改的證據發在A Ladybug號身上。該計畫變成了如何摧毀由TMT和艾睿鉑以及埃文・弗萊申擬定的提交給美國法院的重組計畫。然而有消息從休士頓傳來——重組提議失敗了，法官授權出售船隻。

總的來說，2014年1月8日的破產重組聽證會是災難性的，但我因在台灣而沒能出席。自動停留期滿後，船舶開始被發售。我在前文提到過無擔保債權人組建了無擔保債權人委員會。現代重工和現代三湖工業公司、中國海運、石油公司、布萊斯塔德航運公司（Blystad Shipping）（一家我曾在他們陷入困境時幫助過他們的挪威公司）——他們像一群圍在屍體旁邊的禿鷲，等在那裡準備進食。我說過，我不明白為什麼現代集團不願意和代表無擔保債權人委員會的修華及柯塞爾法律事務所達成破產重組的協議。他們聘請了高偉紳法律事務所提交索賠證據，總金額為1.87億美元。在我看來，這些文件的目的都是為了實行欺詐，因為這些文件中的數據都是虛假的——從韓國轉到紐約，再從紐約轉到休士頓，這些數據一改再改。提交文件的方式也非常可疑，因為從韓國快遞到紐約，再到休士頓，文件在途中似乎已經被調換了。

在申請破產重組之後的三年多裡，這個騙局的證據需要被清理乾淨，避免破產重組法庭或是任何其他人知曉。我們已經確定了上海商業儲蓄銀行、永豐銀行、中國信託商業銀行、台新銀行、國泰世華銀行等銀行很可能得到了「大姐」

周美青夫人的首肯而從這個計畫中獲利多多。但這個計畫也需要摩根大通、SC洛伊和麥格理銀行等中介銀行的參與來理清混亂局面。一旦國民黨作為台灣王朝統治者的滅亡成為現實，周美青夫人不得不開始執行X計畫，以盡可能多地把資金流出海外。這需要眾多國際性銀行，如高盛、滙豐銀行、巴克萊銀行、渣打銀行、澳新銀行、花旗銀行、美國銀行、瑞銀、瑞士信貸、德意志銀行、法國巴黎銀行和紐約梅隆銀行等，參與其中。

台灣與四家英國銀行，即澳新銀行（前台北蘇格蘭皇家銀行）、滙豐銀行、渣打銀行和巴克萊銀行，有著密切的關係。他們涉及了美國和英國的債務擔保證券（CDO）和信用違約交換（CDS）的交易醜聞，以及2009年至2011年在亞洲的證據清理工作。雖然看起來有很多人都牽涉在內，你可能會想：「他們怎麼可能都參與了這同一個陰謀呢？」事實是，只有一小部分的內部人士才知道整個計畫。其餘的人只知道一些皮毛，不足以獲得全盤計畫。

那麼，這個由點及面、將整件事情推斷出來的任務就交給我吧！

為了幫助我了解整件事情，如前文所述，我會見了台灣歐力士的CEO，他告訴我，作為日本第一的租賃公司，他們收到了船舶銷售會的邀請招股說明書，但他們發現了其中不尋常之處——船的銷售呈三角關係，由摩根大通向第三方買家銷售——換句話說，兆豐銀行不是以一對一的方式進行交易，而是把摩根大通作為了中介。我希望能拿到一份邀請招股說明書的副本，但正如我告訴過讀者，其中有一個條款

是，那些沒有成功買船的人須銷毀所有文件，而且禁止外部團體的閱覽。僅此一個條款就違反了全世界每個金融服務委員會和證券交易委員會的財務條例。

如果這都不可疑的，那又有什麼更可疑呢？

圖9.1：破產法庭標誌及404號法庭

CHAPTER 10
TMT與兆豐銀行

涉及兆豐銀行的TMT破產重組案有許多「獨一無二」的特徵：

1）沒有人問到2010年發生了什麼，以及TMT為什麼要根據破產法第11章申請破產重組。

2）沒有人關心風險管理，數據是否正確。

3）星散海運的股東們和現代重工使用同一個法律事務所（華及柯塞爾法律事務所），但他們也把部分業務給了其他律師，以避免出現多次利益衝突。星散海運有51%的股東聘用寶維斯法律事務所，20%股東聘用威爾基法爾法律事務所。因此，至少有51%的股東可以被視為附屬公司。從一開始，這就是一個嚴重的法律衝突。

4）2009年至2013年間，美亞博法律事務所是TMT子公司F3資本控股的萬泰鑽油的法律代表。布雷斯韋爾與朱利安尼法律事務所隨後成為萬泰鑽油的法律顧問，他們也代表債務人參與了的破產重組案。更多的細節將圍繞著前摩根大通銀行家和紐約對沖基金浮出檯面。

5）上海商業銀行的紐約分行、國泰世華銀行位於美國的數個分行、第一銀行的紐約分行、永豐銀行的加利福

尼亞州分行、中國信託商業銀行位於美國的數個分行都以這樣或那樣的方式參與此案。

毫不誇張地說，全世界數以百計的律師參與了涉及兆豐銀行的TMT破產重組案。他們來自新加坡、中國、阿聯酋、南非、利比里亞、馬紹爾群島、巴拿馬、馬耳他、比利時、美國和英國。每次船舶在海外被扣留都會涉及至少兩家法律事務所。拿比利時舉例，當時在安特衛普有9家法律事務所參與其中。香港、希臘、德國、美國以及其他國家也都有實物船和真實（而非貸款）的銷售。

破產重組法庭遍布美國，包括奧斯汀、達拉斯、休士頓、邁阿密、華盛頓特區、康涅狄格州哈特福德、紐約以及其他城市。它涉及了眾多法律事務所、律師助理和相關專業人士。事實上，它的規模變得如此之大，以至於現在有法律社團和機構將TMT案例作為其成員研究的典型。

我們已經知道了國民黨和台灣銀行家們的目標是什麼——我們對他們的圖謀一清二楚。根據當時的在野黨民進黨的公開聲明，民進黨和台灣人民在過去65年來一直企圖追回國民黨的不當黨產。國民黨的目標是不留痕跡地轉移資金。而答案是交換合約（SWAP）。這與在2008年西方金融危機期間發生的情況是一樣的，在拙作《東方金客》中有詳細的介紹。相同的事情在香港、新加坡、東京、倫敦、雪梨、紐約、巴拿馬、中國以及很多其他地方上演。

2013年12月15日，在破產重組案業已開始的同時，由兆豐銀行、上海商業儲蓄銀行、永豐銀行、第一銀行、國泰世

華銀行、中國信託商業銀行和大眾銀行帶頭的26家台灣銀行開始銷售全部的TMT貸款。這完全複製了西方金融危機時債務擔保證券的大規模銷售。當時，也就是2008年，西方大型銀行將其有毒資產出售給政府以換取金融援助資金（又稱紓困資金）。現在，台灣銀行出售TMT船舶貸款以換取國民黨的青眼和支持。兩者都是極其糟糕的交換合約——不同的僅是這種交易在華爾街已經很完善了。現在，台灣銀行家們聘請華爾街的「專家」們來幫助他們設立騙局。

一艘船是一項單一資產，正常程序是在數家銀行之間做一個船舶的聯合貸款。而在TMT的案子裡，貸款被分成了很多部分，以確保沒有人能了解全局。他們清楚地知道什麼是合法的，什麼又是非法的。他們知道如何通過在不同的司法管轄區遊走來避免法律的制裁。他們與巴拿馬、利比里亞和馬紹爾群島的船隻登記處及其在紐約、巴拿馬、希臘和倫敦的辦事處合作。他們聘用雙時區的會計師事務所和法律事務所。除了國泰世華銀行對Fortune Elephant號的銷售還有C Ladybug號和D Ladybug號的銷售之外，其餘貸款則全部被分割了。

最難處理的是A Ladybug號和A Duckling號，它們的貸款是100%由兆豐銀行貸給新買家的單筆貸款。A Duckling號被賣給了香港的SC洛伊，他們憑著兆豐銀行的融資，成為了另外10艘船的買家，獲取了巨大的財務收益。我於2014年2、3月在香港拜訪了該公司，發現了他們是通過與德意志銀行和紐約的索路斯資產管理公司（Solus Asset Management）的前同事聯繫而拿到這筆好交易的——一位現在在410公園大道（Park

Avenue）經營一家對沖基金的前同事。你看，A Duckling號的貸款協議需要被遮蓋起來，所以它落到了SC洛伊的手上。換句話說，SC洛伊一文不費地獲得了它。

讓我們再談談SC洛伊。這家公司創立於2009年金融危機之後，創始人是幾個從德意志銀行辭職的問題債務交易員，他們在香港成立起了這家專業投行。SC洛伊專門從事亞洲地區的問題債務及非流動資產投資業務。自金融危機爆發以來，此類資產的投資在銀行和對沖基金中間日益流行。米歇爾・洛伊（Michel Lowy）和李素天（Soo Cheon Lee）共同創立了這家公司。李素天估計，亞太地區（不包括日本）問題債務市場總額高達1,000億美元。米歇爾・洛伊和李素天此前德銀亞洲問題債務團隊的負責人，並幫助嘉吉（Cargill；美國的一家農業巨頭，後面我會在提到B Max號船時再詳述有關信息）削減問題債務對之的影響。1997年亞洲金融危機之後，他們一直從事問題及非流動資產的交易。

作為在1999年為德銀創立亞洲區問題債務業務的重量級人物，洛伊從該行辭職時曾引起轟動。在他的領導下，該團隊曾被認為是亞洲區問題債務交易和投資領域的中堅力量。儘管陷入困境的公司貸款和債券交易的不透明性使得該行業數據難以獲取，但業界人士都表示，投資銀行和對沖基金一直在積極進軍亞洲市場，尋找價值被低估的債務來進行投資。這家新投行共有14名員工，其中半數是追隨洛伊從德銀轉來，包括首席運營官切坦・巴喜（Chetan Baxi）、發起及特別情況負責人羅伯特・利普索（Robert Lepsoe）等。其中有9位員工也是股東。他們最初專做澳大利亞的槓桿收購債務業

務，並將之賣給銀行和對沖基金。他們還投資於日本的問題銀行貸款組合。有機會的話，他們還在亞太地區進行不良資產的交易。因此，你才會看到在TMT破產重組案中的禿鷲圍觀的場景。

艾斯本・克里斯坦森和埃文・弗萊申都與克拉克森船務公司（Clarksons）的安迪・凱斯（Andy Case）以及香港克拉克森有合作關係。在出售A Duckling號的前一週，日本的商船三井株式會社（Mitsui O.S.K. Lines）以2,800萬美元的價格出售了一艘類似的船。我有一個競標者以高於大韓海運（SC洛伊的「客戶」）100萬美元的價格競標，但是弗萊申卻按照他在SC洛伊的朋友的請求拒絕了更高的出價。就我看來，這明顯是利益衝突的一個例子。同樣，自2008年以來，修華及柯塞爾法律事務所一直是星散海運的法律總顧問。他們同時也是現代重工、現代三湖和現代尾浦造船（Hyundai Mipo Shipyard）的律師代表。這些明顯的利益衝突變得日益嚴重，因此現代集團的索賠詳情是由紐約高偉紳法律事務所完成的，我認為這是為了掩飾這種利益衝突。從這裡你可以看出，一張陰謀和欺騙的蛛網正在編織，企圖混淆是非、顛倒黑白。

接下來，該計畫的最大風險是法官允許船舶重新投入工作，從而產生收入——2,000萬美元的DIP貸款主要被用作支付艾睿鉑和布雷斯韋爾的法律費用，而從沒有用在其原定目標上，即移動船舶或運輸貨物，僅有一次航行例外。第二個困難是，要確保船舶遠離作為指定債務人的我，蘇信吉。讓我解釋一下，指定債務人（Debtor designee）應該在債務人律

師的指引下管理破產重組事宜，因為債務人律師並沒有足夠的業務經驗來執行這項操作。然而，在TMT的破產重組申請過程中，布雷斯韋爾的埃文・弗萊申卻決定單獨行動，獨自處理所有的業務。我的意思是，我可以盤活船舶業務，如果因此而有收入的話，那麼整個計畫可能會暴露。所以關鍵是要把TMT控制權從我手中拿走。

為了達成這個目標，希臘船東們自2008年以來一直散播謠言，而我相信帕帕斯、修華及柯塞爾法律事務所等均有煽風點火的嫌疑。2013年11月，《貿易風（TradeWinds）》和其他航運刊物均對此有所報導。

以下是報導的內容：

美國財政部海外資產控制辦公室（OFAC）曾宣布B Whale號輪違反了美國對伊朗實行貿易制裁的規定，但後來此項指控被取消了。B Whale號輪在是休士頓按第11章申請破產程序的一部分，因此該船在2013年8月至9月期間（具體事件未明）違反貿易制裁規定時受美國司法管轄。當時的貿易制裁禁止與伊朗國家油輪公司（NITC）進行交易，但海外資產控制辦公室發現B Whale號與伊朗國家油輪公司的超大型油輪Nainital號進行了船到船的轉運，從該船處接收了多桶凝析油原油（注：凝析油不同於原油）。它還聲稱B Whale號試圖隱瞞交易的證據。而事實上，從2013年5月起，根據雙邊協議，A Whale號輪和B Whale號輪已經閒置了12個月。

當此假新聞被報導時，埃文・弗萊申要求我在那個週末前往休士頓的蘭開斯特酒店與他見面。他對我危言聳聽道，應該放棄對整個TMT艦隊的控制權以免鋃鐺入獄。當時我在美國，對正在進行的破產重組案的各個方面都不甚清楚。我當時真的以為他關心我的利益，並且真心想讓我免受牢獄之災——所以我依他要求做了。當時我並沒有發現他和布雷斯韋爾法律事務所都已經收到了美國兆豐銀行（洛杉磯工商銀行和紐約工商銀行）的轉帳匯款，直到2016年進行調解時。所以，當我後來試圖介入調解時，法官並沒有允許。

「蘇信吉，你出局了！」

然後他們繼續進行祕密會談，而我只能在門外徘徊。

最後，由於B Whale號輪的資產已經在破產重組中被清算，海外資產控制辦公室裁定，判其違規是恰當的，而不是罰款或對我本人的任何指控。所以我沒有入獄的危險，埃文・弗萊申之前一定欺騙了我，好讓我放棄控制權。律師埃文・弗萊申、查爾斯・凱利、查爾斯・施賴伯，還有一位在前文我提到過的布萊克先生（我已經提到後兩者分別供職於在紐約和華盛頓特區的DIP貸款人法律事務所、溫斯頓法律事務所）似乎一直在一起工作。這場好戲可以媲美百老匯或倫敦劇院區的戲劇！

這個故事離經叛道，卻只是一個精心策劃的冰山一角。

確實瘋狂之極！

我相信「伊朗事件」僅僅是兆豐銀行和星散海運針對我而設計的眾多陰謀中的其中一個而已。所有法律顧問團隊，還有萬泰團隊，在其行政長克里斯・迪克拉爾的領導下，與

維達爾・馬丁內斯法律事務所一起在休士頓南區破產法庭四樓的破產重組案中共同協作。他們狼狽為奸、互相勾結，甚至連艾睿鉑也似乎出賣了我。麗莎・多諾霍也開始用「敏感信息」的藉口不把我放在其電子郵件的抄送名單裡，儘管她是我最初聘請的財務顧問。律師們來了又走——在某處消失了，然後被其他人取代。這是一個「旋轉門」式的訴訟過程，每個人都獅子大開口地收費，每個人都想毀滅蘇信吉和TMT以分一杯羹。就像一場音樂會，他們合作無間地演奏著樂曲，但是指揮的指令卻是從外面發出的。

台灣銀行在2013年10月出售了大部分貸款。所有行動都得在2013年12月至2014年1月期間完成。銀行一致行動，清理留在文件上和電腦裡的財務線索，隱藏真正的利潤或損失。如前面所打的比方：哪裡有管弦樂隊的演出，哪裡也必定有一個指揮。那麼，指揮是誰呢？

台灣四大銀行的會計師們一定非常忙碌。他們必須審閱處理超過40家銀行的審計報表。但上海商業儲蓄銀行是私有的，它與國民黨和中國台灣投資基金有一百餘年的合作歷史，而後者創設了一個特殊的制度。它的紐約辦事處位於第55街，在公園大道和列克星敦之間，距離索路斯資本管理公司和德意志銀行的問題產品部僅一百米。他們是很大的助力，因為香港辦事處負責在台灣、中國和紐約之間為其最佳客戶——中國投資基金處理大量資金往來。

所以，兆豐銀行和國民黨圓滿地完成了他們的任務——或者至少他們聘請了足夠的專業人士為他們效勞。至於那些沒有被他們雇用的人，他們肯定受到了賄賂或者威脅。他們

行使了所有他們能支配的國際上的權力，而這些權力是多年來國民黨王朝在台灣當政時篡奪了我國的資源而積累下來的。

圖10.1：位於香港中環的摩根大通辦公大樓

CHAPTER 11
破產重組中的逆向工程

指令之鏈似乎從破產重組案中消失了。這就是為何我稱之為「逆向工程」，我的意思是，沒有了國民黨王朝這頭巨獸之首，其餘的部分消失在障眼的煙幕之林中。之所以我要申請破產重組，是因為我不願意重蹈2008年金融危機時被蘇格蘭皇家銀行和摩根大通聯手欺詐的覆轍（詳情我在拙作《東方金客》中已有詳述）。我也想不明白為何我要支付邢獻慈2,000萬美元來把TMT從兆豐銀行和國民黨的魔掌之中拯救出來——於是我開始申請根據美國破產法第11章申請破產重組。

我相信橡樹資本台灣海峽控股有限公司、SC洛伊、德意志銀行、麥格理銀行等呈現「三角式」的關係。今時今日的陰謀常常涉及數位犯罪以及如何避免在電腦網絡中留下痕跡。國民黨陰謀的模式和方法與此類似，也就是，它不可能僅通過兩方勾結而產生。隨著時間推移，它必須有三方或多方參與形成三角式關係，在數個階段中提供不同文件。

讓我再解釋清楚一點——陰謀者留下的模式和痕跡當時應該已經被偽裝起來了，所有的關係和陰謀都被遮掩了。然而，隨著時間的推移，遮掩的煙幕上出現了空隙，猶如隱藏的竹簾中出現了縫隙。常言道：「多行不義必自斃」，惡行

遲早會被發現。打個比方，很多在過去未能將真凶繩之於法的罪案現在正通過DNA的發現而得以破案。同樣地，我每天都有新的發現，而我會將其全部揭露——包括罪行和偽裝！

我們來看看已知的事實。這個計畫的目的是掩藏從台灣流向海外的資金。雖然我們不知道這個計畫的細節，但有三種方法可以實現其目的：

1）資金流出發生在正常的商業交易過程中，但資金一旦流出，就被用作非法用途。

2）資金流出沒有按正常方式產生，但這筆錢突然以正常方式出現在海外帳戶中。

3）資金流出和在海外帳戶出現的方式均不正常——兩者均是異常和可疑的。

在兆豐銀行的案子裡，我相信選項3是其達到目的方式。資金通過交換合約（Swap）流出，但是資金來源並不明確，所以巴拿馬和紐約之間一定會有另一次交換——這難道就是洗錢醜聞被紐約州金融署發現並被罰1.8億美元的原因嗎？

這就是為什麼總金額變得如此之大——重複計算。我懷疑兆豐國際商業銀行紐約分行於2012年至2014年在幕後操縱著一切。兆豐紐約分行的銀行代碼（SWIFT code）為ICBCUS33，其地址與台灣的前中國國際商業銀行的地址相同。中國國際商業銀行是台灣的美元結算中央銀行，位於1902年建成的大樓裡，為商會原址。因此，台灣中央銀行也可能被卷入了這場醜聞。如果是這樣的話，那麼肯定會有更多的銀行參與進來，比如華南商業銀行，第一商業銀行，彰

化商業銀行和台灣土地銀行，甚至有可能由政府控制的八家銀行全部都以這種或那種方式參與其中。金融調查人員羅伯特・塞登（Robert Seiden）曾告訴我，他從來沒有看到過有如此之多的銀行共同協作並參與同一個案子的案例，即使是在紐約這個有著最複雜的美元清算系統的城市裡。

但這種特殊模式仍在繼續進行。國際交易有著在同一天完成交易的慣例，即使時差達十二小時。然而在這個案子裡，交易並沒有在同一天完成。為什麼需要兩天甚至三天才能完成呢？這在銀行的資產負債記錄中是行不通的。此外，無論是賣方還是買方，都沒有遵守授權委託書的規定。大多數遵守規定要嘛對摩根大通或麥格理銀行有利，要嘛對德意志銀行有利。

我從一位銀行業界的專家處收集到了一些信息，他清楚地告訴我，摩根大通銀行有超過4,000萬美元的交易需要審核以及法律部門的參與才能保持其部位（持倉量）。然而，我並沒有看到過這些文件——那些數量少之又少的文件沒有提供足夠的信息來區分是貸款更替還是轉讓。

看到這麼多的質量上乘的好船以其真實價值的30%到50%賤賣，我傷心不已。造船廠沒有施予援手，而律師所不停地收取巨額費用。銀行開設了超過16個保留帳戶，而我無法以指定債務人的身分接觸這些帳戶。他們不在乎我的船舶設計中的特殊功能，也不在乎這些船舶能大有所為。更令我感到意外的是，對這些船舶了解甚深的勞埃德船級社（Lloyd's Register）竟也不願意證明估價。TMT義無反顧地為了全世界的福祉而到墨西哥灣除油，即使在此漏油災難中存在著分散

劑問題。由於只有A Whale號輪可以做到這一點，我允許全世界的人們免費使用我發明的此項技術。但是，對於休士頓的人們來說，A Whale號輪的故事並不重要——他們對搜刮漏油不感興趣，只對搜刮金錢另眼相看。

我對TMT被分裂深感痛心。我後來發現萬泰鑽油公司早在2013年11月就向其律師維達爾．馬丁內斯發送了一封電子郵件，稱TMT帝國正在崩潰。他們怎麼知道這一點的呢？馬丁內斯法律事務所和萬泰鑽油的董事斯坦納．湯姆森（Steiner Thompson）還向萬泰所有的董事發送了數封電子郵件，指蘇信吉的航運帝國將被摧毀。這表明了國民黨的計畫必定在2013年11月前就已經準備好了，所有人都知道了破產重組救不了TMT，反而會摧毀TMT。它表明了多個律師在幕後互相勾結。我還收集到了來自帕帕斯（Petros Pappas）、Ken Leung、安迪．凱斯（Andy Case）等人的電子郵件，詳細說明了他們是如何與修華及柯塞爾法律事務所和克拉克森船務公司合作的。我還相信連法官都可能已經知道了一些蛛絲馬跡，因為他試圖阻止我看電子郵件。

就這樣，截至2014年1月，各方勢力都站在統一戰線上了：

1）代表兆豐國際商業銀行和中國信託商業銀行的美亞博法律事務所要出售船舶並從中抽身。

2）上海商業銀行要出售船舶，並且需要隱瞞2011年至2013年間在台灣、香港和紐約發生的洗錢活動。

3）律師維達爾．馬丁內斯與各方進行溝通，試圖從法庭上買斷價值5,000萬美元的萬泰股票，從而能在破產重

組案中摧毀TMT。

4）埃文・弗萊申是債務人律師，他為布雷斯韋爾與朱利安尼法律事務所謀取收益。

5）阿爾伯特・斯坦因和麗莎・多諾霍從艾睿鉑處消失無蹤。

6）蒂凱油輪公司的CEO彼特・埃文森向AMA投資公司（AMA Captial Partners）表示，埃文・弗萊申將無法重組，「他會把你賣給對沖基金」，這也正是之後發生的事情。

這個破產重組案非常奇怪。奇怪之處在於不是橡樹資本或者君上資本，而是星散海運來購買TMT的船舶。他們的法律顧問是修華及柯塞爾法律事務所。承建了所有船舶的現代集團的法律顧問也是修華及柯塞爾法律事務所。無擔保債權人委員會的法律代表也是修華及柯塞爾法律事務所。所謂的「禿鷲基金」齊聚一堂，以不同的名義參與了整個陰謀。我也相信他們與台灣銀行的律師互相勾結，而這一切都在帕帕斯和周美青夫人的指令下進行。

其目標是：

1）盡可能多地賺錢。

2）隱藏國民黨王朝的逃亡計畫。

3）接管TMT並迫使我離開。

4）摩根大通、星散海運、克拉克森、艾睿鉑、現代重工、國泰、科特蘭資本、上海銀行、永豐銀行，台中銀行等盡快銷毀勾結的證據。

他們認為我現在孤掌難鳴，因為船舶開始被逐一出售。這似乎表明始作俑者帕帕斯贏了。然而，從那以後我看到了帕帕斯與橡樹資本的Ken Leung，摩根大通的珍妮弗・博克斯（Jennifer Box）以及奧納西斯（Onassis）基金會的蘭迪・雷伊（Randy Ray）之間往來的電子郵件。

以上皆有定罪的可能。

2014年2月，我損傷了背部，無法出行。在那以前，我於六個月內在台北和休士頓之間往返了超過十次，並且由於攜帶了太多沉重的文件而使身體超負荷。我最終無法動彈，只好留在香港與香港德勤公司合作，以便對破產重組案進行評估，並為對沖基金收購剩餘的船舶做準備。

在每年春季和秋季，航運會議都會在紐約和康涅狄格州定期舉辦。我在其中一次會議上接觸到一位前摩根大通銀行的銀行家，他曾在邁阿密與蒂凱油輪的彼特・埃文森和奧納西斯基金會的蘭迪・雷伊合作過，還與阿爾伯特・斯坦因、麗莎・多諾霍以及AMACEO皮特・倫德（Peter Lund）合作過。這些人是大型航運會議如資本鏈接國際航運論壇（Capital Link）、康涅狄格航運會議（Connecticut Shipping）和航運金融會議（the Marine Money Conference）等的主要發言人。這位銀行家告訴我，航運金融世界「是一個充滿了極度貪婪的人的小圈子」。我要是能早知道這一點就好了。

香港德勤盡力提供幫助，但所有的努力都白費了，因為埃文・弗萊申不願意合作。國民黨王朝很可能給他錢讓他這樣做，因此他並不願意挽救TMT的船隊。香港德勤把多家香港對沖基金介紹了給我，大部分基金都認為TMT破產重組

案非常奇怪。他們發現該破產重組案的信息對外界人士來說太少而且太封閉了，似乎是為了防止外部人士提出要約或疑問。

當我因病被困香港時，埃文・弗萊申簽署成為指定債務人，沒有人告訴我他在做什麼。最大的騙局是上海銀行和B Max DIP之間的B Max號輪的債務轉移，其原因不明。最後，B Max的債務由名叫嘉沃投資（CarVal Investors）的一家全球另類投資公司向中國法院支付——這是一件非常奇怪的事情。我將在下一章詳細介紹B Max號輪案。

圖11.1：駐紐約台北經濟文化辦事處
——台灣國旗懸掛在室內而不是室外

CHAPTER 12
出售整支船隊

2014年4月，國泰世華銀行向芝加哥的科特蘭資本（Cortland Capital Market Services）以一美元的低價出售了價值2,000萬美元的貸款。一般來說，貸款的售價應該與貸款金額成正比。而這筆貸款售價僅一美元——這是沒有道理的。此外，國泰世華銀行陳董事長在貸款文件上蓋了章，而在台灣，慣例上董事長從不在貸款文件上蓋章。

國泰世華銀行的董事長是台灣一家小型銀行世華聯合商業銀行的前任董事長。像這樣的不道德的事情發生了——一家小型銀行可以收購一家大型銀行，然後小型銀行的董事長成為了大型銀行的掌權人。此案中的董事長年已七十，會說日語、台語，中文和英語，跟我一樣。他購買了一個發電站和一個高爾夫球場而沒有付錢——所有這些都得益於破產。

Fortune Elephant號船以8,800萬美元出售，但F Whale號船擁有最先進的電腦引擎，卻以7,800萬美元的價格賣給了奧納西斯控股（Onassis Holdings），遠低於其真實價值。該船的貸款總額僅為6,800萬美元，這意味著有1,000萬美元的權益。而涉及船舶銷售前小額基金的出售和購買，以及在馬紹爾群島的價值為2,000萬美元的二次抵押貸款的欺詐詳情從未披露過。埃文・弗萊申以指定債務人身分簽署登記了這筆2,000萬

美元的貸款，並在2014年7月將該船交付給奧納西斯之前將其清還。

對TMT船舶貸款感興趣的唯一「外部人士」是嘉沃投資（CarVal），它是美國明尼蘇達州嘉吉公司（Cargill）的子公司，在新加坡設有辦事處。嘉沃基金名為韋紮他銀行、金融和保險業務（Wayzata Banking, Financial & Insurance），它在2009年參與了萬泰鑽油的第一台自升式鑽井平臺的融資，利率為23%。它於2016年12月15日從高雄銀行手中以每艘船175萬美元的價格從高雄銀行手中購買了TMT的債務，這個價格僅為貸款價值的70%，當時非常具有吸引力。當時高雄銀行的董事會反對這筆交易，但由「大姐」周美青夫人提名的銀行董事長強行達成了這筆與嘉沃投資的交易。

這些資產都是小型便利型船舶，名字分別是A Handy號，B Handy號和C Handy號，以及一艘名為B Max號的較大型巴拿馬型散貨船。這些船舶的貸款最初是上海商業儲蓄銀行和其他台灣銀行的聯合貸款，他們對破產重組感到恐懼。

真實的情況是，自1920年代初以來90多年間，上海商業儲蓄銀行一直是國民黨的私人銀行。這是一家小型銀行，由持有特殊銀行牌照的公司私下持有。在兆豐國際商業銀行洗錢醜聞曝光後，上海商業儲蓄銀行也參與了C Whale號，D Whale號，E Whale號和F Whale號貸款的銷售。

上海商業儲蓄銀行醜聞始於2011年6月，當時他們開始將大量資金從台灣轉移到德意志銀行的華爾街分行。後來我發現上海銀行為了修改TMT貸款和洗錢而故意降低利率費用。特別是，該銀行使用簽名貼紙，然後利用TMT貸款來對合同

進行主要修改（向受益人支付），在德意志銀行設立自己的帳戶。最糟糕的是最後的修正文件，他們把他們自己在德意志銀行信託基金的銀行帳戶打印在受益人一欄上。而蘇格蘭皇家銀行和摩根大通銀行也曾用相同的伎倆，利用TMT的遠期運費協議的結算所名稱，設立了一個普通的美元儲蓄帳戶。這在拙作《東方金客》中已有概述。基本上，它劫持了客戶的名字來自由控制資金的流動。

經過調查，我發現上海商業儲蓄銀行香港分行曾與一個來自紐約的業內精英會面，很可能討論了如何銷毀2011—2012年間洗錢活動的證據。涉及此事的人員主要來自美國、倫敦和香港的德意志銀行的問題產品部門，但他們事後並沒有把痕跡都處理乾淨。你能猜出這些前問題產品部門人員是誰嗎？是的，當然，又是我們的老朋友SC洛伊。

當航運業專業報紙《貿易風（TradeWinds）》刊登了一篇標題為《TMT和嘉沃開始為四艘TMT船舶進行重組》時，我並不知道很多事實，而這些都是我後來才得知的。當時我正在台北準備四艘汽車滾裝專用船（RO-RO／PCTC）的計畫，因此當TMT接受成為50％／50％並擁有否決權的合資企業時，我也沒能參加。順便說一下，汽車滾裝專用船計畫能幾近完美地全部償還1億美元的債務，但如前所述，法官拒絕了這一計畫，並且允許16艘船以異於平常的條款獲得了2,000萬美元的二次抵押貸款，除了C Whale號船。至於為什麼它被允許把日期倒簽到2013年6月20日？還有為什麼有必要為每艘船增加2,000萬美元、總共3.2億美元的二次抵押貸款，而該DIP貸款金額僅為2,000萬美元？法官從未就這些問題發問。

與嘉沃的交易獲得了法院批准，非常振奮人心，可以說有劃時代意義，尤其是之前在2014年6月8日伊斯古爾法官駁回了四艘汽車滾裝專用船計畫。然而，嘉沃似乎在批准過程中在協議上實行欺詐。埃文・弗萊申、查爾斯・凱利、麗莎・多諾霍，艾斯本・克里斯坦森和兩名嘉沃的總經理帶著他們的律師在嘉沃的母公司嘉吉的倫敦辦事處會面。我相信他們故意改變了向休士頓破產法庭提交的條款，讓TMT接受49%／51%並且沒有否決權的合資條款。我試圖向伊斯古爾法官解釋這件事，但他不聽我說，因為所有律師都有我認為是偽造的證據作證。到了這個時候，我才知道法律事務所，甚至是法官，都可能被外部影響操縱了。顯然，嘉沃能夠洞悉TMT破產重組案的進展，並採取相應行動。新加坡嘉沃的航運總經理是一個好人，我們在汽車滾裝專用船計畫被伊斯古爾法官拒絕之後進行了短暫的談話。很明顯，他了解航運，也了解有著獨特設計的TMT船舶的真正價值。在破產重組失敗之後，我在新加坡文華大酒店的頂層遇見了他。我開門見山地跟他說：

「為什麼嘉沃撒謊，還改變了向法庭提交的條款？」

他沉默了一會兒，然後他提出了一個奇怪的提議。「你能賣掉你的部分嗎？」我感到震驚，但從這位金發的西方商人的眼睛裡很清楚地看出他在竭力隱藏什麼東西，並且他承受著壓力而不得不這樣做。後來，我發現嘉沃購買的全部四艘船貸款的85%所有者在馬紹爾群島登記處登記了，而其他15%的所有者無法識別。這筆貸款轉讓給了索路斯有限公司（Solus Limited）和大師基金有限公司（Ultra Master Fund

Ltd.），這兩者都屬於現位於紐約上海商業儲蓄銀行辦公室附近的公園大道410號的索路斯資本（Solus Capital），其負責人是德意志銀行問題產品部門的前任負責人。怎麼可能有85%貸款所有者在馬紹爾群島——那其他15%在哪裡？德意志銀行問題產品部門的前「明星」們又是如何參與其中的呢？

圖12.1：向位於曼哈頓的索路斯資本送文件，但是他們拒絕接受

由於著書期間我們還處於訴訟之中，答案將在不久的將來揭曉。

正如我們所見，布雷斯韋爾與朱利安尼法律事務所的埃文・弗萊申正竭力以低於市場的價格賤賣一支如此現代化的TMT船隊。這筆2,000萬美元的二次抵押貸款乘以16等於總共3.2億美元，這個瘋狂的計算方式令人想起了德州曾經那無法無天的「狂野西部」時期。DIP貸方（麥格理）擁有的權力如此之大，完全摧毀了破產重組提案，以保護它自己及同謀的利益。甚至連伊斯古爾法官也被蒙在鼓裡，相信了美亞博的查爾斯・凱利。美亞博代表的是兆豐銀行和中國信託商業銀行的利益，這兩者都是國民黨X計畫的主要煽動者。

埃文・弗萊申本應代表TMT的利益，但我相信他欺騙了我，使我放棄了控制權並被排除在決策過程之外。2014年4月，弗萊申建議我聘請新律師。他一定知道了我懷疑他與兆豐銀行勾結——同時代表我方和他方，這是嚴重的利益衝突。陰謀詭計層出不窮——在B Max號，三艘Handy號船和Whale號船被售後，我看到了能證明克拉克森的安迪・凱斯和帕帕斯均與橡樹資本和君上資本有所牽連的電子郵件。那時我已聘請了德州的胡佛斯洛瓦切克法律事務所（Hoover Slovacek LLP）。

申請破產重組就像跑馬拉松一樣。你永遠不知道每天會發生什麼，甚至每小時會發生什麼。法官享有巨大的權力，律師很享受花光他人的錢。TMT已經付了1.2億美元來保住這些船舶，而所有的保留金已經用完了，加上價值5,000萬美元的萬泰股票和2,000萬美元的DIP貸款，總市值高達7,000萬美

元。然而，儘管如此，還是沒有人做任何事情來幫助TMT創造收入，讓它有未來可言。他們只會笑著袖手旁觀，從我的公司裡榨幹我最後一滴血汗。

胡佛斯洛瓦切克法律事務所提出了我的超級油輪和礦石運輸船的底板管道專利問題。在墨西哥灣除油的A Whale號輪是當時，即2010年4月，世界上唯一一艘有著如此獨特設計的船。該法律事務所的律師迪爾格・布朗（Deirdre Brown）馬上著手加快申請破產重組的程序，很快得出了一個結論——將其程度往輕說：此案存在著許多不合乎規定的地方。貸款是如何轉到摩根大通、SC洛伊和麥格理銀行的尚不清楚。北美摩根大通在台灣有著公開信息，但其參考信息、地址、電話號碼或簽名跟貸款交易文件中的任何信息都對不上。迪爾格・布朗向休士頓破產法庭和伊斯古爾法官都申明了這一點。法官對此感到不自在，因為他跟銀行家的律師代表、DIP貸款人，甚至是埃文・弗萊申的關係都非常密切。

下一個退出申請破產重組舞臺的是修華及柯塞爾法律事務所——不過他們不是自願離開的，而是因泄露信息而被法官解雇了，他們的法律費用被充公。對此我絲毫不覺驚訝。還有其他很多人都應該被解雇，甚至被送進監獄！

然後，代表兆豐銀行和中國信託商業銀行的美亞博法律事務所的查爾斯・凱利也突然離場。之前他還為能在保護台灣銀行的同時賺取數百萬美元的法律費用而感到沾沾自喜。然後他就逃跑了。我曾問起為什麼他離開了，別人告訴我他犯了一個歸檔錯誤，具體細節無可奉告。在我看來，那些律師都在獲利離場。因為已經無利可圖了，也因為他們擔心他

們的非法勾當會被發現。

後來，我跟迪爾格・布朗的合作表明了她是美國最好的破產律師之一。她依法辦事，非常勤奮。我的對手們很不喜歡她，但那又怎麼樣呢？只要她依法完成工作，他們就無能為力。正是她發現了修華及柯塞爾法律事務所的布魯斯・保爾森（Bruce Paulson）將破產重組案的信息泄露給了外人。據我們所知，這些信息被泄露給了星散海運的總裁哈姆什・諾頓（Hamish Norton），然後是希爾・迪金森法律事務所（Hill Dickinson LLP）還有受聘於現代重工集團的高偉紳法律事務所（Clifford Chance LLP）。

韓國現代重工擁有世界造船能力的10%，是韓國全球最大的造船廠。他們聘用了修華及柯塞爾法律事務所處理全部16艘船舶的貸款協議。然而他們全程保持沉默，不願意上庭解釋TMT的Whale號輪系列、Elephant號輪系列和Max號輪系列設計的獨特之處和相應的價值。他們是無擔保債權人委員會的領頭人，在破產重組案中掌握話語權。他們本可以幫助TMT。但是相反地，他們的法律事務所修華及柯塞爾被判定違法而受到了法官的懲罰。現代重工在馬耳他將B Ladybug號拍賣，並決定保持低調，直至風頭過去。考慮到TMT在2006年至2013年期間給了現代重工價值超過26億美元的船舶訂單，你一定會很奇怪：為什麼會沒有人來作證？

答案將會在我的下一本書中揭曉。該書將揭露韓國重工可能還有保留帳戶的故事，包含資金是在哪裡以及如何移動的。

筆者在此聲明，除了現代重工在破產重組案中提出的金

額為1.87億美元的索賠（這相關文件由高偉紳法律事務所在下午5點人工交付到中西部的EPIC辦事處）之外，只有6,000萬美元是用於TMT的無擔保貸款本身。因此，TMT對無擔保債權人並沒有很大的債務，並且在申請破產重組之前就已經向大部分公司償還了債務，這是可以證明的。

星散海運的股東用的信用投標（Credit bits）是一種有利於貸款人而不是其他潛在買家的購船系統，潛在買家有可能要準備好付更多錢。銷售過程看起來很公平，但在美國，貸款人可以匹配出價最高的投標人的競標，然後接管船隻並只支付貸款的金額——此金額幾乎在所有情況下都低於船舶的真實價值。所有的Whale號船都是通過信貸投標出售的，除了在南非拍賣的E Whale號輪和在新加坡拍賣的C Whale號輪。

最大的騙局是帕帕斯的產品運輸和交易公司購買E Whale號輪。埃文・弗萊申將截止期限延長了三天，並且不允許該船出售給其他最高競標者。橡樹資本和君上資本購買了所有的Whale號船，但是隱藏了他們為誰購買這些船舶。這些錢去了兆豐銀行，沒有到破產重組案中，而是被匯進了包括巴拿馬和美國在內的世界各地的國民黨帳戶。這就是每月提交的共運營報告苦苦掩藏的祕密。

當所有船舶都被售之後，涉案的眾多律師要求與胡佛斯洛瓦切克法律事務所達成和解。他們聚集在法庭外面。我看到有埃文・弗萊申、查爾斯・施賴伯、還有寶維斯法律事務所和高偉紳法律事務所的律師等大約50人。

「如果蘇信吉先生同意不起訴任何人，我們將會原諒他所有的個人責任。」

胡佛斯洛瓦切克法律事務所的愛德華・羅斯伯格（Edward Rothberg）向我解釋說，我可以就該案中的合法的問題打官司，也許會贏，但這樣做會花錢。我決定不和解。

起初這個決定看起來並不理想，但在幾年後事情開始改變。在2016年夏天，兆豐銀行的醜聞被曝光了。迪爾格・布朗打電話給我說她有重大消息。兆豐銀行因違反洗錢法而被罰1.8億美元、伍鮮紳（Samson Wu）的虛假新聞以及其他兆豐銀行的醜聞每天都在台灣電視上播放，即使國家控制著宣傳網絡。我慢慢意識到並不只一家銀行出現了腐敗，而是整個台灣銀行體系都被腐敗侵蝕了。直到2018年，我才發現現代重工在索賠細節上作了假。

另外，2,000萬美元的二次抵押貸款也需要處理好給新買家。利比里亞和巴拿馬的登記處有2,000萬美元的抵押貸款，但其日期被倒簽了，這種做法無疑是欺詐。正如我之前所說的，一些律師在沒有授權委託書的情況下更改了貸款的條款。

儘管有些問題因為仍在訴訟中而不能在這裡被揭露出來，但是我還是要向公眾披露這個世界上最糟糕的破產重組案中的一些事情，來為其他考慮走破產重組路線的企業敲響警鐘，汲取我的教訓！

太多的疑問需要解答：會計欺詐、共謀勾結、祕密操縱、資金通過銀行代碼ICBCUS33轉入洛杉磯和紐約的帳戶等等。我在本書中詳解了其中一些疑問，但我的調查仍在進行中，更多的答案將在我的下一本書中揭曉。

我，永不退縮！

圖12.2：2017年，嘉吉因在交換協議交易中誤導價格
被罰款1,000萬美元

圖12.3：路易達孚商品貿易公司（Louis Dreyfus Commodities）

CHAPTER 13
話劇：B Max

關於在上一章中提到了B Max號輪，它的故事題材簡直可以寫成極具戲劇性的電影劇本。於是就這樣把它寫成電影劇本。這是所能想到的能準確描述此案涉及到的精心策劃與勾結的唯一方法。您對演員陣容應該不會陌生，因為大多數角色已經在前面的章節中提到過。雖然沒有足夠的證據來證明他們狼狽為奸到如何地步，這裡的對話部分也非常粗略與臆測，但看起來，這些事實足以讓人嚴重質疑並將他們入罪。

圖13.1：純戲劇

概要

路易達孚（Louis Dreyfus）公司是一家全球性企業，業務範圍包括農業、食品加工、國際航運以及金融業。它擁有並管理對沖基金和遠洋船舶，經營房地產的開發、管理和所有權，是主導世界農產品貿易的四大公司之一。

路易達孚公司的農產品貿易流量占世界總農產品貿易流量的10%左右。該公司也是世界上最大的棉花、大米和糖貿易商，並且正在快速擴大成為世界上第三大銅、鋅和鉛精礦貿易商。路易達孚控股公司總部位於阿姆斯特丹的世界貿易中心，並在100多個國家設有辦事處，主要辦事處設立在在紐約、倫敦、北京、巴黎、日內瓦、布宜諾斯艾利斯、聖保羅和新加坡。

路易達孚和其他三個主要的糧商控制著世界糧食貿易的70%，曾和一些中國貿易商一起密謀將因貨物起火而受損後有毒的大豆用船運輸出去，即使他們明知道這是刑事犯罪。該犯罪行為涉及到勞合社（Lloyd's of London）保險人行為的合規性以及破產律師們隱藏並銷毀證據來私下解決問題的陰謀。

此案還與2012年的反洗錢案有關。雖然證據已經被刪除了，但出售船舶的方式令人質疑這三個主要糧商和位於紐約的國際銀行之間有沒有相互勾結。

一般來說，謊言一旦開始，就必須繼續，然後用更多的謊言圓謊——即使你在美國法庭宣了誓。

背景故事

A Max號輪和B Max號輪是2011年至2013年期間由現代三湖船廠建造的9艘船中的前兩艘船。

有著84,000載重噸位的B Max號輪是由蘇信吉設計的最大的巴拿馬極限型船。它非常適合從巴西向中國運輸穀物，特別是大豆。

A MAX號輪是第一艘完成了第二次航行的中國包租船（由新加坡太平洋散貨航運公司承租）。2013年6月，B Max號輪正停泊在巴西的桑托斯港，它被同一包船公司承租，正等待著其處女航。

當TMT在美國申請破產重組時，相關消息在世界範圍內迅速蔓延，路易達孚的CEO很快就聽說了這件事。這個消息對他來說再妙不過了，因為他在之前與TMT簽訂的遠期運費協議中賠了錢。他覺得這是一個針對並摧毀TMT的好機會。

巴拿馬極限型船是一種能夠通過巴拿馬運河的閘室的中型貨船。以下正是一個關於這樣一艘船的故事，背景是史上最複雜、最有趣的破產重組案，人物包括全世界數百名律師。

場景：TMT台灣辦公室，2013年1月

一月，即在TMT提交破產重組申請的六個月前，張定華和兩名中國信託商業銀行代表要求我為船舶支付現金給國稅局。這是一個問題——商業銀行對Whale號輪的金融衍生品感興趣。他們要我們在下達約通知前付款——此舉類似黑手黨

的威脅。

張定華：如果你付錢的話，我們會幫你重組貸款。

蘇信吉：為什麼？

張定華：你付了錢，貸款就可以被重新購買，所得資金就可以成為另一個資金來源。

蘇信吉：可是張先生，我們還沒有拖欠您的貸款或中國信託貸款，為什麼我們要這樣做呢？還是說，它只是唯一一個建立新的貸款系統以隱藏「中國投資基金」染指TMT事實的方法？

張定華微微一笑，而中國信託商業銀行代表則什麼也沒說。

蘇信吉：請把你的同意書寫下來。

他們拒絕了。

他們知道貸款那鮮為人知的背景嗎？他們是2010年1月首批接觸TMT並與洪國琳會面的銀行代表。

轉到

場景：台北TMT辦公室，8樓，2013年6月17日

兆豐國際銀行國外部副經理邢獻慈與蘇信吉都在場。她的老板要求她查一下蘇信吉上個月去過哪裡。她聯繫了TMT的會計部，知道了蘇先生頻繁出訪美國。檢查他的私人飛機行程以及通過台灣移民局得到他的出入境信息不是什麼難事。現在，沉默充斥了整個空間，邢女士看起來非常嚴肅。

邢獻慈：我們上個月已經給過你建議了，那麼，你打算支付2,000萬美元嗎？

蘇信吉：不，2,000萬美元根本解決不了問題。

邢獻慈：那你打算在美國根據《破產法》第11章申請破產保護嗎？

蘇信吉沒有立即回答。相反，他盯著她的眼睛。她的臉扭曲了，變成了一張鬼臉。她是一位有影響力的女性精英，慣於我行我素。在蘇信吉說話之前，沉默持續了一段時間。

蘇信吉：我不會回答這個問題。為什麼銀行不對這麼好的資產施予援手呢？

她一言不發，轉身狂怒而去，拉著她的下屬李先生一起離開了辦公室。

轉到

場景：巴西桑托斯港口的T-Grão裝貨碼頭

碼頭發生了火災，倉庫裡面的一批貨物大豆被火燒壞了。消防滅火時水被灑進了筒倉，這導致了需要花很多錢才能在巴西把受損的大豆從中挑出來。

轉到

場景：路易達孚日內瓦辦事處

路易達孚CEO和總經理出場。他們看起來眉開眼笑。

CEO：笑一下！對我來說，這真是一件大喜事。TMT要完蛋了！快給我們的辦事處打電話，了解一下TMT船舶現在的位置。

總經理：現在有一艘名為B Max號的船在我們的貿易商那裡，正向中國運送大豆。他們說這艘船設計非常棒，能夠裝

載很多貨物並運出巴西……甚至可以運出阿根廷的穀物。

CEO：B Max號船正等著裝貨，對吧？

總經理：沒錯，它現在停泊在桑托斯港口附近。

CEO：把我們放在巴西碼頭那些被燒壞了的貨物轉移到B Max號船上，你說這個主意妙不妙？

總經理：您在開玩笑嗎？那貨物有毒！

CEO：就按我說的做！

總經理：是的，長官。但我們必須要小心……B Max號從兩個碼頭裝貨，一個碼頭是我們的，而另外一個是一家合資企業。如果有人發現了這件事……我們這是犯罪行為。

CEO：別擔心，如果有需要的話，我會和嘉吉、邦吉（Bunge）和阿徹丹尼爾斯米德蘭（ADM）談談。

這三家公司都是農業企業，同時也是路易達孚的競爭對手。總經理別無選擇，只好指示交易商將那批貨物部分賣給嘉吉，因此路易達孚不會成為此罪行的唯一罪犯。

轉到

場景：位於巴黎的私人俱樂部

勞合社的一個代表正在享用一頓昂貴的晚餐。他的手機響了。他接聽了電話。

勞合社代表：嗨，菲利普。有何貴幹？

路易達孚CEO：我們在巴西由於疏忽導致了一起火災。你能幫幫忙嗎？

勞合社代表：這種事我見多了。我們很樂意為您的業務提供保險。您的印度倉庫收購案做得非常出色，希望我們能

夠在未來百年內繼續合作。

路易達孚CEO：被燒壞的貨物大約有5,900噸。我找到了一艘船來裝這些貨，還找到了處理的方法，這對我們雙方都有好處。

勞合社代表：菲利普，您真是個天才。

路易達孚CEO：只需把貨物混在一起而已……跟往常一樣，2%？

在這個巴黎私人俱樂部吃完晚餐後，勞合社代表乘坐高速列車從法國的巴黎北站回到倫敦的查令十字。這對他來說是一段非常舒適的旅程。

轉到

場景：新加坡的嘉沃（CarVal）投資辦公室

嘉沃是全球另類資產管理公司，並且是嘉吉的100%基金的管理公司。

蘇信吉了解這家公司——他們參與了萬泰鑽油的第一台鑽機的融資。2009年，他們在總金額為1.6億美元的融資方案中收取了22%的利息。萬泰並沒有賺到很多錢，因為所有的收入都是來自韋紮他（Wayzata，嘉沃的一家子公司）。在蘇信吉的領導下，TMT成功融資後在新加坡的PPL船廠完成了新鑽井平臺的施工。該船廠是海上鑽井平臺設計和生產專家勝科海事（Sembcorp Marine）的子公司。

嘉沃CEO：我們可以買TMT的哪些船？

嘉沃法律部人員：我覺得應該購買蘇信吉的便利型級船隊，包括B Max號輪和三艘便利型大型散貨船。

嘉沃CEO：它們能投入使用嗎？

嘉沃法律部人員：當然。我們從貿易商那裡聽說，這些船是有史以來最好的巴拿馬極限型船，配有現代化的電腦引擎。

嘉沃CEO：好，我們把貸款買下來。

嘉沃法律部人員：我們可以先接觸高雄銀行。他們持有一部分由上海商業儲蓄銀行有限公司牽頭的聯合貸款。七折就可以買到全新的船隻。

轉到

場景：日內瓦城堡（LE CHATEAU）餐廳

路易達孚總經理正與嘉吉總經理共進午餐。

路易達孚總經理：我們想賣給您一批價格便宜的巴西大豆。

嘉吉總經理：當然可以。價格多少？

路易達孚總經理：貨物有一部分被燒壞了。我們需要把燒壞了的大豆每次少量地逐次混進好的大豆裡。我們會虧一點錢，但是你會賺大錢。

嘉吉總經理：我們可以把這批貨賣給中國的貿易商，他們一向喜歡簡單直接的回扣。他們可以包租B Max號船來處理。我們用過A Max號船，那艘船有一些額外的隱藏空間。

兩人：乾杯！

轉到

場景：B MAX號第一次停泊

船到了。船長是個中國人，他一直在喝酒。他認為這些貨物都是正常的、乾淨的好糧食。裝載了大量貨物之後，他就可以直接回家了。他已經在港口停錨等待了三個星期，看著其他的船隻裝貨然後從他身邊揚帆而過。他想趕快回家。

轉到

場景：巴西桑托斯港口的T-Grão裝貨碼頭

碼頭負責人接到了路易達孚CEO的電話。

碼頭負責人：先生，您是說我們需要在B Max號船上盡可能地裝載貨物嗎？

路易達孚CEO：對，這就是我們的安排。該船在破產重組案裡，我們不想留下任何痕跡。

碼頭負責人：是的，先生。

筒倉外面放了一些貨物，因此至少可以說，這批貨物的裝載是不尋常的。如果被人發現裝載損毀的貨物，那場重大火災就會引起全世界的注意。唯一的方法是暗中逐次裝載一些損毀的貨物，改變船舶載重線並將其放在輸送機系統的頂部。

碼頭負責人立即下令在當晚裝貨。碼頭負責人：

告訴代理商正在下雨，所以我們無法在白天裝貨……只能在晚上，從日落到日出。你知道允許額度是多少，對吧？

貨物在被混合起來時有一個最高可達2%的允許額度，中國貿易商可以利用這一點做另一個保險騙局。他們可以在上

面裝載舊穀物，聲稱進水損壞了貨物而索賠。然而，索賠過程需要很長時間，舊穀物的顏色可能會變黑，甚至變成有毒的醬油色。因此，整個行動必須保密。

當夜幕降臨時，當地的巴西工人已經很累了，他們直接裝貨，沒有提醒檢驗公司如瑞士通用公證行（SGS）或國際幹貨船東協會（Intercargo）的檢驗員進行檢驗。這項祕密任務靜悄悄地完成了。

轉到

場景：T-Grão裝貨碼頭

穀物的裝載通常只需要四天。不過，由於只在晚上裝貨，這批貨物的裝載一共花了十天。沒有檢驗員或者主管辦公室過問為什麼這次需要這麼長的時間，而船上也沒有人知道他們正在裝載的是損毀了的貨品混合物——路易達孚CEO故意下指示這樣做。嘉吉已經知道貨物被火燒壞的事件。

碼頭負責人的電話響了。

嘉吉總經理：我們的合同是在兩天內裝載25,000公噸。為什麼花了十天？

碼頭負責人：下雨了。這不是什麼罕見的事情。如果下雨，我們只在晚上裝貨。

嘉吉總經理：胡說八道！馬上停止裝貨，轉移貨物。我們要把船和貨物扣押下來。

於是這艘船在錨地停了一周。

轉到

場景：日內瓦城堡（LE CHATEAU）餐廳

嘉吉和路易達孚CEO正在共進晚餐。

嘉吉CEO：我們得想辦法解決這個問題。你要到巴西法院去接受判決，嘉吉不會因為把你的垃圾出口到中國而被判有罪。

路易達孚CEO：好，那我們去桑托斯法院解決這個糾紛。但我們需要將貨物轉手。誰好呢？不如在航行期間將它賣給邦吉吧？分配？交換？更替？還是偽裝？我們需要向中國交易商解釋，他們會站在我們這一邊。他必須明確知道貨物到底被污染了多少。

嘉吉CEO：B Max號船是同類型中最大的船，它可以裝載超過66,000公噸的貨物。第一批貨物沒有從巴西的一號裝貨碼頭裝上船，但我們必須確保第一批貨物從船的一號貨艙卸下。這樣的話，邦吉可以保持清白。

轉到

場景：T-Grão裝貨碼頭

該船回到碼頭並將剩餘的貨物裝上船，於7月14日離開了港口，時間大約在TMT申請破產保護後的一個月。

根據T-Grão的水尺計量，裝載貨物的總重量為29,515公噸和29,315公噸——正常。

根據出口走廊的水尺計量，裝載貨物的總重量為42,086公噸——而實際上沒有任何初步測量數字。

是不是很奇怪？

根據對碼頭岸上規模的水尺計量，裝載貨物的總重量為71,601公噸。這比正常的66,000公噸多了差不多10%的標準裝載量，剛好5,000公噸。

由於B Max號船上蘇信吉的頂尖設計，該船可以比正常多裝載5,000公噸。

轉到

場景：中國廣西防城南港

中國貿易商已經知道了他們可以免費拿5,500公噸的優質糧食。船裝載了71,500公噸的貨物，其中正常貨物66,000公噸，受損貨物5,500公噸。

中方：謝謝。我們會在船抵達防城港倉時接管該船，並將整批71,500公噸的貨出售給中國的糧食磨坊。

中國貿易商與中國船舶運營公司簽訂了航程包船合同，因此所有風險都由運營公司和船舶所有者承擔（即TMT B Max號船公司）。

轉到

場景：停靠泊位

B Max號船於7月16日當地時間11點25分從T-Grão港轉移到了一個停靠泊位。這是因為T-Grão港口運營商下令對碼頭的倉庫和筒倉進行維修。這就是證據。唯一站得住腳的原因是，為了正常運營，把損毀貨物裝船的兩條線必須重新連接；而為了做到這一點，他們必須讓船離港。

該船從當地時間7月16日中午12點08分到8月5日下午5點

46分停靠在停靠泊位，整整二十天，這是由T-Grão碼頭確認了的。為什麼會這樣呢？因為需要20天才能將貨物混裝在一起，因此不會留下任何欺詐的證據，沒有能證明這兩種貨物在夜間裝船的證據。

T-Grão碼頭由路易達孚集團擁有。

B Max號船被扣押了。但兩個碼頭都沒有簽署扣船聲明——這非常奇怪。法律總顧問仔細看細節，發現兩個碼頭的證人都沒有簽署。這是否構成刑事犯罪呢？

8月3日，海港主管當局發出通知，商船B Max號已被扣留。它是在自動中止中被扣留的，所以TMT及其律師應該知道這件事。扣船行動由嘉吉作為5,970.427公噸的部分貨物托運人發起的。他們聲稱T-Grão僅將該總量的貨物裝到船上，基於此原因，他們要求拿到大副收貨單（Mate's receipt）。與此相反，T-Grão碼頭為路易達孚及旗下一家子公司BioSev都簽發了大副收貨單，該收貨單列明了船上的貨物總量。在出口走廊完成裝載作業後，該船仍然在該碼頭閒置，直到當地時間8月7日20點50分。

貨物主和代理人都簽了——但是T-Grão碼頭和出口走廊的38碼頭都沒有簽署。

轉到

場景：德州休士頓的破產法庭

破產法官、蘇信吉先生還有各種專業律師都在場，包括埃文・弗萊申（布雷斯韋爾與朱利安尼法律事務所）、查爾斯・凱利（美亞博法律事務所）、一個上海銀行的律師還有

查爾斯·施賴伯（溫斯頓法律事務所）。

弗萊申：B Max號船已經被扣留了。我們需要使用DIP資金來挽救這艘船，但我們沒有足夠的資金。

凱利：上海商業儲蓄銀行、彰化銀行和華南銀行是最大的幾個債權人。

上海銀行律師：保持安靜！

施賴伯：DIP貸方沒有問題。大家都享有同等權益。

法官：解決方案是什麼？

弗萊申：上海商業儲蓄銀行和麥格理銀行已經私下就此進行了討論，他們願意為DIP提供額外的資金，以便讓中國法院釋放船隻並進行非公開銷售。

法官：那太棒了。

施賴伯：尊敬的法官閣下，我們願意增加300萬美元的小額DIP貸款，具體分為兩部分：90萬美元用於讓中國法院釋放船隻，另外210萬美元用於銷售和把問題解決掉。

弗萊申：由於我們在B Max號船DIP貸款協議最後一個段落中規定造成的困難，此案件應在破產重組備案中保密。

蘇信吉來到舞臺上。法庭上突然一陣沉默。

蘇信吉：B Max號在處女航時是一艘嶄新的船。她沒有起重機械，剛剛裝載了她的第一批貨物。艾睿鉑作為債務指定人替我處理此案，因而我對此案別無所知。但是發生漏水事故是不可能的。她的最大吃水量足以裝載71,500公噸的貨物，因此在航行期間進水是不會發生的。你是說現代集團承建的新船在首航時接收了被水泡壞的貨物並在中國被扣押嗎？這無異於進口有毒食品來殘害中國人民。她的姐妹船A Max號已

經完成了兩次航行，一點問題都沒有。我在我有生之年完成了1,000多次航運，其中200多次都是運輸糧食。這種事情從未發生過。不列顛尼亞（Britannia）保險在哪裡？艾睿鉑、上海商業儲蓄銀行、彰化商業銀行還有華南商業銀行又在哪裡？

後來，此案的中方檢驗師表示，作為一名檢查人員，十多年來，他從未見過這種事件。這是不可能發生的事情。這是犯罪！

法官：我們將允許你自費私下處理此案件。完成後向法院報告。

所有人都在破產法庭同意了法官的決定。

轉到

場景：中國廣西防城南港

被扣押的B Max號船在巴西獲釋後抵達了中國，然而當它卸下了貨物後馬上又被中國法院再次扣押。嘉沃支付了750,000美元以釋放該船。但是，這個數額與B Max號的貸款所缺失的15%不符。B Max號船DIP貸款附錄的最後一段（見附錄圖10）明確指出，這筆貸款無法被披露，因為它涉及中國法院程序。

這簡直是開玩笑，因為2008年至2016年間中國沿海地區有100多艘船被扣押，整個中國海事系統非常透明。很明顯，B Max號船DIP貸方正與嘉沃、美亞博法律事務所、布雷斯韋爾與朱利安尼法律事務所以及溫斯頓法律事務所合作，企圖隱瞞上海商業銀行、彰化商業銀行和華南商業銀行貸款的祕密。

為什麼會被指控呢？因為馬紹爾群島登記系統跟隨美國規範。如果你擁有船舶不超過85%的所有權，你就不能將其出售。而奧納西斯集團購買了B Max號輪，B Whale號輪和其他五艘Whale號輪以及一艘超大型油輪。這裡的關鍵證據是，這一切得以發生是因為奧納西斯，蘭迪・雷伊和摩根大通航運銀行家們得到了內部消息，路易達孚、嘉吉和其他人也參與了這一個巨大騙局的一部分。

轉到

場景：倫敦

埃文・弗萊申及其他艾睿鉑代表出席了嘉沃和TMT的協議。這是一個50／50協議，但破產法官對第一個計畫得以通過表示滿意。

然後，嘉沃纂改了條款，所有律師都需要刪除該計畫。為什麼呢？因為嘉沃律師發現文件是偽造的，然後被轉讓方都簽署了。這些貸款由上海銀行在「錯誤紙張」上簽字，出售給了德意志銀行，然後賣給了嘉沃。

在紐約的調查證明，在2014年1月、2月和3月期間，許多銀行家和律師開始了隱瞞此事實以及華南商業銀行洗錢的工作，索路斯資產管理公司也參與其中。所有這些都與德意志銀行和SC洛伊（債券交易商）的前負責人和非資深工作人員有關。索路斯資產管理公司必須讓其特拉華州和開曼群島的子公司成為買家，從而能夠收拾殘局。

協議簽訂後，參與此次交易的律師在向德意志銀行和SC洛伊出售船隻之前發現了這個欺詐性的轉讓，還有嘉吉，邦

吉和路易達孚的勾結串通。

蘇信吉反對中方包船，並最終發現了此欺詐案的全部內容和牽涉範圍。

這涉及到2011年至2012年5月期間台灣銀行涉嫌洗錢100億的貸款文件。特別是在1月和2月，B Max號船讓上海銀行，彰化銀行和華南銀行很頭痛。在這樣小型的辦事處裡，銀行家大多來自香港，很容易記住發生了什麼事情。

轉到

場景：紐約四季酒店。

事件中最有趣的部分實屬是位於華盛頓特區的溫斯頓法律事務所也參與了進來。沒有一個破產重組案的律師與美國首都有任何的聯繫。這一點引起了對台灣駐美代表、清朝皇室的後裔金溥聰先生的調查。他在德州上過六年的學，並在華盛頓特區有很多人脈。他的任期是從2012年10月到2014年2月底。真是一個驚人的巧合！

台灣代表金溥聰正與溫斯頓法律事務所的律師一起享用豐盛的晚餐。Whale號船貸款正在售予摩根大通，而Ladybug號輪貸款正在售予麥格理銀行。

金溥聰：我的朋友，我要你確保B Max號輪在麥格理銀行手中萬無一失。

溫斯頓的律師：兆豐銀行接連給了我們DIP貸款……所以我們有16艘船，每艘2,000萬美元的二次抵押貸款，利息為9%，利潤豐厚。它得看起來不像超前交易，因此我們增加了1%的佣金，然後看起來它比較像一個交易。麥格理銀行在其

他交易中賺了不少錢，另外還有萬泰股票。但要確保C Whale號船的擔保貸款不在DIP貸款裡，我不希望將來被質問為什麼C Whale號是分開的。

金溥聰：還要確保申請破產保護前的文件不要在破產重組案中泄露出來。

溫斯頓的律師：懂了，先生。我們的任務是告訴在紐約的施賴伯要確保沒有船能開動，或者以較低的價格出售，因此就沒有了權益。這樣，蘇信吉就不能在將來回頭發問。

金溥聰：幹得好。

溫斯頓的律師：謝謝你，先生。施賴伯告訴我，凱利、弗萊申、上海銀行的律師以及德意志銀行、SC洛伊和索路斯資產管理公司的CEO會在紐約第57街的四季酒店開會研究解決方案。

金溥聰：我原本想在2014年的春節回去，但我要等到2月底彰化銀行和華南銀行的最後一次的轉讓完成才能回去。他們現在倒是有了解決方案。我不希望他們跟邢獻慈聯絡，她很忠心，仍然在關注著整件事情的發展。

溫斯頓的律師：剛收到了施賴伯通過電子郵件發送的報告。最終的計畫是，弗萊申向我保證沒有任何文件會被公開。他會以中國法院使用的反海外腐敗法為藉口防止信息公開。

轉到

場景：位於紐約的上海商業銀行辦公室。

2014年2月，紐約非常寒冷。上海商業銀行在公園大道

和第56街都設有分行，兩者距離索路斯資產管理公司位於公園大道430號7樓的辦事處及其公園大道410號的子公司僅150米。各銀行代表和律師出席了這次祕密會議。

嘉沃決定了要購買四筆TMT的船舶貸款。新加坡嘉沃向上海商業銀行提交了出人意料的最高競價。但是，上海商業銀行的TMT貸款還沒有拖欠違約，反而一直表現良好。此外，他們已經在跟彰化銀行和華南銀行合作時使用了TMT貸款。老板的兒子現在非常忙碌——他在香港中環買了一塊地，設計了一幢25層的大樓，頂樓供他私人使用。

香港銀行代表：我們無法向您提供全額貸款，因為它已被出售和清算了。

嘉沃律師：我們需要完整的貸款文件。

德意志銀行代表：我們已經把我們有的都賣給你了。

嘉沃律師：華南銀行把貸款賣去哪裡了？我們在馬紹爾群島登記處查過了，我們需要剩下的15%。

上海銀行代表：2012年5月就賣了……那是兩年前的事。

德意志銀行代表：好，那我們問一下我們對沖基金的前同事，索路斯資產管理公司的CEO，讓他也分一杯羹。

SC洛伊律師：他是我在美國的前任老板。SC洛伊原先在倫敦，後來搬到了香港。

上海銀行代表：那麼，我們如何起草轉讓文件呢？如果我們把我們正在做的事情寫下來，我們都會變成罪犯。

嘉沃律師：我們只需要在「錯誤紙張」上一起簽字就行了。但任何文件中都不應出現律師的姓名。

香港銀行代表：美國法官不會看到這一點嗎？

SC洛伊律師：我已經讓我的聯繫人轉告施賴伯，為B Max號船額外增加290萬美元的DIP貸款。這樣一來就皆大歡喜了。

上海銀行代表：那麼，我們怎麼出售這些船呢？帕帕斯推薦通過奧納西斯，因為通過奧納西斯的名義可以使事情合法化。對了，以什麼價位出售呢？

嘉沃律師：價格必須跟首次抵押貸款相同，即2,500萬美元，因此蘇信吉就無權檢查細節。

德意志銀行代表：施賴伯得有額外的資金做這件事……麥格理銀行財雄勢大，我們可以從其他船隻的多餘部分把錢拿過來，比如說在馬耳他的A Ladybug號，來彌補損失。此外，我們希望以2,450萬美元的價格出售，那樣蘇信吉就無權要求知道賣船給奧納西斯的所得利潤以及索要相關文件了。

SC洛伊律師：然後我們使A Ladybug號的2,000萬美元貸款的違約，讓弗萊申用這筆錢周轉。當2,000萬美元的貸款在馬紹爾群島被免除時，我們再把錢帶回來。

嘉沃律師：我們可以對破產重組案中B Max號船的文件做些手腳，不過要避免任何人知道。貸款文件的最後一個段落會確保這一點。

上海銀行：來，舉杯！嘉沃得確保蘇信吉的重組計畫不能成功。

SC洛伊律師：對，我們會命令新加坡嘉沃不要接受這個方案。更改條款，那樣蘇信吉就沒有辦法獲得批准。你知道他有多瘋狂！

嘉沃律師：順便說一句，停在台灣的Max號船的貸款簽名

也需要簽在錯誤紙張上，因此倫敦、紐約、香港和台灣都在同一條「船」上……原諒我用了個雙關語，哈哈哈。

索路斯律師：施賴伯，你和我一起共事了很長時間了。看在你和我那些在SC洛伊的朋友們份上，我會幫你，因為我們都做問題基金業務。但是，你知道這是犯罪，對吧？

嘉沃律師：只有被發現了才是犯罪。

轉到

場景：新加坡的嘉沃辦公室

TMT貸款銷售的消息在破產市場公布了。高盛、摩根大通、瑞銀、德意志銀行蠢蠢欲動。嘉沃亦在此金融圈內，每天都會收到最新的信息。

嘉沃法律部：我們已成功從麥格理銀行和德意志銀行手裡買到了貸款，但我們只能買85%。

嘉沃CEO：為什麼不把剩下的15%也買了？

嘉沃法律部：我們的台灣辦事處無法確認原因。

嘉沃CEO：奇怪。無論如何，我們占多數就行，這些交易都很好。我們有航運經驗，蘇信吉的船舶設計非常精良。

嘉沃法律部：如果我們遇到問題怎麼辦？

嘉沃CEO：我們可以聯繫蘇信吉，提議通過銀行買斷他的貸款。或者我們可以提出重組建議，我們做次要合作夥伴。最糟糕的情況，50／50，但有控制權。

嘉沃法律部：好主意。我們這麼精明，而航運公司那麼愚蠢。

這一證據是在馬紹爾群島的2,000萬美元二次抵押貸款的

文件上被發現的。他們明確表示只有85%的首次抵押貸款在手。很奇怪，不是嗎？

轉到

場景：紐約上海商業銀行辦公室

證據已被刪除了。資金存進了華爾街4號的一個德意志銀行信託基金裡。

上海商業銀行的專家們聚在一起，討論如何處理此案。

上海銀行代表：2月底部分貸款出售給了德意志銀行。現在我們需要決定如何讓SC洛伊參與進來，並把貸款賣給嘉沃。嘉沃希望購買剩下的15%。條件是，我們不能給他們原始的貸款文件。

嘉沃律師：我們和蘇信吉見見面吧。這是以低價購買蘇信吉那一部分的唯一方法。在提出重組計畫後，他給我打了電話，想跟我在文華大酒店見面。現在是時候了，因為律師的審查表明我們不能繼續這個計畫。明尼蘇達州總部表態不做這個交易，我們拿不到內部批准。

轉到

場景：新加坡文華酒店行政酒廊

在他們同意了重組計畫之後，蘇信吉在文華酒店頂層會見了嘉沃新加坡基金經理。雖然嘉沃的代表在笑，但其實他並不高興。

嘉沃律師：蘇先生，我為在休士頓發生的事感到抱歉。雖然我們之前在倫敦同意了一個計畫，但……我們可以買斷

你的49%嗎？

蘇信吉：你在倫敦告訴我要合資，兩個星期後你想買斷我的這部分？是因為《貿易風》的文章嗎？……還是說，你們明尼蘇達州的總部要你取消我們的協議？

嘉沃：沒有。

蘇信吉：這很不好。

隨後他們分路揚鑣。

轉到

場景：休士頓克拉克森證券

這位休士頓的老板買下了阿斯頓馬丁公司（Aston Martin Company）。他跟萬泰的約翰・奧賴利認識。奧賴利的兒子從2013年到2014年供職於克拉克森的休士頓辦事處。阿曼達・加洛韋（Amanda Galloway）於2013年12月從蘇格蘭皇家銀行航運部（RBS Shipping）跳槽到克拉克森。她在TMT申請破產重組之後成為克拉克森的代表。

艾睿鉑：B Max號作為一艘配備嶄新發動機的最大的巴拿馬型貨輪，可以賣出超過3,000萬美元。我們要把它賣給奧納西斯，因為這個名字不會引人懷疑。

克拉克森：不行，奧納西斯的最高報價是2,450萬美元，我們佣金太少了。

艾睿鉑：好，沒問題，只要我們追討了98%的欠款。

克拉克森：你給了我所有15艘船的代理權。代理人是為委託人服務的。奧納西斯是個大客戶，在將來會給我們很多業務。

艾睿鉑：我會告訴你負責超前交易的人把貸款賣給奧納西斯。

加洛韋：我是前任蘇皇銀行航運部的律師，曾與傑拉德・喬因森（Gerard Joynson）和安迪・喬治奧（Andy Georgiou）合作過。我們需要銷毀所有表明我們曾與TMT有過遠期運費協議合作的證據。因為TMT已經申請了破產保護，我們得馬上將這些文件刪掉，從2008年開始一共6年。我會負責確保克拉克森不被要求披露任何與蘇皇銀行相關的文件。

艾睿鉑：我們太高興了……我們之前在拉卡塔米亞對克拉克森的訴訟裡遇到了一些問題，現在在處理TMT破產重組案的船舶銷售。希爾狄金森法律事務所（Hill Dickinson）和修華及柯塞爾法律事務所正負責此案。布魯斯・保爾森（Bruce Paulson）負責無擔保債權人委員會（UCC）簽名。

轉到

場景：奧納西斯航運辦公室

該公司CEO、航運顧問及前摩根大通航運高管蘭迪・雷伊還有蒂凱油輪公司的CEO彼特・埃文森三人在討論合作。

蘭迪：TMT的船都很棒。這些船我們都想要，通過跟Ken Leung和帕帕斯合作，我們可以達成這個目標。

CEO：是的，這些船的設計都非常精良。你做成了6艘Whale號船和1艘Elephant號船的交易。前幾天我和埃文森談過，並且已經通過我在香港的銀行家和前摩根大通的聯繫人確認了……他們說蘇信吉會把這批貨出售。他別無選擇。他

太蠢了，在船上花了這麼多錢……現在我們撿個大便宜。

蘭迪：我現在打電話給彼得・埃文森。聽著。

埃文森：嗨，蘭迪。我們為大宇造船海洋株式會社（DSME）制造的那艘不受TMT破產保護的超大型油輪定價7,700萬美元。蘭迪，我們可以自定售價，所有TMT的船隻我們都能以低折扣買到。你知道的，蘇信吉設計的都是好船。而現在售價只是新船造價的60%。那艘現在賣7,700萬美元的船建於2012年，因此它的船齡更短。而你可以給Whale定價6,000到6,500萬美元。我們做的是商業管理，但你知道，修理這些船並不容易。

蘭迪：彼得，你以這個價格買A Elephant號、B Elephant號和C Elephant號船真是撿了大便宜了！他只借出了6,000萬美元，就拿走了所有船隻。真是不可思議。碰巧蘇信吉不在。他的船在埃及被當地海軍扣留了，據說是涉嫌破壞了互聯網電纜，好奇怪的理由。

埃文森：蒂凱油輪公司得給埃及方錢，他們賺了1,000萬美元呢。這是一個艱難的決定。我們是一家上市公司，所以我無法透露交易是如何達成的。現在新的蒂凱合作夥伴萬事起頭難，比蘇信吉在大宇造船建造的類似船舶少了1,000萬美元。

蘭迪：彼得，你又成功了。雖然大宇建造的船隻有標準的發動機，但蒂凱賺取了接近1億美元的暴利。

CEO：他的腦袋就是靈光……我們以前是同事，哈哈哈。那艘正常的超大型原油運輸船隻賣了7,700萬美元。還有，我那1億美元的另一筆交易怎麼樣了？

蘭迪：等等。我咨詢了弗萊申，要求其他類似的比利時船在市場上也以每艘1億美元的價格出售。但您那筆交易是附帶包船貨物的，所以價格更高。如果有人問，弗萊申會跟法官說這筆交易是不相關的。

CEO：那Elephant號船的價格是7,700萬美元，而Whale號船的價值在1,000萬美元左右。蘭迪，你真是一個會做大生意的人，儘管你現在不是銀行家了，就像辛普森斯彭斯揚船舶經紀公司（Simpson Spence Young）的約翰・威倫（John Wallem），克拉克森的安迪・凱斯和百力馬船運公司（Braemar Shipping Services）的亞倫（Alan）。

蘭迪：你知道帕帕斯在幕後教所有人怎麼做……對吧？

CEO：沒錯。

在與美亞博法律事務所、溫斯頓法律事務所和華盛頓國民黨的律師達成共識後，嘉沃私下向奧納西斯出售了貸款，以最大DIP貸方的身分將之轉到馬紹爾群島。馬紹爾群島登記處的記錄只顯示了這2,000萬美元的85%，而沒有後續信息。他們向伊斯古爾法官報告以2,450萬美元賣給了奧納西斯。

結論：完美犯罪

根據證據：

1）中國貿易商買家對5,970公噸的受損貨物是知情的。（參見中方扣船文件，其中明確說明損失數量為5,900公噸。他們是怎麼知道的？）

2）托運人知道當船吃水深度達到14米時，該船可裝載連

蓄水能力在內的71,000公噸。因此，額外的5,900公噸超過了這種尺寸的船舶的標準。

3）一點痕跡也沒有留下——因為船停在泊位20天。在此期間，輸送機修好了，在第一次裝貨後恢復正常。

4）裝載計畫還有1號貨艙裡貨物損壞較少。我們想知道為什麼在裝貨港宣布的裝載計畫與卸貨港的裝載計畫有所不同。特別是當「邦吉」這個名字出現的時候，船就被扣留了。

5）從桑托斯出航——沒有計量水尺——為什麼呢？因為他們不希望檢驗員發現有些貨物被燒毀和變黑了。

6）第一批貨的裝載花了那麼長時間，而最後一批重達29,000公噸的貨物則只裝了兩天。船長在卸貨港的聲明裡稱貨物裝載得很快，他看不到任何變黑的大豆。他又怎麼能在黑夜中看到被全速裝載的變黑的貨物呢？

B Max號船的DIP貸款有六點不同尋常：

1）最後一段，他們可以先出售貸款，再向法院報告嗎？

2）主要貸方

3）90萬美元加上250萬美元的餘額？（最後的數字在破產重組案中並未公開）。

4）同等位次。

5）處罰的利率不明確

6）2013年11月23日，麥格理銀行的委託授權書在紐約嗎？為什麼？

蘇信吉和弗萊申在2013年11月之後對事情有了完全不同的觀點。弗萊申在幕前全權代表TMT處理一切，而蘇信吉的呼聲法官卻從未聽到過。這是債務人律師不為資產的現狀和追討出力的例子。相反，艾睿鉑領導者之一的多諾霍改弦易轍，只做一對一的溝通並把蘇信吉排除在電子郵件交流之外。在蘇信吉看來，弗萊申可能被收買了。他是一個做事有章法的人，蘇信吉深信有人說服了他做出這樣的改變。

弗萊申需要將他的業務轉移到蒂凱油輪公司（中型油輪的大型運營商）。他把管理層換了人，並掌握了100%的控制權，以隱藏來自兆豐銀行國民黨帳戶的資金。隨著案子的發展，遮掩2014年真相的故事將會徐徐展開，也會顯示恰好以2,500萬美元把貸款賣給奧納西斯，這樣以後便無人能夠看到證據。

然而，蘇信吉在嘉沃手中發現了更多證據——包括B Max號船的銷售額、其DIP貸款、2,000萬美元的二次抵押貸款以及馬紹爾群島登記處規定的85%的貸款。

嘉吉、邦吉和路易達孚沒有任何任何公告的情況下於2014年3月友好地解決了在桑托斯的訴訟。此事最後是在對猶太人際網絡進行調查時被發現的。

2014年春天，蘇信吉收到了一紙從巴西桑托斯法院發出的用葡萄牙語寫的法院命令。為什麼他們在2014年4月靜悄悄地和解了？在破產重組案中，根據在2014年1月8日發出的DIP命令，所有16艘船每艘都有2,000萬美元的貸款。這是擔保還款。但麥格理如何在七天內宣布並獲得額外利潤是一個未知之謎。我們需要知道施賴伯、嘉吉、加迪納（Gardena），弗

萊申和艾睿鉑之間的聯繫，以及嘉吉與其他糧商之間的談話來發掘更多鮮為人知的故事。

2014年3月，蘇信吉因背部受傷而滯留香港。此前，蘇信吉乘坐經濟艙在美國和世界各地之間來回飛了超過八次，這對他的背部造成了勞損。儘管弗萊申和多諾霍有義務告知蘇信吉事情的進展，但他們並沒有這樣做。多諾霍確實有來過香港看望蘇信吉，但她沒有向他報告有關破產重組案的任何重要進展。此外，為了出售和轉讓所有權，金額300萬美元的DIP貸款被人無中生有的創立了。最後條款裡清楚寫明DIP貸款可以出售給第三方——法官卻從未讀過這一點。

還有更多有待我們發現的事情，例如：

- 破產案中有許多電子郵件有待披露。
- 兆豐銀行、帕帕斯、修華及柯塞爾法律事務所、保爾森、無擔保債權人委員會、現代重工、凱利法律事務所（Kelley Drye）、施賴伯、查爾斯・凱利、麥克・洛萊特和維達爾・馬丁內斯法律事務所的勾結共謀。
- 巴拿馬、利比里亞和馬紹爾群島的登記騙案——尤其是利比里亞雙重費用。
- 但是，由於資金流動並不合法，上海商業儲蓄銀行邀請了彰化銀行和華南銀行充當同謀，後二者同意幫忙打掩護。為什麼B Max號船貸款中的提取擔保金和聯合貸款的日期相同呢？真是奇怪。它的用處主要是歪曲貸款情況，有意在提取擔保金日做聯合貸款，但只與一家銀行聯繫。主要貸款人在不斷變化——就像用同一筆貸款搓麻將一樣。貸款文件無法清楚寫明誰擁有

貸款中的確切份額，因為小額貸款一直在改變，貸款持有人未被明確列名，並且各方不斷買賣貸款。這種伎倆讓涉案銀行每年可以往海外自由轉移資金。2012年至2016年期間，他們可能受到了多德-弗蘭克法規第165（d）節的監察。

- 哈姆什・諾頓於2013年1月成為星散海運的總裁，該公司的針對目標是TMT。前高盛銀行家彼特・艾斯皮格（Peter Espig）由蘇信吉聘請並被提名為星散海運董事，他一直擔任該公司董事直至2013年被解雇。

歷史總在重演，動機模式似曾相識。我認為參與此案的人員跟參與制造2008年金融危機的人員是同樣一類人，包括一些特殊會計師、華爾街律師和特別顧問。

模式

洗錢和從台灣銀行外流的資金

建立個人擔保人和公司擔保人：

1）挾持公司擔保人和公司股份。

2）使用巴拿馬公司。

3）沒有緩解期和會造成「突然死亡」的合同。纂改修正文件：插入「貸款可以出售給主要貸方」的條款，並將上海銀行OBU帳戶寫在最後一頁然後在下一頁輸入德意志銀行的帳號。這意味著該修正條款成為台灣銀行和美國銀行的助力，使銀行利用貸方的帳戶進行祕密操作成為了可能。客戶以為這是他們的錢，但從沒有收到過這些運營帳戶和保留帳戶的日常報表。

4）年底的大額交易。

5）資金轉移沒有在美國的清算系統裡面發生以避免留下作案「指紋」，但因為數額巨大最終被紐約州金融署發現。

致：廣州華泰來自：Josh Huang

收件人：黃雪明先生發件人參考號：B13HTBRT121

收件人參考號：請告知頁數：5

日期：2013年9月19日

------如果您沒有收到此信的完整版本，請立即致電我們------

回覆：B Max號船卸載散裝大豆71,601.920公噸

在中國廣西防城港

涉嫌貨物損壞

基於我們2013年9月18日報告的進一步調查：

I.調查結果

1）其他貨艙1、5、6和7的卸貨作業繼續，貨物狀況正常。請參考以下照片：

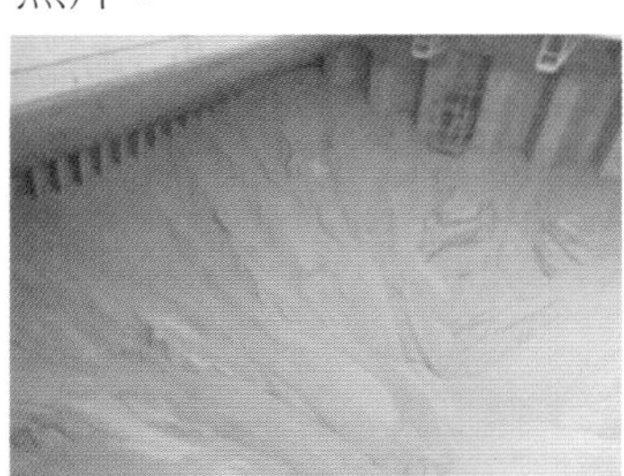

7號貨艙的貨物狀況

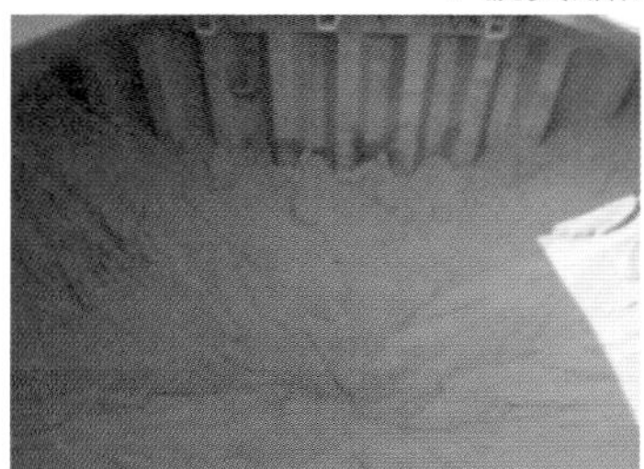
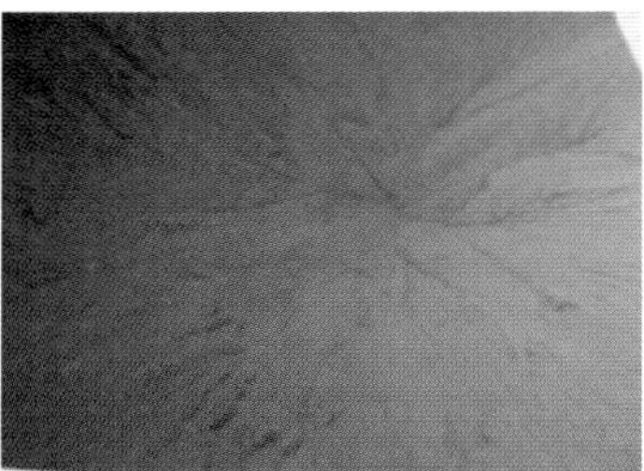

6號貨艙的貨物狀況

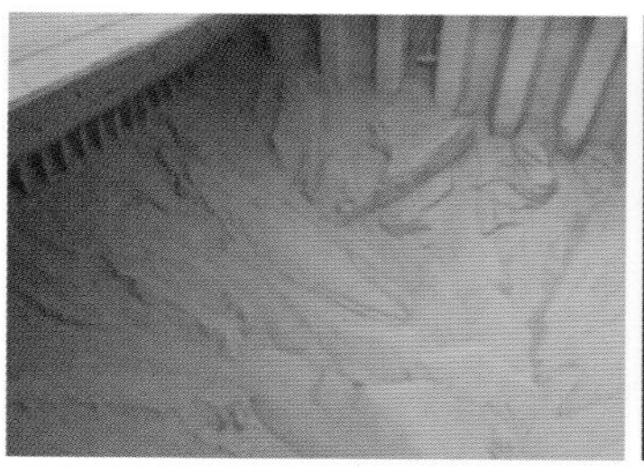
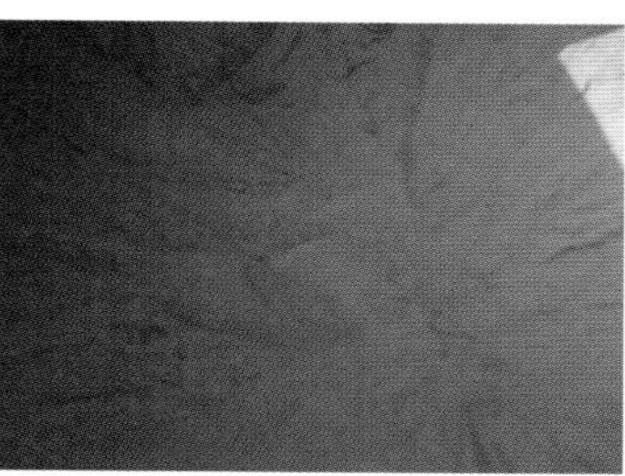

5號貨艙的貨物狀況

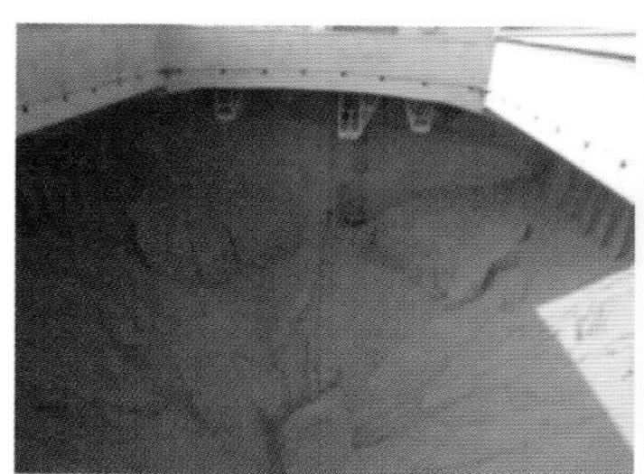
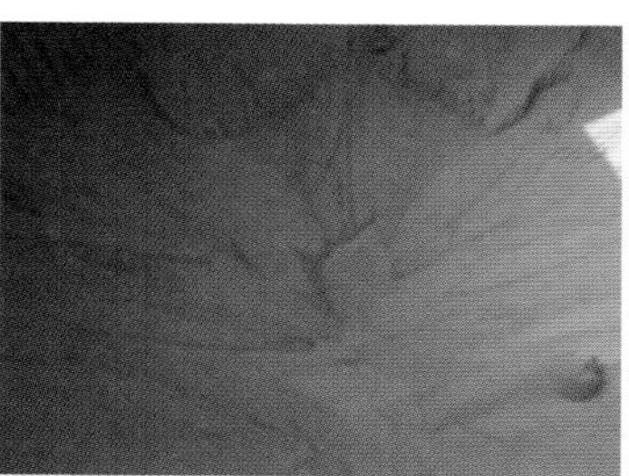

1號貨艙的貨物狀況

2）2013年9月18日下午卸貨期間，發現2號貨艙的部分貨物受損，位置在中部和前部，長度約1米，深度未知。受損貨物呈帶狀分布，受損貨物上方和下方的貨物狀態正常，而受損貨物則嚴重變色和發霉。由於2號貨艙的正常貨物正在卸貨，我們無法進行進貨艙進行檢查。請參考以下照片：

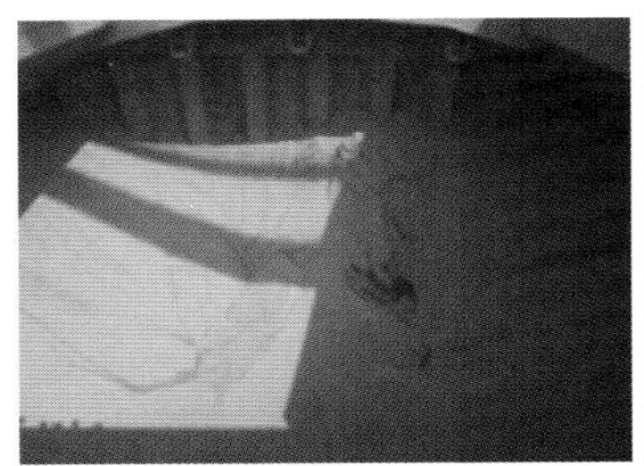

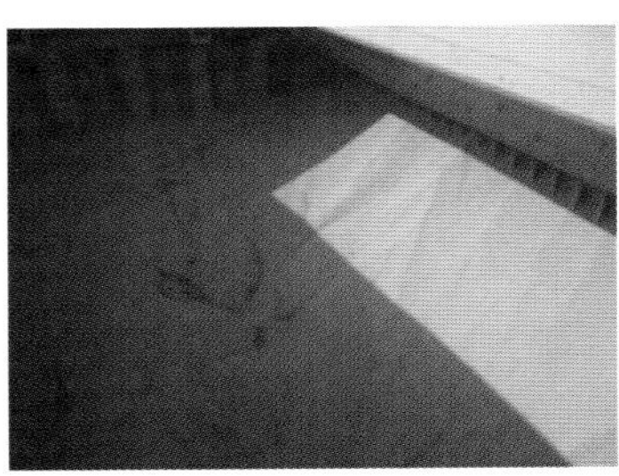

2號貨艙的貨物狀況

3）2013年9月18日16時30分，我們的公估師與CCIC公估師一起進入了4號貨艙進行進一步檢查，發現受損貨物在兩個地方，一個位於中間和前面，長度約為8米，深度不等，另一個位於後部，靠近澳洲艙梯，長度約1.5米，深度不等。受損貨物亦呈帶狀分布。損壞貨物上下的貨物處於正常狀態，受損貨物上方和下方的貨物狀態正常，而受損貨物則嚴重變黑和發霉，有異味。我們已經採集了代表性樣品。請參考以下照片：

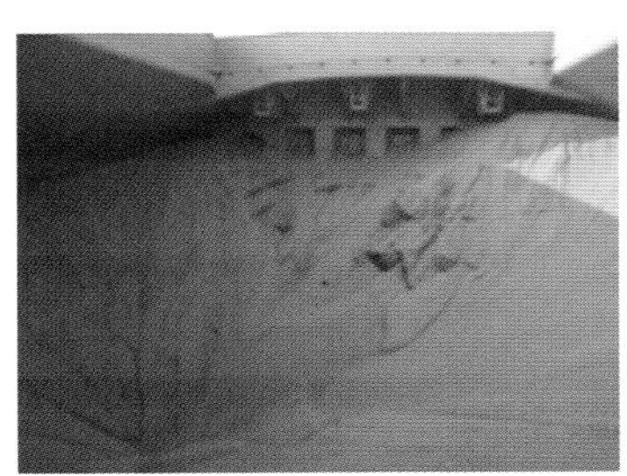

4號貨倉的貨物狀況

4）我們檢查了2號、3號和4號貨艙的艙口蓋和檢修孔處的橡膠，均發現呈正常和靈活狀態。請參考以下照片：

艙口蓋和檢修孔處的橡膠狀況

5）據該裝卸公司稱，截至2013年9月19日晚上8時，約有3.7萬公噸的貨物被卸下。

事情如有進展，我們會告知貴司。

圖13.2：來自廣州衡海保險公估有限公司（Balance Cargo Control and Survey Ltd.）的電子郵件，其中包含受損貨物和貨艙的圖片

圖13.3：B MAX號輪啟航巴西前夕

CHAPTER 14
上海商業儲蓄銀行

筆者在此聲明，兆豐銀行並不是《王朝大逃亡》故事中唯一的罪魁禍首。本書附錄了一些證據以證明上海商業儲蓄銀行（SCSB）也是此案的主要參與者。它聘用了四家不同的法律事務所，企圖隱瞞他們的涉案事實。

上海商業儲蓄銀行有著100多年的歷史，被稱為國民黨的私人銀行。它作為私營銀行參與了洗錢活動。雖然它被稱為「上海」銀行，但其上海辦事處早已關閉，而台北和香港辦事處則成為了其主要辦事處。（上海商業儲蓄銀行香港辦事處最近在香港中環的上海匯豐銀行總部旁邊建成了一幢新大樓）。

這一切都始於那一天：TMT以借款人的轉帳代理人的身分，擔保一筆為期15年的貸款，而相關文件是銀行在沒有通知TMT的情況下創建的。您是否聽說過借款人處理轉帳這麼荒謬的事？

修華及柯塞爾法律事務所的律師從建船之初就參與了現代重工和現代三湖的船舶交付和交付前事宜。奇怪的是，他們律所的達恩先生（Mr. Dine）於2011年9月飛往蔚山簽署文件時，那些文件既有用右手簽的名，也有用左手簽的名。難道他的手這麼靈巧嗎？我不這麼認為。

結論

上海商業儲蓄銀行參與了洗錢活動。它參與了五艘Whale號船的聯合貸款，並牽頭安排另外四艘船的貸款。彰化銀行和華南銀行也參與了融資。

2011年，在轉移了兆豐銀行和第一銀行的帳戶之後，國民黨決定將其在上海商業儲蓄銀行帳戶也轉移到海外，並將指定帳戶轉移到德意志銀行——因此，連接著上海、香港和台灣的整個海外銀行業務部門轉移到位於華爾街4號的德意志銀行信託紐約帳戶。這與位於公園大道420號的索路斯資產管理公司和香港SC洛伊、開曼群島和倫敦德意志銀行都有關——他們都是相互聯繫的。

B Whale號最後一次的擔保金於2010年12月30日完成提取（由永豐銀行100%融資）。銀行代表告訴我們，他們的「老板」下令一定要在年底完成提取，一切到那時為止。我記得這麼清楚是因為我當時不得不在那年的最後一天熬夜。

A Whale號的擔保金提取於2011年12月30日完成（由第一銀行100%融資）。

到2011年底為止，國民黨的全部資金已經撤出台灣。

巴拿馬的A Duckling號船公司和A Ladybug號船公司都是在2010年至2012年完成創建的。紐約州金融署的調查清楚地表明，洗錢活動是在2012年至2014年間完成的。在紐約，對8家台灣銀行的地下調查仍進行中。我已經證明了台北中央銀行與兆豐銀行的紐約分行位於同一地址：三一大街60號（60 Trinity Street）。

最後的一步是A Ladybug號的無擔保貸款和台中銀行對這艘汽車滾裝船的2,000萬美元的無擔保信貸額度。

最重要的證據是修華及柯塞爾法律事務所的達恩先生在2011年6月7日簽署的保留帳戶質押協議的左手簽名，質押人是C Handy號輪，承押人是SCSB-DBTMT 000472-000486。Tiffany Chang是分行的偽造簽名。

此外，2011年6月17日，聯鼎法律事務所聘請了希臘的里德與辛普森法律事務所（Reeder & Simpson P.C）

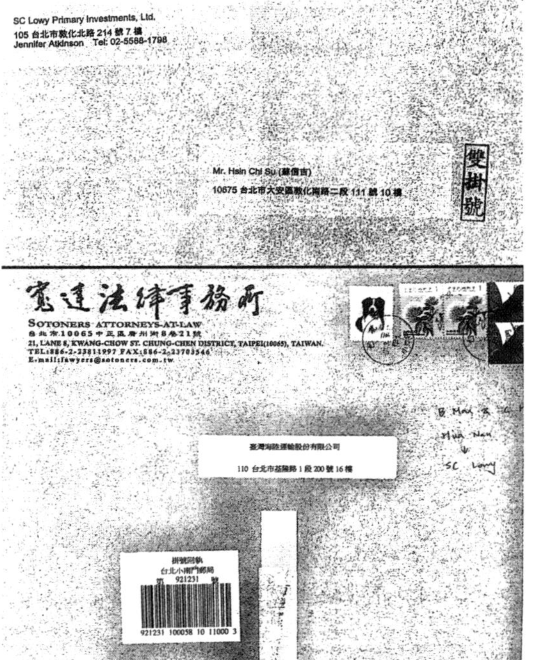

圖14.1a-c：上海商業儲蓄銀行使用四家法律事務所來掩飾真相

寬達法律事務所
SOTONERS
ATTORNEYS-AT-LAW

TELEPHONE:886-2-23811997
FACSIMILE:886-2-23703546
E-mail:lawyers@sotoners.com.tw

台北市10065中正區廣州街8巷21號 21, LANE 8, KWANG-CHOW ST. CHUNG-CHEN DISTRICT, TAIPEI(10065), TAIWAN.

Your ref.: To Be Advised
Our ref.: KW/223031

Date: 18 October 2013
Total: 1 page

To: **Mr. Greene Hung, A Handy Corporation**

12 F., No. 167, Fu Hsin N. Rd., Taipei, Taiwan, ROC

T: +886 8771 1663/ F: +886 2 8771 1523

RE: Assignment of Loan Agreement dated March 24 2011

Dear Sirs,

We are acting for and on behalf of The Shanghai Commercial & Savings Bank, Ltd. (hereinafter referred as SCSB) for the captioned matters.

SCSB decides to assign all of their rights, interests, benefits and obligations under the Loan Agreement with your esteemed company dated on March 24 2011 to the third party, Deutsche Bank AG London Branch. As per the Article 10.02 of the said Agreement, SCSB put you on a formal notice of the above. Without receiving your disagreement with reasonable grounds in three days (ie. by 22 October 2013), SCSB will complete the assignment with the third party, Deutsche Bank AG London Branch. Any further issues related to the Agreement, you may contact with them directly.

If you have any queries, please feel free to contact us.

Best regards,

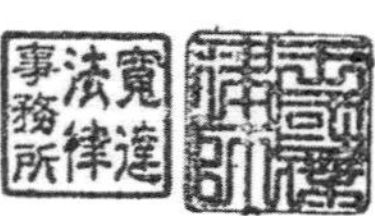

Roger Wang
Sotoners Attorneys-At-Law

寬達法律事務所
SOTONERS
ATTORNEYS-AT-LAW

TELEPHONE:886-2-23811997
FACSIMILE:886-2-23703546
E-mail:lawyers@sotoners.com.tw

台北市10065中正區廣州街8巷21號　21, LANE 8, KWANG-CHOW ST. CHUNG-CHEN DISTRICT, TAIPEI(10065), TAIWAN.

Your ref.: To Be Advised　　Date: 18 October 2013
Our ref.: KW/223031　　Total: 1 page

To: **Mr. Greene Hung, B Handy Corporation**

12 F., No. 167, Fu Hsin N. Rd., Taipei, Taiwan, ROC

T: +886 8771 1663/ F: +886 2 8771 1523

RE: Assignment of Loan Agreement dated April 27 2011

Dear Sirs,

We are acting for and on behalf of The Shanghai Commercial & Savings Bank, Ltd. (hereinafter referred as SCSB) for the captioned matters.

SCSB decides to assign all of their rights, interests, benefits and obligations under the Loan Agreement with your esteemed company dated on April 27 2011 to the third party, Deutsche Bank AG London Branch. As per the Article 10.02 of the said Agreement, SCSB put you on a formal notice of the above. Without receiving your disagreement with reasonable grounds in three days (ie. by 22 October 2013), SCSB will complete the assignment with the third party, Deutsche Bank AG London Branch. Any further issues related to the Agreement, you may contact with them directly.

If you have any queries, please feel free to contact us.

Best regards,

Roger Wang
Sotoners Attorneys-At-Law

1

- 國民黨與上海商業儲蓄銀行和兆豐銀行的洗錢結構
- 聘請了華爾街的顧問為此提供便利，其細節未公開
- 在兆豐銀行的科隆和巴拿馬城分支機構創建了帳戶
- 在兆豐銀行倫敦辦事處，一位英國擔保人涉及了此案
- 2009年，收款人帳戶一設立，貸款就馬上開始了
- 選擇了上海商業儲蓄銀行和台中銀行作為連接全球的銀行，它們參與了由兆豐銀行銀團牽頭的五艘Whale號的聯合貸款
- 在涉案的八家主要銀行中，有四家是政府所有並且有政治動機——兆豐銀行是主要的銀行，然後是上海商業儲蓄銀行，第一銀行和永豐銀行
- 遠東銀行和台北富邦銀行避免了介入，因為它們嗅到了牽涉進TMT醜聞會帶來的危險
- 在銀行自己的帳戶被創建為保留帳戶的情況下，一級交易商信貸工具（PDCF）資金尤為重要
  - TMT在擔保金提取日期前一個月內支付了總貸款金額約7%的現金用作保留帳戶資金
  - 銀行可以使用這筆錢從台灣中央銀行借20倍以上的資金，進而有可能轉到了銀行的投資部門
  - 然後這筆資金被轉到該銀行的商業部門以用作TMT的船舶貸款
  - 此次融資既沒有建立董事會，也沒有進行客戶背景盡職調查

- o銀團在貸款完成後的兩個星期內成立了，資金流向了德意志銀行、摩根大通銀行和麥格理銀行的帳戶——然後消失了
- o因此，基本上，整個TMT 8億多美元的貸款從未對銀行的資產負債表有過任何負面影響

從那以後，在2016年，許多高級銀行經理及一級主管退休後離開了台灣並在美國加利福尼亞州買房。一級交易商信貸工具和台灣中央銀行有否參與此事呢？

進一步的探索發現還在進行中。

此案的結構設置異常龐大，涉及到30多家台灣銀行。很明顯地，違規行為有跡可循。到目前為止，我們已經確定了至少八條途徑。現在要寫出所有的內容還為時過早，但至少上海商業儲蓄銀行的故事表明，兆豐銀行醜聞不僅僅是兆豐銀行涉案，它還涉及許多台灣和香港的銀行，事實上，還有現今的全球銀行系統。

以下是其八條途徑：

1）台中銀行向滾裝運輸有限公司（Ro-ro Lines）提供2,000萬美元的無擔保貸款，並以極低的折扣價售予美國銀行新的旗艦土地。

2）國泰世華銀行董事長參與了以1美元的價格將2,000萬美元貸款售予科特蘭資本。銷售文件上，陳董事長的印章出現在了公司的印章旁邊——這在台灣銀行業務中是聞所未聞的。

3）中國信託商業銀行將其貸款於2013年11月售予了摩根

大通，但北美摩根大通在其亞太地區代表的聲明中否認了這一點。

4）永豐銀行在香港和澳門參與了賣給希臘奧納西斯集團的B Whale號船貸款。

5）第一商業銀行在一天之內通過SC洛伊將A Whale號船賣給了紐約君上資本。

6）台灣、香港和澳門的上海商業儲蓄銀行最終加入了德意志銀行的全球聯網。

7）台灣兆豐銀行為邢獻慈為數眾多的偽造簽名提供了途徑，先是與麥格理銀行再是與北美摩根大通有關。最終止於擁有51%的星散海運股份的橡樹資本。

8）台新銀行途徑——台新銀行是唯一一家沒有出售貸款反而購買了更多貸款的銀行。它在破產重組案中向橡樹資本提供了1億美元的融資資金，但從未向法院披露此事。

在一些司法管轄區，這八條途徑中的一些已在進行訴訟。它們曝光整個洗錢醜聞（自巴拿馬文件案以來最大的醜聞），與紐約州金融署在2012年至2014年調查的醜聞緊密相關。

本章內容尚未完結。我將在我的下一本書中進一步揭示相關內容。

圖14.2：上海商業儲蓄銀行

CHAPTER 15
國民黨洗錢行動與中國投資基金

《多德-弗蘭克法案（Dodd-Frank Act）》的全稱是《多德-弗蘭克華爾街改革和消費者保護法（Dodd-Frank Wall Street Reform and Consumer Protection Act）》，但它更普遍地被稱為《多德-弗蘭克法案》。簡單來說，這是一項對金融業進行監管的美國法律。它源於2008年的金融危機，目的是防止像雷曼兄弟這樣的主要金融機構再次崩潰。它還旨在保護人們免受銀行濫用借貸行為的影響。它於2010年立法，並以參議員克里斯托弗·多德（Christopher J·Dodd）和眾議員巴尼·弗蘭克（Barney Frank）命名。該法案長達數百頁，涵蓋了16個主要改革領域，但並非所有條款都落實到位，而特朗普政府的目標是將其影響弱化。

《多德-弗蘭克法案》的主要目標之一是對銀行實行一系列監管，如果認為銀行「大到不能倒」，則可能會將該銀行拆散。為此，該法案設立了金融服務監督委員會（FSOC）。該委員會由財政部長和來自聯準會、證券交易委員會（SEC）和消費者金融保護局（CFPB）的9名成員組成。該委員會的成立是為了保護人們免受銀行的「不道德商業行為」的侵害，例如風險借貸等，它還監督非銀行金融公司，如對沖基金。

「沃爾克法則（The Volcker Rule）」是《多德-弗蘭克法案》的一部分，它禁止銀行擁有、投資或贊助對沖基金、私募股權基金或任何自營交易業務以謀取利潤。但是，銀行可以持有低於銀行總收入3%的基金。「沃爾克法則」允許在銀行開展業務時進行一些必要的交易（例如，銀行可以參與貨幣交易以平衡其外幣持有量）。《多德-弗蘭克法案》要求風險最高的衍生品，如信用違約交換（CDS，又見跟交換SWAP有關的詞）等，由美國證券交易委員會或商品期貨交易委員會（CFTC）監管。為了幫助打擊腐敗和內幕交易，《多德-弗蘭克法案》包含了一個舉報人條款，舉報腐敗行為的人可以獲得獎勵。

對許多華爾街銀行而言，《多德-弗蘭克法案》被視為對2008年經濟崩潰的過度反應，並會阻止經濟增長。而另一方面，有些人則表示，這些改革還不夠深入，無法遏制銀行的冒險行為，並在有需要時接受公共資金紓困。現今，2018年，特朗普政府叫停並取消了多項《多德-弗蘭克法案》的措施，撤銷了數百項其他法規，並簽署了15項《國會審查法案（Congressional Review Act）》決議。現任美國總統似乎支持大型銀行回到2008年前的狀態，並引發另一場全球性的金融危機。

但是，這與兆豐銀行和國民黨有什麼關係呢？

這麼說吧，《多德-弗蘭克法案》的第165（d）節要求擁有超過500億美元的非銀行資產的銀行起草一份允許監管機構介入計畫，以具有最小破壞性的方式將這些非銀行資產出售或關閉，該做法類似於企業破產時對其多層面的業務進行拆散。

如果所有文件都被故意銷毀因而缺失怎麼辦？問題的關鍵就是《多德-弗蘭克法案》第165（d）節——2013年至2016年對在紐約的所有台灣銀行未公開項目進行測試的主要通報系統。摩根大通、G5和德意志銀行的公開報告第一章應有150—200頁——即使沒有多少交易，仍然應該有大約50頁左右。但除了中國信託商業銀行之外，大多數在紐約經營的台灣銀行都只有8—12頁。只有中國信託商業銀行遵守了消費者銀行法規。

根據《多德-弗蘭克法案》第165（d）條的規定，台灣銀行沒有正確地通報。兆豐銀行、華南銀行、彰化銀行、第一銀行、上海商業銀行、中國信託商業銀行、國泰世華銀行等都有其通報的標準流程，但這些流程形同虛設，早在2013年前就已經被違反，並越演越烈。還有另一個插曲，是關於巴拿馬與台灣的外交關係突然結束並與中國大陸建交。我會在下一本書中詳述。

如前面說過的，我打算再寫一本書，更深入地挖掘真相。我的調查將會揭露台灣的政治和經濟制度，甚至在某種程度上揭露中國文化本身，中國5,000年的歷史都基於王朝制度，民主的缺失，這是TMT和蘇信吉案產生的根源。

124 STAT. 1376 PUBLIC LAW 111–203—JULY 21, 2010

Public Law 111–203
111th Congress

An Act

July 21, 2010
[H.R. 4173]

To promote the financial stability of the United States by improving accountability and transparency in the financial system, to end "too big to fail", to protect the American taxpayer by ending bailouts, to protect consumers from abusive financial services practices, and for other purposes.

Dodd-Frank Wall Street Reform and Consumer Protection Act. 12 USC 5301 note.

Be it enacted by the Senate and House of Representatives of the United States of America in Congress assembled,

SECTION 1. SHORT TITLE; TABLE OF CONTENTS.

(a) SHORT TITLE.—This Act may be cited as the "Dodd-Frank Wall Street Reform and Consumer Protection Act".

(b) TABLE OF CONTENTS.—The table of contents for this Act is as follows:

Sec. 1. Short title; table of contents.
Sec. 2. Definitions.
Sec. 3. Severability.
Sec. 4. Effective date.
Sec. 5. Budgetary effects.
Sec. 6. Antitrust savings clause.

圖15.1：多德-弗蘭克華爾街改革和消費者保護法

親愛的讀者，您還記得我曾告訴過您2012年7月蔡友才邀請我去兆豐銀行總部，並要求我提供一艘船來為4,000萬美元的無擔保貸款抵押的事嗎？我給了他價值近1億美元的A Ladybug號輪，雖然價值多了幾乎6千萬美元，但因為我們是親密的朋友，常一起打高爾夫球，我信任他。還記得我說過全部交易是在兆豐銀行的敦南分行完成的，並且這是常見的做法嗎？我確信，蔡友才於2012年11月22日以低價向麥格理銀行出售了這筆貸款，而麥格理銀行在紐約或雪梨支付了這筆錢。紐約州金融署的新聞稿明確指出，所有的洗錢案都發生在2012年至2014年，而此事恰恰發生在該段期間，這個日期是兆豐銀行在2012年參與洗錢活動的一個提示，因此，這可能是第一次與洗錢案相關的交易；至於這與其他交易相關

或者不相關，在進一步證據曝光之前，我們只能據此進行推測。我的意思是，麥格理銀行和兆豐銀行之間在2012年11月22日一定達成了一項未公開的交易，其委託授權書在雪梨總部簽署。麥格理銀行是澳大利亞的頭號投資銀行，其台灣辦事處距離國民黨台北總部僅30英哩。

我將在第18章討論兆豐銀行洗錢防制案以及伍鮮紳事件，但敬請讀者們先看一下以下來自路透社記者羅兩莎和J.R. Wu在台北的聯合報導：

2016年8月23日（路透社）——台灣當局正在調查兆豐金控在被美國紐約州金融署因其違反洗錢防制法規而重罰1.8億美元的案件中，該國營集團及其銀行部門有否違反台灣的刑法。

紐約當局周五對兆豐國際商業銀行的罰款進行了罰款，原因包括對巴拿馬風險缺乏充分關注，這是台灣金融機構十年來第一次受到美國當局的處罰。

這次罰款讓台灣政府非常尷尬，因為兆豐金控的管理層與主要政府官員關係密切，是該島金融體系的產業支柱。

緊隨著在美國和歐洲進行的一系列備受矚目的司法調查和監管調查，紐約當局對大中華地區的銀行的洗錢防制措施進行了嚴厲審查。

台北地區檢察院副檢察長通過電話告訴路透社，作為調查的一部分，台灣當局正在審查兆豐金控及其銀行部門的文件。

他說，兆豐金控的前董事長蔡友才是該案的被告並被限

制出境，又補充說，而上周二甫接任兆豐金董事長的徐光曦隨後亦赴北檢提出說明以協助調查。

另一家台灣公司國泰金融控股有限公司（Cathay Financial Holding Co.）在周二的一份聲明中表示，由於個人原因，蔡友才已辭去在其公司的董事職務。

檢察官同時也正在審查台灣財政部和金融監督委員會有關此事的信息。

「我們正在收集信息，並將對其進行審查，以確定是否存在任何違反台灣刑法的行為，」該發言人說。

紐約州金融署表示，兆豐的美國法遵機制有很多「漏洞」，包括交易監控和通報控制不足，法遵政策不一致。

金融服務局在一份法庭文件中稱，該銀行的法遵工作人員也對美國反洗錢法規未能熟悉，而有些人也因為擔任多個角色而發生利益衝突。

金融服務局還發現，2013年和2014年，兆豐的紐約和巴拿馬分支機構之間有近115億美元的信貸交易。儘管巴拿馬被公認是一個高風險的管轄區，「該銀行的總部對涉及巴拿馬的交易風險無動於衷」，金融服務局在一份聲明中說道。

兆豐金董事長徐光曦為該銀行的行為辯護，稱其沒有幫助客戶在海外洗錢。他告訴路透社，兆豐紐約分行只是沒有按法律要求那樣向美國當局通報「可疑交易」而已。他還說，兆豐在巴拿馬科隆的分公司有一來自中南美洲客戶帳戶被列為「可疑帳戶」並遭關閉；該行分行在接到來自其他銀行的匯款時，由於相關帳戶已關閉即直接把匯款退回原匯款行。徐光曦表示，因依美方相關法令規定，兆豐銀在退回可

疑帳戶的匯款時，必須向美國紐約方面通報，但該行卻未依規定把可疑的交易向美國紐約方面通報。

兆豐金在一份聲明中表示，巴拿馬文件中提及了大約200家企業客戶，其中大多數是擁有境外銀行帳戶的台灣公司。他們正在核查這些客戶的身分。

今年早些時候發生的巴拿馬文件案，超過1,150萬份文件被洩漏，曝光了利用離岸公司逃稅的灰色地帶，促使世界各地當局發起對潛在的富豪財務違法行為的調查。

圖15.2：紐約州金融署

GLOSSARY 16
狼狽為奸以企圖打倒蘇信吉

從2013年第四季度開始，事態變得愈來愈嚴重。當時國民黨的「中國投資基金」董事長企圖把我在台北近郊的一棟房子賣掉，那棟房子建在我祖父長眠的墓地裡。更令人難以置信的是，美國對沖基金如君上資本和橡樹資本，以及美國銀行、德意志銀行、國泰銀行、上海國際商業銀行、威爾明頓信託（Wilmington Trust）等，竟然試圖在破產重組案完成之前接管我的個人資產。

你問為什麼？因為他們覺得，如果他們把我完全打倒，我就沒有經濟能力聘請美國律師來反擊。我相信報應——不是不報，時候未到！

兆豐銀行、帕帕斯、現代重工、修華及柯塞爾法律事務所，以及其他公司的專家們齊聚紐約時，通過商討最後達成了一致的行動方案。它一定是這樣的：

1）以低於未償還貸款額的價格把貸款售予他們封閉小圈子裡面的人，因此蘇信吉的個人擔保會生效。

2）確保蘇信吉在身體和經濟上都筋疲力盡。

3）沒有所有權，因此不會披露有關買家的信息。

讓我回顧一下，特別是這些陰謀家如何進行TMT船的實

際銷售。首先，橡樹資本台灣海峽控股有限公司並不存在，至少在實際意義上並不存在，它只是一個幌子。為了暫時轉移資金和隱藏真實情況，該公司只存在了幾個月，然後在2014年銷售完成後消失了。摩根大通（台灣）和橡樹資本都有參與其建立。根據Ken Leung的說法，橡樹資本台灣海峽控股有限公司在2013年底開始購買貸款。我在前文已經談到過Ken Leung以及台灣摩根大通的前任負責人是如何參與的——他們最後於2017年6月底突然被解雇了，很可能同時被命令要守口如瓶！

一位代表寶維斯法律事務所的律師在2014年向休士頓的破產法院裡揭露了該概念起源自2010年的橡樹亨廷頓（開曼）6 CTB（Oaktree Huntington（Cayman）6 CTB）基金。但是，當時它已經消失了。橡樹資本管理公司必須在破產重組案進行時把所有6艘Whale號船貸款都買下來，以刪除所有相關的證據。他們得建立橡樹資本台灣海峽控股有限公司和太平洋虎鯨有限公司（Pacific Orca LLC）這兩個公司才能參加競價。這違反了破產法第十一章的規定，因為公司已經改變了，而且很有可能最終的董事和股東也改變了。2016年，只有馬紹爾群島和巴拿馬登記處的9艘船舶可以確認2,000萬美元二次抵押貸款在2013年6月被倒簽了日期。我們無法確定這些證據是什麼時候刪除的，如船舶銷售、協議備忘錄（MOA）和交付協議等，這些都未在破產案中被披露。這些船舶的金額為2,000萬美元的二次抵押貸款在利比里亞國際船舶與企業登記處（LISCR）也並未顯示。但是，我們有銀行發票表明銀行代碼ICBCUS33（這是兆豐銀行的SWIFT代碼）為7艘Whale

號船向利比里亞登記處支付了21,000美元；而兩周後，埃文・弗萊申從DIP貸款中向利比里亞登記處支付了21,000美元。過程中既沒有披露過其司法管轄區，也未確認過任何良好的信譽。

橡樹資本在2012年至2013年間在航運業投資了70億美元。在橡樹資本資本管理業務模式中，投資者擁有90%的公司股本權益。這90%權益的投資者是台灣基金的可能性很高。

台新銀行的金額1億美元、為期5年的貸款是關鍵：低利率的1億美元現金貸款，跟與國民黨有著密切的政治關係的新光集團旗下的台新銀行合作。實際上，台新銀行認識橡樹資本台灣海峽控股有限公司裡面所有的投資者。很有可能幾位前銀行家不但榨取了TMT船隊的血汗，而且還投資了這些船隻，從橡樹資本獲得了豐厚回報。為了清理證據，所有的船隻和包船公司都賣給了奧納西斯控股公司，使其目前擁有了大部分的TMT的Whale號船和Elephant號船。目前由奧納西斯集團經營的船舶有：B Whale號船、C Whale號船、D Whale號船、E Whale號船、G Whale號船、H Whale號船、Fortune Elephant號船和B Max號船。

我曾密切地關注著南非的一場法庭拍賣。它沒有按時發生，橡樹資本台灣海峽控股有限公司和成品油輪公司（Product Tankers，由帕帕斯的私營公司控制）是買家。橡樹資本台灣海峽控股有限公司的地址與帕帕斯的希臘辦事處相同。成品油輪公司聘用與TMT一樣的船舶管理公司，例如東茂（Thome）、船隊管理有限公司（Fleet Management）和威仕

（V Ships）等，因此律師們不難發現真正的所有人是誰。

2013年10月，奧古斯塔航運有限公司（Augustea Bunge Maritime Limited）與約克資本管理公司（York Capital Management）成立了一家合資公司。這家總部位於馬耳他的新公司ABY控股有限公司（ABY Holding Limited）的目標是營運一支獨立的幹散貨船隊。它希望通過收購現代船舶以及擴大現有資源來實現公司的增長和船隊規模的擴大。ABY著重於獲得一流的優質幹散貨噸位，並形成全球供應鏈，這是其核心業務不可或缺的一部分。然後它購買了E Elephant號船。我在前文已簡述過埃文・弗萊申如何拖延銷售並阻止將該船售予另外一位願意支付更高價格的希臘買家，這是有根有據的。弗萊申以特殊優惠的形式給了香港克拉克森一個好價錢。弗萊申沒有接受最高競價——在我看來，他並沒有就此向伊斯古爾法官說實話。

您也許會問，埃文・弗萊申不是理應為我工作的嗎？當然是。但是一位航運經紀人告訴我，克拉克森與他一起密謀給SC洛伊好處。這事應該發生在2014年4、5月，至少在我看來，這證明了弗萊申在2013年底已經被收買了。我們在惠特尼銀行的交易記錄中發現了重要證據：上面顯示銀行代碼ICBCUS33和ICBC LA（我已經解釋過ICBC代表的是什麼。順便提一下ICBCTWTP011是台北的銀行代碼）向布雷斯韋爾與朱利安尼法律事務所的律師信託利息帳戶（IOLTA）和埃文・弗萊申的康涅狄格州哈特福德帳戶支付過錢。從我以前的經驗得知，該組織為其分支辦事處提供了輕鬆地創立不受監管的文件和交易轉讓的機會和自由。

SC洛伊和台灣理律法律事務所使用的名字與SC洛伊投資（開曼群島）的名字相同。巴拿馬登記處顯示參與交易的買家真實名字不像SC洛伊那樣是香港公司，而是一家開曼紙業公司，為什麼？百分之百為兆豐銀行所有的A Duckling號輪交易是送給SC洛伊的禮物。此外，直到A Duckling號輪賣給韓國川崎汽船（K Line）時，SC洛伊才支付這筆費用。SC洛伊的Kim先生當時正在重組川崎汽船，他與周美青夫人的女婿蔡沛然有著密切的聯繫。因此，您可以看到所有涉案人員以這樣或者那樣的方式聯繫起來，以及他們如何狼狽為奸，利用共謀將私利最大化，同時協助兆豐銀行將KMT資金從台灣撤出。

我目前正在密切關注兆豐銀行和其他台灣銀行針對蔡友才的集體訴訟。我正在研究台灣銀行股東索賠的真實性，類似索賠在美國非常普遍。然而，我們在2012年、2013年或2014年的兆豐銀行財務報表中發現任何減值損失，更令人吃驚的是，2013年財政部在TMT申請破產兩周後下令銀行將損失減半。而真相是，同一筆資金由支持性投資來掩蓋。

這是一個完美的犯罪嗎？TMT的無擔保貸款的還款延遲了——但不是全額4,000萬美元，而是每月分期付款而已。那整筆貸款是否應被認為違約？當然不是！那為什麼TMT沒有拿回Ladybug號船的所有權？修華及柯塞爾法律事務所當時是所有人的代表，他們故意把所有的權益都抹殺了。

2013年4月15日，兆豐銀行向TMT發送了「突然死亡」的通知，這是事情的關鍵。選這個日子是因為正好八個月後（2013年12月15日），它成為了上海商業儲蓄銀行發起的全

部貸款出售的一部分嗎？我認為這很有可能。每次貸款被售時，2,000萬美元的二次抵押貸款都會連同貸款文件一起被發送到買家處，這對台灣銀行的財務報表一點都沒有影響。上海商業儲蓄銀行貸款銷售文件均打印在錯誤紙張上，並由德意志銀行簽署。他們既沒有法律文件也沒有委託授權書信件，那麼，我們是否能將其與國民黨基金混為一談呢？

我知道這一切聽起來都很複雜，似乎需要具備一名商務律師的知識才能讓您聽懂大部分的故事。為了更好地理解這件事，我們應該讀一下台灣財政部長於2014年7月9日發布的公告。如果您記得，我已多次提到這一點，他在公告中命令所有與TMT有借貸業務的台灣銀行將其未償還貸款減半。我已經提出過這個問題：如果沒有獨立估值、政府不了解私營企業的內部細節，這種情況如何得以發生呢？為了找到答案，我們請了一位知名的註冊會計師對涉及TMT案的大多數台灣銀行2012年到2014年的審計報表進行分析。沒有一筆TMT貸款列在審計報表上。這些貸款都去哪兒了？

答案如下。

如您所知，麥格理銀行安排了2,000萬美元的DIP貸款，其中一個條件是：所有16艘船都必須擁有2,000萬美元的二次抵押貸款來作為那2,000萬美元DIP貸款的抵押。誰拿了1%的佣金呢？麥格理銀行還是安排的人？根據台灣財政部長的命令在第三季度削減了一半的TMT貸款後，破產案中的涉案銀行接受了巴拿馬國旗船隻、馬歇爾島旗船隻和利比里亞國旗船隻的二次抵押貸款，然後從2013年12月15日開始把剩下零散的貸款以幾乎每天一次的頻率售出。巴拿馬方的問題是

如何將2014年2,000萬美元的二次抵押貸款的日期倒簽回2012年。他們需要把所有在破產重組案前發生的違法行為偽裝起來。2014年1月8日，在Ladybug號船的銷售聽證會上，伊斯古爾法官在未事先通知的情況下同意了DIP貸款的所有條款，包括倒簽2,000萬美元貸款並允許每艘船舶獲得2,000萬美元的二次抵押貸款。

我們在馬紹爾群島、巴拿馬和利比里亞登記處都進行了調查。2016年，只有馬紹爾群島和巴拿馬登記處的9艘船舶可以確認2,000萬美元的二次抵押貸款被倒簽了日期。我們無法找到這些被刪除的時間，因為船舶銷售、協議備忘錄和交付協議均沒有在破產案中被披露。但是，正如我已經說過的，我們有銀行發票顯示ICBC NYC（兆豐銀行的SWIFT代碼）為七艘Whale號船向利比里亞國際船舶與企業登記處支付了21,000美元，兩周後，埃文・弗萊申從DIP貸款中向利比里亞登記處支付了21,000美元。至此，所有16艘船舶的2,000萬美元二次抵押貸款都被確定了。

兆豐銀行早在2013年6月就與橡樹資本有往來。Ken Leung來自香港，住在西海岸，從1988年開始擔任橡樹資本的總法律顧問。他是航運業務負責人，也是星散海運及其他許多客戶的負責人。他和摩根大通（台灣）前負責人都深入參與了這項交易，而當時這位摩根大通前負責人正成功營運著一家1,000億美元的資產管理公司，後來他於2017年6月底被紐約摩根大通解雇。根據他的說法，橡樹資本亨廷頓（開曼）6 CTB於2013年底開始購買貸款。它以橡樹資本台灣海峽控股有限公司的名義購買了TMT破產申請案中的所有Whale號船。這個

公司就是為了臨時幫助轉移資金而建立的，它在2014年銷售完成後就銷聲匿蹟了，資金流動的證據也隨之消失。

2014年2月底，前駐美台灣代表返回台灣，X計畫的任務已經完成。

簡而言之，3.2億美元完美地被轉移了。它在內部被用來投資了2,000萬美元的二次抵押貸款，因此兆豐銀行財務報表的損失為零。而其他台灣銀行的2,000萬美元的虧損也被「其他業務」所掩蓋——除了國泰世華銀行。該銀行利用Fortune Elephant號船賺取了2,000萬美元的利潤。由於橡樹資本購買貸款的價格低之又低，當任務完成時，該公司允許投資者從其帳戶中提取2,000萬美元，而向KMT指定的帳戶少付一些錢。

圖16.1：等待裝上滾裝船的貨物

讓我解釋一下，除了橡樹資本和君上資本之外，TMT所屬船舶可以將資金轉移到沒有人知道的指定帳戶裡面。它可能是兆豐銀行的倫敦、巴拿馬或阿布達比分行，而最近，兆豐銀行關閉了其許多海外分行。我很好奇其原因。

到了2014年，我與TMT財務顧問的關係每況愈下。艾睿鉑的弗萊申在他向某些律師發送的電子郵件裡聲稱「要摧毀TMT，完成交易。」我需要進一步調查這一點，並且要找到弗萊申、凱利、施賴伯和其他人之間的所有通信。

所以，現在我只能這樣寫：「待續……」

CHAPTER 17
刪除及破壞證據

我需要說的第一件事是SC洛伊在太多的船舶貸款交易中進行了超前交易：

- A Whale號輪：2014年1月8日——第一銀行——SC洛伊——君上資本
- A Duckling號輪：2013年12月——100%兆豐銀行
- C Handy號輪：上海銀行——彰化銀行——SC洛伊——索路斯（SOLA，大師基金有限公司）
- B Max號輪：上海銀行——彰化銀行——SC洛伊——索路斯（SOLA，大師基金有限公司）

貸款被上海銀行售予麥格理，然後再出售給SC洛伊——奇怪的佣金交易。

我想說的第二件事是「王朝症候群」——肥水不流外人田。

我已經在第五章提過蔡沛然，前台灣總統馬英九和周美青夫人的女婿。他於2000年初在德意志銀行從事銀行業務。他的同事後來去了SC洛伊和索路斯資產管理公司工作。索路斯資產管理公司是由德意志銀行問題產品部門的前任負責人創立的。在此問題重新變得複雜起來：索羅斯曾與約克資本

以及安祖高頓（Angelo, Gordon & Co.是一家投資顧問與資產管理公司）有過交易。索路斯／索羅斯，這兩個名字很相似，但其實是兩個不同的名字，很容易讓人混淆。索羅斯的一隻主要基金於2008年組織了安祖高頓的交易，該交易與帕帕斯的星散海運和海洋散貨航運（Ocean Bulk）合併以及索羅斯的約克資本有關，這三者都是萬泰鑽油的大股東。所以，正如我在前文多次所述，您可以看到這群人是如何悄悄地建立起錯綜複雜的人際網絡和合作關係的。

根據他們的網站，SC洛伊是「亞太地區、中東地區和澳大利亞二級貸款和高收益債券交易的市場領導者」。我之前已概述了該公司是如何在2009年以SC洛伊金融投資銀行的名義創立的，我懷疑這筆錢得到了德意志銀行和「中國投資基金」的支持（這需要進一步的調查），這將涉及德意志銀行倫敦、香港和紐約分行之間購買和出售問題貸款的密切聯繫。

我在前文已經提到過前台灣外交部長錢復之子錢國維。錢復是蔣介石及蔣經國在任時期的國民黨領導人之一，其子錢國維在高盛和北美摩根大通均擔任要職。作為摩根大通亞洲地區負責人，他掌握著包括中國、台灣和東南亞在內的地區的控制權。由此可見2016年10月摩根大通因「子女項目」而被罰款2.64億美元之事件的重要性，它表明，即使在兆豐銀行因洗錢防制違規而被罰款1.8億美元之後，摩根大通的亞洲機構仍因持續的財務不端行為被罰款2.64億美元，還有許多其他行為不當的例子，例如中國鐵路資金醜聞等。我的觀點是，所有這些都是通過自國民黨首次抵達台灣以來便控制的

金融及相關制度的王朝聯繫起來的。

但讓我們回到刪除和破壞證據這個話題。羅伯特・塞登曾任檢察官、律師、全球法醫調查員、法院指定的資產接管人，也是保密全球調查公司的創始人。1988年至1999年，他在紐約曼哈頓地區檢察官辦公室擔任高級檢察官，負責調查和起訴洗錢、欺詐、挪用公款和其他金融犯罪案件。他曾調查發現了兆豐銀行曾向麥格理銀行提供了2.5億美元貸款——換言之，「中國投資基金」。這很可能與最初貸予TMT的2,500萬美元有關，該貸款最終通過抵押A Ladybug號輪增加至4,000萬美元。最初的無擔保貸款沒有在破產法庭被披露，以低於價值的價格售予麥格理從而導致TMT財務損失這一事實也沒有被批露。儘管可能看起來不像，但這個案例在台灣、巴拿馬和美國的管轄範圍內非常重要——我以後會詳述這一點。

此外，我在2016年嘗試調解，向瓊斯法官（Judge Jones）提交了一份清算分析。該分析顯示，台新銀行擁有Fortune Elephant號輪的15%，這在破產重組案的轉讓通知中從未出現過。讀者們應該記得我早些時候談過85%和失蹤的15%吧？看，這就是一個巧妙地藏在台新銀行的15%。但這只是眾多按百分比分割貸款中的一個，目的是掩蓋痕跡並對後續調查或審計造成混亂。

最奇怪的是，售予西方銀行的貸款沒有任何律師聲明的痕跡。只有一份合規的法律文件是通過銀行自己的印章證明的，那就是A Ladybug號輪的貸款協議。這份協議合乎法規地表明了在2012年9月參與的律師姓名。不過，轉移貸款的單獨

文件沒有被批露。2012年11月22日在雪梨簽發的麥格理銀行委託授權書和2012年11月23日在紐約簽發的另一個委託授權書都表明了麥格理投資銀行的遵法合規行為，兩者都帶有內部控制的編號。在整個破產案中，所有其他涉及大型金融機構的文件都沒有那些認證印章。我無法相信參與此案的數百名律師，包括律師助理和其他同事，對這些文件都沒有給予足夠的重視。文件的違規情況非常清楚——細節將在我的下一本書中披露。我意識到這對普通人來說可能難以理解，但我的推斷是，周美青夫人利用銀行資源和納稅人的錢，聘請華爾街專業人士作為顧問來遮掩這個騙局。

或許你還記得我提過的2013年10月在布雷斯韋爾法律事務所辦公室舉行的會議。三位來自麥格理銀行的年輕女士，還有麗莎・多諾霍，弗萊申和鮑勃・彭斯（Bob Burns）都在場，他們在我申請破產保護前來台灣並跟我的家人見面。多諾霍（艾睿鉑）說，雖然她和鮑勃伯恩斯都是愛爾蘭人，但他們從來沒有見過面——她沒有說真話。後來，我發現彭斯在布雷斯韋爾法律事務所工作，曾是君上資本的前總顧問。君上資本和星散海運的大股東們在兩年前購買了A Whale號輪，因此律師們很可能假裝他們彼此不認識，以避免「利益衝突」來從破產重組案中大賺特賺。不僅如此，修華及柯塞爾的律師艾哈邁德（Ahmed）總是和弗萊申待在一起，這至少對我來說很明顯，無擔保債權人委員會的律師和債務人律師聚集在布雷斯韋爾法律事務所和辦公室，共同研究次日他們如何向伊斯古爾法官提交報告。我確信由查爾斯・凱利牽頭的紐約律師們聚集在美亞博的辦公室，並與維達爾・馬丁

內斯和在休士頓的萬泰律師分享交流信息。如果這都不是利益衝突，我不知道什麼是了。

無論如何，在布雷斯韋爾法律事務所辦公室舉行的會議只持續了30分鐘，麥格理銀行的女銀行代表們對航運或與案件有關的船舶不感興趣，她們只對與債務人合作轉移債務感興趣。我團隊的調查顯示，來自台灣和香港的專業銀行代表在2013年和2014年初拜訪了紐約的兆豐銀行，下達如何轉移債務的指示。換句話說，把國民黨的錢洗白，然後把它從台灣轉移出來。

他們都認為這樣做神不知鬼不覺。

但事實並非如此。

圖17.1：銷毀證據（© orangeline／123RF）

CHAPTER 18
伍鮮紳（Samson Wu）事件：虛假新聞？

在2002年至2003年間，兆豐銀行巴拿馬分行與美國之間發生了一場神祕的法律訴訟，稱為伍鮮紳事件。該事件被台灣新聞媒體報導時，正值1.8億美元洗錢防制違規案理應作為頭條新聞被廣泛報導的時候。讓我們談談伍鮮紳事件吧——它究竟是不是一條用來遮掩真相的假新聞呢？

讓我向對此案不熟悉的讀者解釋一下，伍鮮紳，英文名Samson Wu，此人被指控竊取了超視國際（Super Vision International，納斯達克股票代碼：SUPVA）的知識產權，該公司是光纖和LED照明產品的領先製造商。該案涉及盜取商業機密、私家偵探、銷毀證據以及人身威脅。從表面上來看，這一切都應該是在超視開始在中國市場尋找商機時開始的。據稱，由伍鮮紳牽頭的中方競爭對手用了超過100萬美元來收買該公司的一個員工竊取技術和先進的製造設備，還請人恐嚇超視的員工及其家屬。超視在看到市場充斥著售價僅為其一半的「冒牌」產品後採取了法律行動，他們聘請了私家偵探，偽裝成富有的阿拉伯酋長，並在隱藏的監控攝像頭下購買了「冒牌」產品。

這聽起來有點像小說情節，是不是？

然後，該「證據」提交至陪審團，用來判決伍鮮紳和其他人（案例＃CI-99-9392），而被告以第五修正案特權拒絕回答任何問題。在裁定被告欺詐、民事盜竊、共謀、盜用和銷毀證據等罪名成立後，法庭最終判給超視金額為4120萬美元的賠償金。但是，當最終判決下達時，伍鮮紳已把其所有美國股票變現，並通過「與洗錢等同的方法將資金從美國匯出。」超視的創始人、總裁兼CEO布雷特・金史東（Brett Kingstone）寫了一本關於此案的書，書名是《美國的真實戰爭（The Real War Against America）》（專業出版社出版，國際標準書號0-9755199-2-1）。

為什麼我會說這可能是一個虛假的煙霧新聞呢？嗯，這樣做無非是為了控制媒體並分散公眾的注意力。請看以下由John Hsieh撰寫的文章（順便說一下，此乃假名；該文章於2005年3月在網路上登載，但後來消失了）：

兆豐是國營銀行，擁有豐富的國際銀行對沖業務經驗，但它又是如何地被卷入訴訟，且被金融署罰款？蔡英文總統說：「這已經造成台灣名譽受損，也讓人民對金融監理不信任。」現在，就讓我們從金融署，於二〇一六年八月十九日發布的新聞稿，及紐約州最高法院上訴庭第一廳，於二〇一五年八月十一日判決書，來予一一檢視。

二〇〇三年六月十六日，佛羅里達州法庭對債務人卡魯索（Caruso），因偽造、公民盜竊、侵占資源和信息盜竊案做出判決，必須賠償原告超視國際公司三千九百萬美元，同時

債務人伍鮮紳，必須招供所有他能簽名的銀行帳戶資料。

二〇〇九年三月廿四日，超視將債權轉讓給B&M，法院判決於是也就近地，被轉移登錄到紐約州納紹縣。

二〇一四年八月七日，B&M向兆豐銀行提出，攜證出庭傳票，及問卷調查傳票，要求提供任何債務人，與兆豐銀行往來帳戶的記錄。

二〇一四年八月十四日，兆豐書面回應說，紐約分行不擁有判決書所載，債務人的任何帳戶或其他財產，他們也沒有任何借貸。

二〇一四年八月廿七日，兆豐回應攜證出庭傳票表示，其紐約分行不擁有任何屬於法判債務人的資產，並且反駁傳票，試圖索取在紐約分行以外的紀錄。

二〇一四年九月十日，B&M提交一份，由超視創始人布雷特・金史東（Brett Kingston）簽署的訴狀指出，兆豐與法院判決債務人關係密切，尤其是伍鮮紳隱瞞資產，包括透過巴拿馬銀行轉帳，兆豐在那裡的自由貿易區分行經理天使・卡巴貝洛（Angel Caballero）是伍鮮紳公司的職員。

兆豐辯稱，「獨立實體」規則禁止傳票執法，也不准許知會紐約以外的兆豐分行。兆豐還認為，國際禮讓原則排除，傳票強制的國際合規。

然而，兆豐同意接受必要的監管，以換取可以在紐約營業，因此被要求必須遵守，提供相關資訊的傳票管轄權。

為了能夠在市場營運中獲益，外資銀行必須向金融署總監註冊，取得執照，並且提交書面文件「任命總監及他或她的繼任者，為實質法定代理人，來處理任何指控其紐約機

構、代理機構或分公司，在交易上引起訴訟的所有過程或行動。」

二〇一五年八月十一日，紐約州最高法院、上訴庭第一司法廳羅蘭多阿科斯塔法官宣達，依紐約郡最高法院萊特法官，於二〇一四年九月十九日判決而提出的上訴，准予原告要求被告，提供傳票所指的完整資訊，特予確認，及付費。

二〇一五年十月初，美國聯邦儲備委員會，拜訪台灣金融監督管理委員會，討論金融技術，但據銀行局詹庭禎局長說沒有涉及兆豐銀行。然而，前兆豐銀行董事長蔡友才證實，美國聯儲局曾於二〇一五年十月五日，拜會兆豐銀行台北總行，他因要出席立法院委員會會議而缺席，所以蔡友才早在自去年十月就已知情。

二〇一六年二月，金融署發表報告指出，兆豐紐約分行的法遵人員是由兆豐總行派任，都只略知法規要求，其法遵主任則根本就缺乏銀行保密法、反洗錢法及美國對外國資產控管的知識。

二〇一六年三月廿四日，兆豐銀行提出反駁一些有關金融署的指控。它宣稱，某些交易毫無可疑之處，根本不構成反洗錢法所指的「可疑活動報告」，因此該交易不構成反洗錢法所指的可疑活動。

兆豐紐約分行非常低標的金檢評鑒，令人完全無法接受。金融署總監瑪麗亞・布蘿（Maria T. Vullo）說：「金融署不會容忍公然漠視反洗錢法，將採取果斷和強硬行動，來對付任何不遵守規定機構，以防止其非法交易。」

二〇一六年八月十九日，布蘿宣布：「兆豐國際商業銀

行，將支付一億八千萬美元的罰款，並成立一個獨立監管單位，以防違犯紐約的反洗錢法」，並發布一份同意令，由吳漢卿、兆豐國際商業銀行董事長，黃士明、兆豐紐約分行協理，和瑪麗亞・布蘿、金融署總監等，三人簽署。

兆豐弊案是國民黨團在台灣玩法弄權的典型模式，他們早期把國庫通黨庫，然後再把黨庫黨產藏匿到世界各地。它發生於馬英九任內，但卻由蔡英文政府扛責。這是什麼樣的邏輯？簡直就是荒唐可惡，毫無道理。政黨政治要求執政黨負起在全國發生任何大小事的責任。水能載舟，亦能覆舟。如果民進黨當局不知，如何去懲處由國民黨政府留下的爛攤子，那台灣人民絕對會有辦法，告訴民進黨政府該如何去處理。

現在，前兆豐銀行董事長蔡友才已被起訴，並進入司法調查，新董事長與新總經理已經派任，正如蔡總統所說：「我們一定要檢討金融監督管理，推動改革，不再讓這種荒腔走板、匪夷所思的事情發生。」

希望台灣能從這個兆豐弊案，吸取教訓。

以上就是新聞媒體報導的內容。但是，對於真正的問題他們並沒有確切證據。伍鮮紳事件顯然是為了掩蓋蔡友才辭去兆豐銀行董事長職務並轉任國泰世華銀行擔任董事這件事，支持這一觀點的證據很充足。自台灣離開聯合國以來，台灣人一直對購買加州房地產有著狂熱的愛好。由於提前退休，超過8,000人離開了台灣銀行業，造成銀行業嚴重混亂，直到如今也如此。永豐銀行、中國信託商業銀行、國泰世華

銀行、第一銀行、上海商業儲蓄銀行等多家銀行都搬了辦公室，又或者搬離了台灣。這些銀行在海外的醜聞在媒體上悄然消失。台灣的金融監督管理委員會和證券交易委員會也不願意調查，稱這違反了公共利益。

現在曝光的這一切是如何與國民黨王朝內部人士和前總統馬英九聯繫起來的。

圖18.1：布雷特金史東《美國的真實戰爭》

CHAPTER 19
洗錢防制案——一億八千萬的新聞

我在前面幾章已經提到過兆豐銀行的洗錢防制案，但現在讓我們再次審視這筆1.8億美元的罰款，以及其他相關的問題。正如我說過的，紐約州金融署責令兆豐支付1.8億美元的罰款，同時設立獨立監督人以免觸犯紐約州的洗錢防制法令。罰款是兆豐銀行與紐約州金融署訂立的同意令的一部分，在同意令中兆豐銀行同意立即採取措施糾正違規行為，包括設立監控機制以彌補銀行法遵計畫中的嚴重缺陷和實施有效的洗錢防制和內控措施。紐約州金融署主管瑪麗亞・布蘿於2016年8月19日在紐約州金融署同意令中表示：

紐約州金融署兆豐商銀紐約分行的法遵制度疏失嚴重，持續且影響了整個兆豐金控銀行體系。這表明了他們缺乏對建立一個強有力的法遵基礎架構之需求的基本理解。紐約州金融署最近的審查發現，兆豐銀行的法遵制度是一個空殼；簽發此同意令是為確保未來法遵的需要。

紐約州金融署的調查結果有哪些細節呢？

首先，他們發現該銀行的總部對涉及巴拿馬的交易風險漠不關心。巴拿馬被認為是洗錢的高風險管轄區，而兆豐銀行在巴拿馬城和科隆自由貿易區均設有分行。紐約州金融署經調查發現兆豐銀行紐約和巴拿馬分行之間數筆可疑交易。眾所周知，巴拿馬是國民黨斥巨資以維持密切的外交關係的盟友。據紐約州金融署稱，調查結果還表明，該分行許多客戶顯然是由莫薩克馮賽卡（Mossack Fonseca）法律事務所協助設立的，這些客戶在兆豐銀行的其它分行也開設了帳戶。莫薩克馮賽卡是處於空殼公司活動中心的法律事務所之一，它旨在繞過全球的銀行法和稅法，包括旨在打擊洗錢的美國法律，協助空殼公司活動，是巴拿馬文件醜聞的核心。

紐約州金融署調查的結果還包括：

- 在該銀行台灣總行辦公的紐約分行銀行保密及洗錢防制（BSA／AML）主管，以及該分行的法遵長均對美國的監管要求缺乏了解。此外，法遵長兼任業務部門主管，負有重要的業務和營運責任，因而構成職務衝突。
- 總行和分行的法遵人員未能定期審查旨在檢測可疑交易的監督過濾標準。此外，交易監督流程的許多文件都沒有英語譯本，令主管機構無法有效審查。
- 紐約分行關於報告持續可疑活動的指導方針嚴重缺失；法遵政策前後不一致；並且未能確定國外分行是否有充分的洗錢防制內控措施。

・新聞稿的最後一段可供點擊以上描述的所有詳細信息。我發現一個有趣的事實：一個擁有類似銀行帳戶的科技公司被牽涉進了科隆自由貿易區，這還是個謎。

根據本案雙方簽署的同意令，兆豐銀行同意10天內設立獨立的顧問，人選由紐約州金融署挑選指定，以改變該行紐約分行的政策與程序。該命令還要求兆豐銀行在金融服務局確定人選後30天內聘請該獨立監督人兩年，以全面審查分行法遵制度的有效性。

獨立監督人還應開始交易和美國財政部的海外資產控制辦公室制裁審查，以確定2012年至2014年期間該行有否正確識別和報告了與海外資產控制辦公室規則不一致或違反該辦公室規定的交易，或涉及高風險客戶，或交易的可疑活動，監督人將由金融服務局委任並直接向其報告。金融服務局針對兆豐銀行的行動值得關注，因為它代表了對第一次違規行為的重大處罰——我的意思是第一次受到調查的違規行為，兆豐銀行在此之前違反了反洗錢法，並僥幸逃脫。除了該行未能正確地監控可疑交易外，金融服務局還發現兆豐銀行的法遵長並非在美國辦公，而且對美國的洗錢防制要求缺乏了解。此案如果不是第一個，也是類似案件第一批中的一個，與「巴拿馬文件」明顯相關聯的案件。

那麼，讓我們看一下「巴拿馬文件」和兆豐銀行之間的聯繫。

「巴拿馬文件」指的是在巴拿馬被洩露的一批機密文

件，它們詳細描述了超過214,488個離岸金融實體的財務和律師客戶信息，數目達1,150萬份。這些文件在2015年被匿名人士洩露，由此揭露了一個集欺詐、逃稅和洗錢於一體的地下金融世界。政客、名人和體育明星們利用空殼公司進行非法活動。空殼公司是指僅存在於文件裡的公司，既沒有辦公室，也沒有員工——它可能擁有銀行帳戶，或持有投資，又或是資產的註冊所有人。有些文件最早可以追溯到20世紀70年代，來自在前文已經提到的巴拿馬法律事務所和企業服務提供者莫薩克馮賽卡法律事務所。這些文件中富有個人及組織的私人財務信息以前一直是保密的。

這些文件是由匿名告密者通過《南德日報》向德國記者巴斯蒂安・奧貝邁耶（Bastian Obermayer）洩露的，其神祕身分甚至連從事調查工作的記者也無從得知。

「我的生命安全受到了威脅。」

他這樣告訴他們。他說，洩露文件是為了讓公眾了解這些不公的規模。2016年4月首批洩露的文件被公開，而來自世界上80個國家107家媒體組織的記者早在一年前就對這些文件進行了分析。這些文件被稱為「巴拿馬文件」，因為這些文件洩露自巴拿馬。

兆豐銀行是如何被牽涉進此案的呢？已經可以確定的是，兆豐銀行通過國民黨與巴拿馬在金融和政治上建立了非常密切的關係。該銀行擁有由莫薩克馮賽卡法律事務所設立的「可疑」帳戶，而2016年10月5日，我的老「朋友」蔡友才在台灣因涉嫌內幕交易而被捕後被拘留。北檢官員聲稱，「一名與『巴拿馬文件』有關的台灣銀行前負責人及其高級

助手王起梆因涉嫌違反銀行和證券法而被拘留。」據《蘋果日報》報導，在兆豐銀行被金融服務局罰款1.8億美元之前，蔡友才已將其股票搶先賣掉。

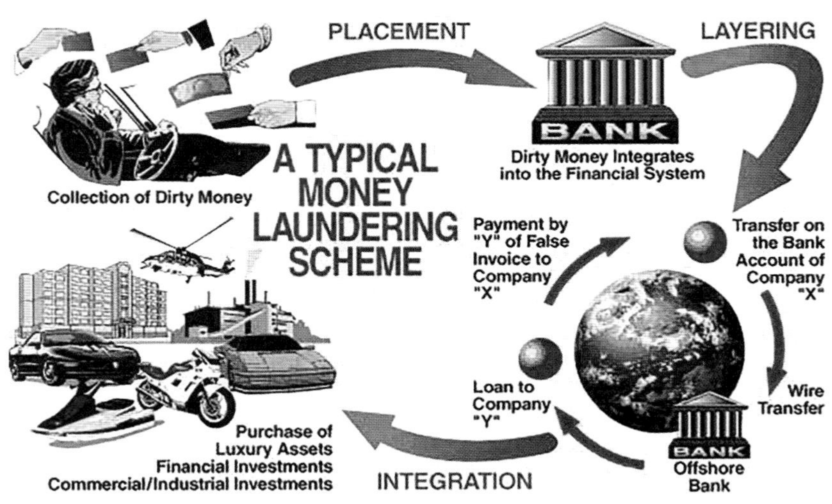

圖19.1：在全球範圍內洗「髒錢」

CHAPTER 20
調解——真相大白

調解過程大約需要十個月。在2016年9月紐約州金融署的新聞傳出後，無擔保債權人委員會突然要求開始進行調解。弗萊申和凱利法律事務所（在修華及柯塞爾法律事務所被解雇後接手的法律事務所）突然申請調解。這就怪了！迪爾格·布朗和胡佛斯洛瓦切克法律事務所的律師花了三個月的時間來說服我去調解，最後為了說服我，說如果我真不願意，我可以不出面。基本上，這是律師顧問與蘇信吉之間的拉鋸戰。然而，奇怪的是，所有跟調解相關的信息都被洩露給了試圖在TMT破產重組後逃離的貸方，情況變得很明朗了。我的疑問是：如果貸方都不願意為達成全面和解而坐下來談判，那麼調解又有什麼意義呢？專利訴訟被擱置，但所有貸方都沒有直接參與這次調解。真是奇怪。

正如我所說，我們花了三個月來決定是否進行調解，這是達成和解的過程中一個非常模糊的解決方案。接手無擔保債權人委員會事務的凱利法律事務所（此事務所為摩根大通銀行服務了100多年）的律師表示：「讓我們求同存異，摒棄細節。」令我感到驚訝的是，這個過程並不包括所有人，而只是債務人、我本人以及無擔保債權人。為何沒有在破產重組中達成全面和解令人費解。就像在破產案中，一部分資

金必須交給無擔保債權人，使得看起來所有各方都同意了一樣。有擔保的貸款人已經以廉價把船隻出售了，鯨吞了所有有價值的資產。律師們袖手旁觀，裝模做樣，以便拿更多的錢，簡直令人難以置信。就像在聖誕節給窮人捐款會感覺好受一點一樣，非常可悲。

儘管投票很重要，但最後一切都取決於法官的決定。這個決定非常主觀，深受在美國法律機構內的各種政治操縱、政治姿態和地位的影響。我從美國的第11章破產程序中學到了很多東西。我花了1.2億美元，律師費高達每小時1,000美元——最後，每個人都賺錢了，除了我。錢對於他們來說是多多益善。本來剩下900萬美元，但很快就消耗到只剩800萬美元。然而，沒有人商量如何從債權人獲得資金，或者從船隻出售後所得金額高達4億美元的權益中獲得資金。最讓我愕然的是，沒有人有一個高屋建瓴的全局觀。他們都只是機械地按照第11章教條和特殊術語進行操作，就像那些剛剛通過了駕駛考試、只會死板地按照最近學到的所有規則做的馬路新手一樣，而經驗豐富的老司機則會憑他們的主動性和直覺行事。這些收取高昂費用的律師們都沒有用任何主動性、想像力或直覺。他們只會機械地收取巨額法律咨詢費用。

令我感到震驚的是，最後送批的所有文件都是在最後一刻由律師撰寫的，我覺得法官甚至在對這些文件並不理解的情況下便簽署了。就好像他們都聚在一起達成了什麼協議，然後據此編造了一些文件出來，而文件所述並非事實。

在破產法庭上，事實並沒有被披露！

要是時光倒流，我絕對不會同意將貸款出售給麥格理

銀行，而且我有充分的理由與兆豐銀行在這件事情上持不同意見。此外，由於債務人的律師篡奪了對案件的控制權，事情對破產法官來說變得不易理清，艾睿鉑和艾斯本・克里斯坦森控制了所有債務人，我相信他這樣做違反了他的職責。他於2017年10月在紐約作證說，艾睿鉑以「合成循環」作術語將資金從30多個帳戶轉入和轉出，因此沒有人可以整合全部的信息。實際上，法官做出判定的前提是所有大律師行的律師都說實話，但我覺得他們並非如此。無擔保債權人委員會堅稱自己應得的權益比以前他們想要的多得多——債務人（船公司）希望我退出，所以我看起來像壞人，他們看起來像好人。債務人還擔心他們所做的事情會被發現——所有的船舶買賣都在美國以外的司法管轄區進行，因而破產法院對此無能為力。信用投標不當，而且沒有遵守法規。伊斯古爾法官知道有問題——我的意思是，弗萊申要求銷毀所有文件（他為什麼要這樣做？有什麼東西需要隱藏嗎？），但法官不會允許這樣的事情發生。

現在債務人與貸方攜手合作，想阻止我進行訴訟——他們想阻止我做調查進而發現更多的真相。根據DIP貸款，DIP貸方有權對每艘船提取2,000萬美元的二次抵押貸款，他們做到了。弗萊申是簽署二次抵押貸款文件的指定債務人。雖然我在前文已經說過了，但我想再說一遍：麥格理銀行（DIP貸方）一定有不當行為。麥格理的律師於2014年3月記錄了這一情況，但相關文件卻把日期倒簽到破產申請提交時的日期。弗萊申要麼是同謀，要麼是無能，我更傾向是前者。在沒有查看所有貸款文件的情況下怎麼可能監督法拍銷售呢？

許多正在進行的訴訟我暫時還不能討論，但訴訟受托人擁有很大權力。弗萊申沒有調解權，訴訟管理人可以追究賠償，但沒有人可以「購買」賠償。讓我解釋一下，債權人委員會越來越傾向於讓訴訟受託人來處理第11章程序中的複雜訴訟。當債務人的資產包括了對第三方的潛在賠償時，訴訟受託人成為了債權人委員會的工具。在那之前，美亞博以1美元的價格把賠償賣給了明尼蘇達州的威爾明頓信託。

MAYER·BROWN

Mayer Brown LLP
1675 Broadway
New York, New York 10019-5820

Main Tel +1 212 506 2500
Main Fax +1 212 262 1910
www.mayerbrown.com

Michael F. Lotito
Direct Tel +1 212 506 2521
Direct Fax +1 212 849 5527
mlotito@mayerbrown.com

November 26, 2014

BY COURIER, FACSIMILE,
AND ELECTRONIC MAIL

Mr. Hsin-Chi Su
10th Floor, No. 245, Sec. 1
Dunhua S. Rd.
Taipei City 106
Taiwan
Facsimile: 886-2-8771-1559
Email: ghung@colonmail.com
Attention: Hsin-Chi Su
Greene Hung

Re: Notices of Assignment and Transfer

Dear Sirs:

Enclosed herewith are copies of the following notices:

- *Notice of Assignment and Transfer to Borrower, Other Obligors and Account Bank* with respect to that certain Facility Agreement dated 21 June 2010 (as amended, restated, supplemented, or otherwise modified) made between C Whale Corporation, as borrower, Great Elephant Corporation, as English guarantor, the financial institutions from time to time party thereto, as lenders, Mega International Commercial Bank Co., Ltd. ("**Mega Bank**"), and CTBC Bank Co., Ltd. (formerly known as Chinatrust Commercial Bank Co., Ltd.) ("**CTBC**"), as arrangers, and Mega Bank, as agent and security trustee;

- *Notice of Assignment and Transfer to Borrower, Other Obligors, Other Lenders and Account Bank* with respect to that certain Facility Agreement dated 28 September 2010 (as amended, restated, supplemented, or otherwise modified) made between D Whale Corporation, as borrower, Ugly Duckling Holding Corp. ("**Ugly Duckling**"), as English guarantor, the financial institutions from time to time party thereto, as lenders, Mega Bank and CTBC, as arrangers, and Mega Bank as agent and security trustee;

- *Notice of Assignment and Transfer to Borrower, Other Obligors and Account Bank* with respect to that certain Facility Agreement dated 9 March 2011 (as amended, restated, supplemented, or otherwise modified) made between G Whale Corporation, as borrower, Ugly Duckling, as English guarantor, the financial institutions from time to time party thereto, as lenders, Mega Bank, CTBC, and First Commercial Bank Co., Ltd. ("**First Bank**"), as arrangers, Mega Bank, as agent, and CTBC, as security trustee; and

Mayer Brown LLP operates in combination with other Mayer Brown entities with offices in Europe and Asia and is associated with Tauil & Chequer Advogados, a Brazilian law partnership.

圖20.1a-e：從美亞博律師行轉到威爾明頓信託的轉讓通知

Mayer Brown LLP

Mr. Hsin-Chi Su
November 26, 2014
Page 2

- *Notice of Assignment and Transfer to Borrower, Other Obligors and Account Bank* with respect to that certain Facility Agreement dated 7 June 2011 (as amended, restated, supplemented, or otherwise modified) made between H Whale Corporation, as borrower, Ugly Duckling, as English guarantor, the financial institutions from time to time party thereto, as lenders, Mega Bank, CTBC, and First Bank, as arrangers, Mega Bank, as agent, and First Bank, as security trustee.

Please review and take notice of the contents therein.

Sincerely,

Michael F. Lotito

ML/ml

Enclosures
cc: Joshua G. James, Vice President, Wilmington Trust, N.A. (by electronic mail)

NOTICE OF ASSIGNMENT AND TRANSFER
TO BORROWER, OTHER OBLIGORS AND ACCOUNT BANK

To : C Whale Corporation (as borrower, owner and pledgor under the relevant Finance Documents (as defined below), the "**Borrower**")
Great Elephant Corporation (as English guarantor under the Facility Agreement (as defined below, the "**English Guarantor**")
TMT Co., Ltd. Panama S.A. (as subordinated lender under the relevant Finance Document, the "**Subordinated Lender**")
16th Floor, No.200, Sec 1, Keelung Rd., Xinyi District, Taipei City 11701, Taiwan
Attention: Mr. Hsin Chi Su

Taiwan Maritime Transportation Co., Ltd. (as guarantor under the relevant Finance Document)
16th Floor, No.200, Sec 1, Keelung Rd., Xinyi District, Taipei City 11701, Taiwan
Attention: Mr. Hsin Chi Su
Mr. Hsin Chi Su (as guarantor under the relevant Finance Document)
16th Floor, No.200, Sec 1, Keelung Rd., Xinyi District, Taipei City 11701, Taiwan
Attention: Mr. Hsin Chi Su

Mega International Commercial Bank Co., Ltd. (as depository bank of the pledged and charged accounts pledged and charged pursuant to the relevant Finance Documents)
100 Chi-Lin Road, Taipei 10424, Taiwan, Republic of China

Date: 14 August 2014

Dear Sirs

We refer to the following documents:

1. a facility agreement dated 21 June 2010 (together with all amendments, supplements and addenda thereto from time to time, called the "**Facility Agreement**") made between (1) the Borrower, as borrower, (2) the English Guarantor, as English guarantor, (3) the financial institutions named therein, as lenders (collectively, the "**Lenders**"), (4) Mega International Commercial Bank Co., Ltd. ("**Mega**") and CTBC Bank Co., Ltd. (formerly known as Chinatrust Commercial Bank Co., Ltd.), as arrangers (collectively, the "**Arrangers**") and (5) Mega, as agent and security trustee (in such capacity, the "**Existing Agent**", and together with the Lenders and the Arrangers, the "**Finance Parties**"), pursuant to which the Lenders have made available to the Borrower certain secured term loan facilities of Dollars Eighty Four million ($84,000,000) (the "**Loan**") upon the terms and conditions contained therein;

2. the other Finance Documents executed pursuant to the Facility Agreement;

3. a notice of resignation dated 20 June 2014 issued by the Existing Agent to the Finance Parties and the Borrower;

4. a successor agent agreement dated 11 August 2014 (the "**Successor Agent Agreement**") executed by the Lenders and Wilmington Trust, National Association

(the "**Successor Agent**"), pursuant to which the Lenders have accepted the Existing Agent's resignation as agent and security trustee under the Finance Documents and appointed the Successor Agent as successor agent and security trustee pursuant to clause 26.12 of the Facility Agreement upon the terms and conditions contained therein;

5. a transfer certificate dated as of 11 August 2014 (the "**Transfer Certificate**") executed by the Existing Agent in favour of the Successor Agent pursuant to which the Existing Agent has assigned and transferred to the Successor Agent the Existing Agent's claim under the Finance Documents in the principal amount of Dollar One ($1); and

6. a deed of assignment dated as of 11 August 2014 (the "**Deed of Assignment**") executed by the Existing Agent and the Successor Agent pursuant to which the Existing Agent the role and status of the agent and security trustee and all present and future rights, benefits, obligations and liabilities of the Existing Agent arising from or in connection with (a) the Finance Documents, (b) the relevant enforcement titles/orders and ongoing legal proceedings and (c) applicable laws.

NOW WE HEREBY GIVE YOU NOTICE THAT :

1. With effect from the date of the Successor Agent Agreement, the Lenders accept the resignation of the Existing Agent as agent and security trustee under the Finance Documents and appoints the Successor Agent to act as successor agent and security trustee under the Finance Documents.

2. With effect from the date of the Transfer Certificate, the Existing Agent has transferred its claim under the Finance Documents in the principal amount of Dollar One ($1) to the Successor Agent.

3. With effect from the date of the Deed of Assignment:

   (a) The Existing Agent has assigned and transferred the role and status of the agent and security trustee and all of its present and future rights, benefits and obligations arising from or in connection with (A) the Facility Agreement and the other Finance Documents (as defined in the Facility Agreement), (B) the relevant enforcement titles/orders and ongoing legal proceedings and (C) applicable laws to the Successor Agent.

   (b) The Successor Agent has accepted and assumed the obligations of the Existing Agent under the Finance Documents and shall perform and comply with such obligations under the Finance Documents as if originally named as an original party thereto.

   (c) The Existing Agent is discharged from all its obligations and liabilities in respect of the Finance Documents whether present or future, actual or contingent. The rights of the Borrower and the other Obligors against the Existing Agent shall be cancelled.

34627230.1

(d) All notices and communications to the Successor Agent under clause 31 of the Facility Agreement and any analogous provision in any of the other Finance Documents shall be delivered to the following:

Wilmington Trust, National Association
50 South Sixth Street
Suite 1290
Minneapolis, MN 55402
Attention: Joshua James
Facsimile: 612-217-5651

(e) All notices and communications to the **"Agent"** and **"Security Trustee"** under the Finance Documents should be addressed to the Successor Agent only.

4. All other terms of the Finance Documents remain unchanged.

This Notice and your acknowledgment hereto shall be governed by and construed in accordance with the English law.

Yours faithfully

For and on behalf of
MEGA INTERNATIONAL
COMMERCIAL BANK CO., LTD.
(as Existing Agent)

Name: Priscilla Hsing
Title: Vice President and Deputy General Manager

For and on behalf of
WILMINGTON TRUST, NATIONAL ASSOCIATION
(as Successor Agent)

Name:
Title:

34627230.1

美亞博法律事務所的債權人律師查爾斯・凱利受威爾明頓信託所托就我的個人擔保向我提出訴訟，我奮起反擊，最終，那個案子不了了之。他們自掘墳墓，我從他們那裡發現了很多事情。凱利在提出申請時用了一個錯誤的日期，我的律師迪爾格・布朗抓住了這個錯誤——因此他棄權出局了。或許他終於意識到他被兆豐銀行和國民黨利用了？這就是美亞博律師行的紐約、香港（孖士打）和倫敦辦事處需要接受調查的原因，因為他們是整個兆豐銀行與國民黨醜聞的主要參與者。

還有一點，他們說我為人古怪、以自我為中心，還說我天馬行空，一口咬定一些匪夷所思的事情。如果真是這樣的話，那麼他們現在就應該非常努力地追在我後面試圖徹底摧毀我了。他們為什麼沒有這樣做呢？因為他們對我所擁有的證據感到驚恐。如果我什麼證據都沒有的話，我現在就死定了。他們擔心終有一天會真相大白。

他們非常地擔心！

當然，他們也可以嘗試把我殺掉。我將在下一章告訴我的讀者們我已經收到的死亡威脅。

圖20.2：蘇信吉在破產法庭

CHAPTER 21
電視曝光及死亡威脅

「旋轉門」之幽靈閃現，然後又消失在金融的迷霧中。2010年，兆豐銀行上門示好，希望跟TMT建立金融合作關係而給了A Duckling號船公司一筆2,500萬美元貸款；這是TMT向兆豐銀行的第一筆貸款。聯鼎法律事務所起草了貸款文件，其內容至少可以說「不正常」的。這些文件沒有考慮到第一船舶留置權的質押，而TMT當時對船舶貸款並不熟悉。文件中所有的重點都是關於違約的，有超過50頁寫著關於在違約情況下對質押物如何處理的內容。該銀行可以隨時接管A Duckling號船公司及其擔保人（醜小鴨公司），並可以對其為所欲為。這些文件看起來更像是公司財務文件，而不是簡單的航運貸款文件。巴拿馬的A Duckling號公司在未經我同意的情況下，授予了貸款人兆豐銀行創建和銷售新公司的全部權力。現在已經很清楚了：這是一個陷阱。TMT從2010年第一筆貸款開始就是兆豐銀行的目標。

我很清楚，蔡友才口中的周美青夫人一定在批准貸款之前就制定了計畫——紐約和華爾街的金融律師可能就文件向她提出過建議。據TMT的律師迪爾格・布朗稱，美亞博在香港、休士頓和紐約的主要律師在2013年和2014年深入參與了兆豐銀行與TMT的案件，但紐約美亞博的名字從未正式出現

在TMT的破產重組案中，兆豐銀行前副經理張定華也被牽涉其中。在兆豐銀行的洗錢事件曝光後，我讓聯鼎的律師來TMT的辦公室，他們只出現過一次便沒有再來過。此事發生在9、10月的台北，也就是1.8億美元洗錢防制案後一個月。

如果X計畫是由蔡友才口中的周美青夫人精心策劃的，那麼接下來她一定會在跟她的家人和頂級法律顧問商量後決定誰將被提名為銀行CEO，其中包括兆豐銀行、第一銀行、高雄銀行、彰化銀行、台灣合作銀行、土地銀行、華南銀行、中國信託商業銀行、國泰世華銀行、永豐銀行、上海商業儲蓄銀行和台中銀行。她可能向這些銀行單獨說明如何以及何時進行交易，確保沒有人看到整件事情。那就是X計畫。

2014年國民黨內開始紛紛私下談論取得輝煌成功的X計畫。此外我幾乎可以肯定，越貪婪之人定會越深入地參與此事。這些人包括國民黨高層政客，那些通過出售TMT資產獲利的銀行董事長們。對此我還需進一步調查來發掘這些問題的答案。

陰謀總是會產生無法預料的後果，最困難的事情莫過於完全銷毀證據。紙包不住火，一些細節總會洩露——以下便是其中一些，我將逐一概述。

1）TMT破產重組案是由貸款人律師、DIP貸款人、債務人和無擔保債權人相互勾結、共同行動的結果。

2）TMT破產重組案被用作將資金從台灣轉移到海外的工具，透過各方之間預先安排的交換合同，從不同的途徑轉移資金。主要參與方有麥格理銀行、摩根大通銀行、德意志銀行和香港SC洛伊金融公司。

3）貸款的地理位置和發生時間被分割成許多部分，因此如果不進行大數據分析，很難把握大局，了解全部的情況。

4）有關各方設法讓事件發生的司法管轄區不在台灣——這樣就可以避免在台灣發生刑事案件。

5）國民黨王朝擁有提名銀行董事長，以及淩駕於法律制度之上的總權力。

6）只要你對資金如何在中國歷史的長河中最後流到清朝末代皇帝的手裡有所了解的話，那麼你就能理解60年來所涉及的資金規模在100億美元到1,000億美元之間這一驚人數字。據估計，在20世紀50年代，蔣介石及其夫人在美國所擁有的資產是當時中國GDP的四倍——他們從鴉片、軍事援助，以及其他來源獲取資金。

7）透過場外交易（又稱店頭交易，Over-the-counter）達成的交換合約（SWAP）沒有銀行代碼（SWIFT code）支付紀錄。參與的律師們來自蜚聲國際的法律事務所，如美亞博、寶維斯、凱利、溫斯頓、諾頓羅氏（Norton Rose Fulbright）以及許多其他著名的德州破產律師。

8）台灣媒體關於伍鮮紳和超視的故事是虛假的「煙霧新聞」，目的是分散轉移大眾對兆豐銀行洗錢案的注意力。

9）這個醜聞規模龐大，涉及至少十家兆豐銀行分行，包括新加坡、香港、台北、敦南、科隆、巴拿馬城、洛

杉磯、芝加哥和紐約等地的分行。其他30多家台灣主要銀行的分行也涉嫌參與其中。

2014年1月8日與伊斯古爾法官簽訂的DIP貸款條款非常奇怪，令人難以理解。溫斯頓法律事務所的施賴伯、布雷斯韋爾與朱利安尼法律事務所的弗萊申，以及美亞博的凱利很有可能受金溥聰的指示而告訴法官，允許二次抵押貸款的擔保物為2,000萬美元的DIP貸款做擔保——DIP貸款被用作釋放、移動船舶和支付法律費用的營運資金。這只是一個假設，因為金溥聰畢業於得克薩斯大學並且多次到訪得克薩斯，包括2013年6月，當時我們正申請破產重組。奇怪的是，在第一份文件中，DIP貸方律師沒有向伊斯古爾法官披露利益衝突，因為麥格理銀行也是貸款人。2,000萬美元的貸款在這些文件中是以複數錄入的，而不是單數，即每筆2,000萬美元的數筆貸款。這意味著16艘船舶是總額為3.2億美元的二次抵押貸款的質押物，而DIP貸款僅為2,000萬美元。這很奇怪，有萬泰股票擔保的貸款只有2,000萬美元——為什麼二次抵押貸款這麼多？重要的是，我向我的律師提出這個問題並與之就數據欺詐而爭論，但我的律師堅持認為這是破產法中的常見做法。我相信法官沒有將其解讀為「數筆二次抵押貸款」——他肯定將其解讀為「二次抵押貸款（單數）」並相信美國律師會對此誠實。我的論點是，台灣財政部將銀行貸款減少一半，「中國投資基金」可以在2,000萬美元融資之上增加更多資金，使交易看起來更有利可圖，有購買意向的買家已經準備就緒。橡樹資本向世界各地的指定帳戶付款，然後2,000萬美

元被與資金來源分開，以便橡樹資本在2014年2月和3月的交易完成後100%擁有該貸款。

讓我們說得明白一點，金溥聰在馬英九總統及其夫人的領導下擁有巨大的權力。他於2012年底被任命為華盛頓特區的駐美台灣代表，同一時間A Ladybug號輪擔保貸款被賣給了麥格理銀行。麥格理台灣辦事處距台灣國民黨總部僅30米，國民黨與麥格理在雪梨、紐約，以及台灣之間顯然有著密切的聯繫。此外，麥格理的DIP貸款由溫斯頓法律事務所組織協助完成的，由當時的指定債務人弗萊申簽署，然後在2013年3月獲得超級優先權。溫斯頓法律事務所華盛頓特區辦事處有一位律師參與了那筆2,000萬美元的二次擔保貸款的簽名——該律師是受金溥聰指使的嗎？問題的答案懸而未決。

台灣民視（FTV）的電視節目PTT（一個被700萬台灣人每天用來討論政治和經濟政策的博客），從2017年6月28日起開始報導TMT案件。一周內，400萬台灣公民在社交媒體上跟蹤此案，導致了有人對台灣民視和我本人發起了死亡威脅。民視新聞台的有關節目於2017年6月28日至30日播出，有趣的事情開始發生了：摩根大通在2017年6月底解雇了台灣的CEO以及另外十名銀行人員；2017年6月28日，台灣民視從一個親國民黨的消息來源處收到了第一個死亡威脅，告訴他們馬上停止播放有關TMT報導；第二個死亡威脅是針對新聞主播、他們的家人和其他相關人員，包括我自己。一個男人在威脅中聲稱「他們」控制著台灣的金融和法律機構，所以我們無法打敗他們。新聞主播不得不停止報導，為了自己的安全離開台灣，而我也不得不飛往美國保護自己。

存入美國和其他國際銀行的錢是從何而來的呢？今天這個非常簡單的問題再次被提出來。在2008年至2009年金融危機之後（現在被共和黨政客輕視），《多德-弗蘭克法案》在2010年被採用。執行客戶背景調查成為獲取公司的真實身分和資金來源的必要程序。這些資金估計是通過洛杉磯、芝加哥和紐約進入美國，然後存入兆豐和其他涉及此醜聞的台灣銀行。

資金來源的證據必須被披露。

圖21.1：台灣民視新聞台

正如我所說，有關TMT事件的報導於2017年6月在台灣的台灣民視播出了三天。在最後幾天，新聞主播的前男友給她打了兩個電話，告訴她不要繼續播報了。

「為什麼不繼續播報？」

「因為這太危險了。」

她忽略了這個警告，在第二天繼續播報，當時我和一位名叫飛坂有三的日本金融專家來到台灣民視與金融監督管理委員會一起接受採訪。隨後又發生了數起匿名的死亡威脅，宣稱每個與該節目有關的人員都將有生命危險，於是我們幾天後離開了台灣，所有的廣播都停止了。

這些威脅證實了TMT案是真實的——千真萬確——我要實話實說，而某些人對此非常害怕，我證明了我的清白。然而，從那時起，我感到不安全。當我去往世界各地時，我會掩藏自己的蹤蹟——你知道的，「天有不測風雲，人有旦夕禍福」——有些人「自殺」了，即使他們沒有自殺動機，而且，在大多數情況下，很難證明那根本不是意外或自殺。

然而，這並沒有阻止我調查全球金融狀況的腳步，而我現在正在撰寫的第三本書將全面揭露國際金融腐敗，打開「潘朵拉魔盒」並將裡面的祕密徹底曝光，包括政府高層與銀行精英們的腐敗、欺詐和洗錢行為。

敬請留意！

最新消息——台灣政府於2018年關閉並轉移了台灣民視新聞台的頻道。在撰寫本書時，沒有人知道發生了什麼。

圖21.2：暗殺

CHAPTER 22
官場腐敗，馬金王朝的沒落

國民黨的故事是一個傳奇，多年來在台灣一直被禁止談論。你甚至會因為說國民黨的壞話或暗示他們腐敗而入獄——儘管他們確實是，因為他們的地位是不可動搖的。紐約州金融署洗錢防制調查，以及1.8億美元的罰款讓台灣人大開眼界，如果之前他們還未見識過如此規模的腐敗的話。但是，為什麼2,300多萬的台灣人要等到一個外國政府機構來揭露真相呢？因為台灣媒體上的信息都是受政府控制的。

金溥聰先生是愛新覺羅族人、清朝十二個也是最後一個皇帝溥儀的親戚。金溥聰擁有駐美代表和前總統馬英九私人祕書的雙重身分，馬英九和金溥聰被普遍認為是台灣政界密不可分的一對拍檔，都曾為蔣介石之子蔣經國工作。多年來，他們作為蔣經國這位無冕之王的親信擁有著巨大的權力，並且成功鏟除了所有的對手——直到2016年。即使馬金派的黨羽政治力量強大，但有一個人，就是錢復先生，據說只需一個電話就可以完成10億美元的合併案，並能以其巨大權威干預銀行的借貸行為。

金溥聰在2012年至2014年間擔任台灣駐美國代表，這一時間與A Ladybug號及其餘所有TMT船舶根據第11章出售的時間完全吻合。他還與華盛頓的溫斯頓法律事務所有來往，該

法律事務所負責處理TMT破產案的DIP貸款事宜。這是巧合嗎？我不這麼認為。我還在繼續探索調查，會在未來出版的書中揭露更多真相。

台灣銀行與摩根大通、澳新銀行、巴克萊銀行、渣打銀行和匯豐銀行之間的關係由來已久，非常密切。因此，將國民黨的資金融入到國際銀行之中並非難事——兩者在私人和企業銀行業務方面都有著緊密的聯繫。

當我們密切關注國民黨內人士及其財務關係時，我們很明顯地發現他們能在台灣銀行和海外銀行同業的幫助下將TMT當成目標。這裡有幾個主要問題需要考慮：

1）導致2008年西方金融危機的「垃圾」——債務擔保證券（CDO）和信用違約交換（CDS）——在隨後幾年（2009年至2011年間）大量進入台灣的交易市場。許多西方銀行和控股公司在台灣成立了辦事處，台灣成為了金融衍生品中心。

2）為何選台灣呢？因為這得到了台灣財政部的允許，它認為這沒有違反台灣的利益。但為什麼台灣的銀行法會允許飽受危機衝擊的西方金融體系的餘孽——債務擔保證券和信用違約交換進入台灣呢？因為國民黨和摩根大通互相勾結，狼狽為奸。

別忘了，馬英九的女婿蔡沛然被安排在摩根大通工作，這是一個協助共謀的完美位置。因此，大型西方銀行欠了國民黨人情，摩根大通得以投資於TMT的16艘船舶貸款銷售——促成了國民黨資金在交換合約和洗錢過程中從台灣流出。

這種觸犯香港《反海外腐敗法》的裙帶關係最終導致了摩根大通因「子女項目」而被罰高達2.64億美元，僅在2016年8月兆豐銀行被紐約州金融署以洗錢防制違規罰款1.8億美元的兩個月之後。還有一個問題是：2017年6月28日台灣摩根大通突然宣布解雇CEO以及十位銀行人員背後的真實原因是什麼？摩根大通沒有透露真正的原因，只是聲稱他們「違反了內部規定」。摩根大通香港負責人不得不迅速填補該空缺。

圖22.1：摩根大通（© Felix Lipov／123RF）

以下摘錄自2016年11月16日《南華早報》

聘用富家子弟有什麼問題？

本周四，美國證券交易委員會於一份聲明中表示，美國摩根大通銀行已經同意為通過雇傭中國高官子女及親屬以獲得業務一案賠償2.64億美元已達成和解。

該和解結束了為期三年的對其紐約分行的招聘行為是否違反了美國的反賄賂法進行的調查。調查的重點在於摩根大通是否有系統地針對中國最有影響力的高層官員、政策制定者和商界領袖的親屬進行招聘，達到討好中國決策者的目的。

摩根大通將向美國證交會支付1.3億美元。根據美國證交會聲明，預計它還將向司法部支付7,200萬美元以及向聯準會支付6,190萬美元。

美國證交會執行主管安德魯•塞雷斯尼（Andrew Ceresney）在聲明中表示，摩根大通通過雇傭不合資格的高層官員子女和親信有系統地實施賄賂計畫。摩根大通的員工明知此舉涉嫌違反《反海外腐敗法（FCPA）》，但是因為利益可觀，明知故犯。

監管部門表示，摩根大通亞洲部建立了一個允許客戶和政府高官推薦應聘者的招聘項目。美國證交會表示，通過該項目招聘的人員繞過了公司正常的招聘程序，在摩根大通獲得了「高薪而有益於職業發展的就業機會」。

美國證交會還表示，在長達7年的時間裡，約有100名摩

根大通的實習生和全職員工是通過該項目受聘的，摩根大通因此贏得或者保持的業務總收入超過1億美元。

「我們很高興我們對此調查的合作得到認可，」摩根大通發言人布萊恩•馬爾基奧尼（Brian Marchiony）在一份電郵聲明中表示。「這種行為是不能接受的。我們在2013年停止了這個招聘項目，並對參與的人員採取了行動。我們也在改進我們的招聘流程，加強了對員工行為的高標準要求。」

據《華爾街日報》2015年12月報導，根據作為美國政府調查的一部分的銀行文件，在香港上市的主要大陸企業中，有四分之三的公司主要負責人的子女或親屬都被摩根大通招攬成為雇員。該項目從2004年開始一直持續到2013年，在內部被簡稱為「子女」。

美國對摩根大通的調查已經導致了至少兩名資深銀行高管被免職。據道瓊斯通訊社（Dow Jones Newswires）報導，摩根大通亞太區投行業務副主席馬宏濤（Todd Marin）和亞洲投行業務副主席梁嘉彰（Catherine Leung）於2015年2月離職。

美國證交會的聲明中沒有對任何摩根大通的員工點名，美國當局也沒有宣布對該銀行或其員工提出任何刑事指控。

子女或親屬與摩根大通的招聘項目有關的中國官員名單就像是一本中國領導人和著名企業家的名錄一樣。

中國商務部長高虎城之子高珏受聘於該銀行。中國光大集團董事長唐雙甯之子唐曉甯除了曾在該行工作過之外，還曾受聘於高盛（Goldman Sachs）和花旗集團（Citigroup）。

一些高管還將親戚或他們朋友的子女推薦到該銀行實習。

香港金融管理局（Hong Kong Monetary Authority）副總裁的彭醒棠（Peter Pang）曾於2006年向摩根大通推薦了其子做實習生。

香港證券交易所（HKEX）現任行政總裁李小加（Charles Li）在2003年至2009年擔任該銀行中國區董事長時，將中國證券監督管理委員會前任官員黃紅元的女兒介紹到該行實習。

摩根大通並非唯一被調查的銀行，匯豐銀行、高盛公司、瑞士信貸銀行、德意志銀行和瑞銀都被質疑它們的招聘流程。

華德士公司（Robert Walters）香港和深圳金融服務總監約翰•穆拉利（John Mullally）說：「在金融服務方面，如果你有關係，你就可以利用這些關係來開展業務，這是投資銀行的一部分，特別是在目前困難的商業環境中。中國與世界其他地方的情況並無特別的不同。」

今年早些時候，利比亞主權財富基金聲稱，高盛試圖聘用該基金當時副主管的弟弟為實習生，以圖說服該副主管從該銀行購買金融衍生品，然而，一名倫敦法庭的法官在10月份裁定此舉對利比亞投資局進入該交易的決定沒有產生實質性的影響。

自習近平主席掌權以來，一直著重反腐的中國共產黨並沒有禁止幹部子女在外國銀行工作。北京大學反腐專家莊德水說：「這些孩子本身並不是公務員，在就業方面可以享有充分的自由。但官員們必須在報告中填寫他們的配偶和子女的工作單位並向黨提交相關的個人信息。」

台灣的「英國關係」是通過蘇格蘭皇家銀行、麥格理銀行、澳新銀行、渣打銀行、匯豐銀行和巴克萊銀行建立的。在國民黨和台灣財政部的協助下，所有這些銀行都與2007年至2009年西方金融危機的善後工作有關。

金融世界很小，不是嗎？

在這樣一個小小世界的背景下，我想重申兆豐銀行與帕帕斯及其星散海運的關係。如您所知，2010年4月，A Duckling號船公司只在一家公司註冊了兩艘船，這是帕帕斯和兆豐銀行關係特別好的時候。最終，帕帕斯也受益於TMT的破產，他本來也很樂意協助兆豐銀行達到這一目標。

然後是我之前提到過的「子女項目」招聘計畫。我在這裡詳細說明一下，2016年11月，摩根大通被指控2006年至2013年間有系統地實施賄賂（此案兼備民事和刑事指控），因而不得不支付2.64億美元的罰款達成和解。為了獲得香港地區的業務，該銀行同意雇用一百多名中國政府官員的親友，此舉為該銀行帶來了數百萬美元的收入。這種做法並不局限於香港——我的意思是，蔡友才的兒子在渣打銀行工作，我們也討論過「大姐」的女婿如何在摩根大通輕易捧得金飯碗。他們被稱為「關係小孩」。「關係」可以拼寫為Kuanxi或Guanxi，指的是個體影響力網絡中的基本活力因子，它是中國社會的核心文化理念。有關係的年輕人能獲得更高的工資和更好的工作條件，因為他們背後有人。

在餐廳裡給服務員小費，感謝他們賣力工作以及提供良好服務是一回事，但為了回報而提供賄賂又是另一回事。這樣的例子在歷史上屢見不鮮：洛克希德（Lockheed）、西門

子（Siemens）、凱洛格布朗（Kelloge Brow）、BAE系統、香港前政務司司長許仕仁（Rafael Hui）還有香港富豪郭炳江（Thomas Kwok）。類似例子在世界各地如日本、阿根廷、尼日利亞、孟加拉國等等國家也是俯拾皆是。

正是這種大行其道的高層腐敗協助並促成了國民黨的計畫。它勾結利用銀行業、會計業、法律界、政界和媒體業中的上層精英而不受懲罰，完全無視法律。就國民黨而言，法律形同虛設。他們還利用了一個由數國領導人構成的小型關係網，因為如果沒有與某幾個領導人的祕密合作的話，這種規模的計畫就無法成功。

但是現在，潘朵拉魔盒已經被打開，肮髒的祕密正在四處逃逸。這已經導致了馬金王朝在政治上的垮台。那麼，離它在法律上的垮台還需要多久？離它因其罪行鋃鐺入獄還需要多久？

因為，監獄才是它應該去的地方。

圖22.2：賄賂和腐敗（© Andriy Popov／123RF）

圖22.3：銀行搶劫案

CHAPTER 23 造船欺詐事件

2014年，新聞媒體上刊登了一則消息摘要：「由台灣最大的私人造船廠慶富造船有限公司、美國國防公司洛克希德馬丁公司（Lockheed Martin Corp.）和意大利公司Intermarine SpA組成的財團贏得了為台灣海軍建造六艘獵雷艦的合同。」當時正值國民黨企業洗錢的高峰期。對我來說，除了關鍵數據之外，一個月內出現了太多故意洩密事件，而關鍵數據卻從未被曝光過。關鍵數據應該是：

- 來自慶富造船董事長的評論。
- 新船的付款和交付日期的詳情。
- 銀行和承包廠商的還款保證。
- 政府向造船廠的付款擔保。

我的第一個問題是：「為什麼不讓中國造船（CSBC）承造呢？」畢竟他們才是台灣最大的造船和工業機械集團，其造船能力比慶富強得多。是否存在私人、政府雙重控制的因素呢？通常，承建船廠的資格和融資狀況都會影響國防部長的履約保證——政府擔保的政策是「國艦國造」。

慶富董事長陳慶男先生給前總統馬英九寫的一封信中洩露了其中一個答案。該信敦促前總統馬英九支持「國艦國造」政策，而該政策在他連任八年總統後退休前三個月獲得批准。

還有其他異常——在生產船舶所需的設備有80%是在歐洲或美國準備的情況下，如何能在兩年內完成建造這些船呢？設備尚未交付，甚至採購也無法完全保障。通常情況下，台灣海軍和國防部會知道很多細節，掌握進度和交付時程。這種設備需要台灣銀行的擔保，然後是政府對融資的擔保。所有這些供應鏈管理信息都需要由慶富造船公司陳董事長披露，但我們卻沒有這些信息。

除此之外，海軍的訂船首付款實在不夠。合同簽了三年之後，到了9月17日，實際支付給慶富造船的是什麼呢？慶富的附加值最多為造船成本的20％。據稱，合同中有10％的佣金；無可否認，目的是試圖賺錢支持造船。通常情況下，款項不會在簽訂合同時支付，而會分期付款。

根據造船慣例，分期付款分5期，每期付總額的20%：

1）註冊。

2）訂購設備。

3）鋼切／龍骨鋪設。

4）調試。

5）交付船舶。

我想知道為什麼最多只有40%支付給了慶富造船。這個假新聞背後的真相到底是什麼？此案帳面上總損失為6億美元，每個聯合貸款損失了40%。是的，40%的資金用於支付100%的融資。然而，大部分資金都是用購買設備的，所以慶富造船實際上並沒有虧錢，只要它沒有真正開始全面造船。船舶部件仍然只是「零件」而已，沒有組裝。

然後事實證明我是對的。2017年8月，欺詐事件曝光，台灣最大的私人造船廠慶富造船被債權銀行接管。董事長陳慶男被發現在2014年至2016年期間使用假海軍船舶合同從台灣銀行財團處獲得總額為4.98億美元貸款。據檢察機關稱，該造船廠還成立了多家海外空殼公司進行洗錢活動。該造船廠的幾名高級主管被捕，債權銀行接管了慶富造船的財務管理，以維持業務運營，避免造船廠破產。

這與TMT和蘇信吉又有什麼關係？

好吧，正如我所說，該欺詐事件發生在2014年，我相信這條煙霧新聞是為TMT案以及國民黨在2012年至2015年間將資金從台灣轉到海外帳戶打掩護而炮製的。

一旦回答了以下問題，真相就會浮出檯面：造船合約；向意大利、法國和其他西方軍備供應商的退款保證；採購合同；各項截止日期；交船日期和付款時間表。沒有國防部發言人解釋這一軍備訂單，有的只是關於政府銀行損失的討論。

圖23.1：慶富造船公司

CHAPTER 24
巴拿馬

2016年第四季，台灣與聖多美和普林西比斷交。聖多美和普林西比是一個靠近西非海岸赤道附近的小島國。這是當時所有媒體上的重大新聞，蔡英文政府的外交聲譽因此陷入了深深的困境。中華民國曾保證向該國投資超過2.5億美元，用於包括港口和基礎設施的發展，幾乎相當於該國一年的國內生產毛額。與之相反，自聖多美和普林西比獨立以來，台灣在幫助該國消滅瘧疾以及支持農漁業方面花費的資金卻很少。

然後，突然之間，台灣與巴拿馬這一更重要的外交國也斷交了。蔡英文政府承認巴拿馬只提前了幾個小時通知他們。有沒有可能台灣為巴拿馬運河的融資花費了大量資金，以換取其對開設用於洗錢目的的175個帳戶大開方便之門呢？而對聖多美和普林西比的投資是不是也有可能與巴拿馬類似，真正目的並不是發展該國的基礎設施呢？

正如中國和台灣的外交關係，國民黨與中國的關係如此緊密，台灣財政部很可能受到了國民黨內部人士的巨大影響，企圖隱瞞巴拿馬醜聞的證據，目的是避免被直接起訴——如果那175個帳戶被發現的話。

台灣國會同意將這175個帳戶封存十年，並不對其披露。

民進黨與國民黨（台灣執政黨和反對黨）共同通過了《國家安全保密法》。這引起了公眾的懷疑：此舉是否內有乾坤？而台灣政府沉默了好幾個月——只是做了新聞的善後工作，沒有人持反對意見。看到這裡，你有沒有感受到政府那種無能為力的感覺？

我寫這一章原因何在？就是因為兆豐銀行醜聞始於巴拿馬，也止於巴拿馬。該陰謀針對的是TMT在巴拿馬註冊的船隻，因為國民黨與該國有著密切的聯繫。他們知道TMT過去曾經擁有許多巴拿馬公司——它曾在該國註冊了100多艘船，並聘用了許多巴拿馬律師。蔡友才口中的周美青夫人可以輕易地從那些律師及登記處那裡找到她想知道的一切，比如說關於A Duckling號、A Ladybug號等等。

這一切都要從2010年說起。A Duckling號的合同根本不是船舶貸款合同，而是企業融資合同。在一個名為「資金來源」的特殊條款中明確寫著：合同可以轉讓以及更替。正常的船舶融資合同從來沒有通知借款人資金來源的條款。兆豐銀行計畫使用聯鼎法律事務所充當這個騙局的幌子。這是一個陷阱。最有可能的是兆豐銀行在科隆自由貿易區的分行能夠隨意開設和關閉帳戶。

國民黨財大氣粗、權勢滔天。憑借數十億美元的資金，它可以收買反對黨，阻止他們過於密切關注過去發生的事情。2016年之後，民進黨和國民黨開始沆瀣一氣，這就是為什麼關於紐約州金融署和華盛頓聯準會的洗錢防制案及其罰款的新聞一直被——至今仍被——壓制。這些消息幾乎沒有作為新聞被刊登。整個國家都對此保持沉默。我不確定真正

的原因，但我懷疑這可能是因為他們害怕知道國際銀行業運作的K條例（Regulation K）將被撤銷。只有時間會給出最終答案。

為什麼？

因為國家的控制以及眾多個人和機構都參與了腐敗。

我需要在此小心一點，因為美國對台灣銀行體系的觀察期還剩一年多。將會發生什麼仍然未知，我們需要等待，看看結果會是什麼。所以，我們不必在本書中對此過多地推測，我們只能等待未來的啟示——而這終將到來。

現在，讓我重申一下我在本書中已經寫過的內容。X計畫於2010年初開始醞釀，當時TMT引起了國民黨的注意。從船隊名單上找到相關船隻非常容易。這一計畫把資金從台灣轉移到世界各地，很可能是在香港孖士打和紐約美亞博的協助下構建的。

給台灣銀行在美分行頒發K條例特殊許可證是一大助力，這一讓步可能受到周美青夫人、蔡友才和其他經常訪問美國並在那裡有許多金融界朋友的人的影響。從中央銀行到財政部，整個逃亡計畫都經過了精心的構建。

除了美國以外，巴拿馬是關鍵——國民黨和兆豐銀行在該地擁有極大的權力。兆豐銀行的團隊充分利用了其在巴拿馬（科隆自由貿易區和巴拿馬城）的兩家分行和10家巴拿馬法律事務所，特別是科隆自由貿易區分行給了他們很多自由來計畫和施行陰謀。

該計畫的起點是2010年4月的A Duckling號貸款——TMT就是從那裡開始被瞄上的。對一個法律事務所的小圈子（當

時是小圈子）來說，與一群操縱過2008年金融危機並且知道如何操作交換（SWAP）騙局的華爾街專家合作是非常容易的。關鍵是要確保整個計畫的證據是零散的，誰都不可能揭露全部事實。就在那時，8,400萬美元的C Whale號船二次貸款從最初的兩家銀行（中國信託商業銀行和兆豐銀行）被轉到其他8家銀行。

唯一的紕漏在於巴拿馬登記處——把巴拿馬TMT註冊成為貸方。在巴拿馬的C Whale號註冊契約表示，二次貸款合同中將巴拿馬TMT列為貸方——而他們從未起過貸方的作用。為什麼借款人會在2010年6月將其巴拿馬公司作為貸方呢？

2010年6月21日——巴拿馬TMT成為後繼債權人（Subsequent Creditor）。

2014年8月25日——巴拿馬TMT成為後繼貸方（Subsequent Lender）。

這種設計顯然是為了偽裝在TMT名下的洗錢活動。百密一疏，大錯特錯。即便如此，TMT也花了6年才能找到該文件。

TMT根據第11章申請破產重組是一個意外，可能會破壞該計畫，但陰謀家們採取一致行動，並通過勾結、賄賂和利益衝突來操縱法庭——關於這些我已經在前文概述了過了。

一旦完成了所有工作，惡徒們就失蹤了——律師、政客還有銀行家——他們都隱藏了他們在X計畫中扮演的角色，並希望他們的罪行永遠不會暴露出來。

但我將高舉火炬，把正義之光照進黑暗和骯髒的角落裡。

圖24.1：巴拿馬

CHAPTER 25
星散／國民黨／麥格理的共謀

我們有帕帕斯、紐約修華及柯塞爾法律事務所以及EGS法律事務所（Ellenoff Grosman＆Schole LLP）關係的證據——這些律師在2014年都被伊斯古爾法官解雇了。帕帕斯發給修華及柯塞爾法律事務所的電子郵件證明了如何進行首次公開募股，還有即使公司從事非法活動，小股東都不會大驚小怪的事實。很明顯，安然（Enron）在紐約的「徒弟們」成為了針對TMT進行金融犯罪的核心。這些人就一筆33億美元的TMT造船訂單向現代重工提供建議——他們建議現代重工和現代三湖利用TMT的新船設立一個超過10億美元的騙局。

兆豐銀行知道巴拿馬TMT公司的存在，因此他們利用美亞博將巴拿馬TMT公司作為二級債權人，巴拿馬醜小鴨公司作為英國擔保人（我們向兆豐銀行提供股票）。

這樣，當兆豐銀行在巴拿馬和倫敦創建許多公司帳戶的時候，我們就好像赤身裸體一樣，容易受到傷害。如果這是事實（我相信它確實是事實）的話，那麼它解釋了整個騙局。

這是巴拿馬騙案對峙雙方的陣容：

1）巴拿馬兆豐銀行（中美洲最大）。

2）紐約兆豐銀行。

3）中央銀行（其代表處與紐約兆豐銀行在同一棟辦公樓）。

4）175個兆豐銀行帳戶可能的開設和關閉。

v.s.

1）巴拿馬TMT。

2）巴拿馬醜小鴨公司。

3）巴拿馬A Ladybug號船。

4）巴拿馬A Duckling號船。

5）利比里亞C Whale號船公司。

6）利比里亞D Whale號船公司。

在這裡存在著許多勾結和共謀。巴拿馬TMT公司、巴拿馬醜小鴨公司和利比里亞大象船公司（Great Elephant Corporation Liberia）似乎都在這場對峙中發揮著各自的作用，而兆豐銀行的法律部門與其國際分部也一直有溝通。

從一開始，A Duckling號輪的貸款文件就是可疑的：

1）允許資金的條款極不尋常。

2）很多條款都是關於違約事件的。

3）裡面有許多先決條件。

4）不是正常的船舶貸款，更像是公司貸款。

5）在合同中沒有明確巴拿馬註冊信息和船舶詳情。

6）兩個公司貸款，一個是TMT的，另外一個是巴拿馬醜小鴨公司的。

7）美亞博把巴拿馬TMT公司作為後繼債權人，巴拿馬醜小鴨公司作為英國擔保人——為什麼同時需要兩者？

8）在一份合同中同時使用台灣和英國法律。

C Whale號的貸款是一筆二次貸款。2010年6月，他們趁我不在的時候，一手策劃了這筆與TMT的交易；當時我正在處理墨西哥灣漏油事件——好一個良機！由於是受台灣管轄，所有法律文件都需要在台灣簽署。所以我用快遞把我的簽名送了過去，但兆豐銀行在2010年7月8日和12日把合同掉包了，新合同裡包含了新的修正條款，因為他們知道我在A Whale號上無法檢查合同。

兆豐銀行看似創建了一家英國公司和一家巴拿馬公司，然後巴拿馬公司用這家英國公司作為擔保人去給TMT貸款。

兆豐銀行向摩根大通出售的貸款後來被發現是由該行倫敦辦事處的兩位銀行代表簽署的。北美摩根大通從未參與其中，這表明了這筆錢從未經過紐約。這筆數十億美元的資金以這種方式轉移，完全可以被視為洗錢。

以下是C Whale號船二次貸款的訣竅。

1）與美亞博的信託契約（Deed of trust）內容古怪。

2）有兩套法律文件。

3）修正條款是偽造的。

4）有8家銀行牽涉在內。

5）從保留帳戶支付巴拿馬TMT公司帳戶。

6）轉移保留帳戶——為什麼？

2013年3月13日，在E Whale號輪交易過程中，帕帕斯和兆豐銀行悄悄地進行了一次祕密的會議。你一定會問，為什麼

帕帕斯和兆豐銀行會將這次會議的記錄發送到南非的拍賣流程呢？無論是什麼原因，這都意味著帕帕斯和兆豐銀行長期以來一直在謀劃著什麼。

我發現2016年8月之後查爾斯・凱利從此案中消失最有可能的原因是巴拿馬和利比里亞登記處的雙重托管證書——香港的孖士打律師行可能參與其中，可能還有紐約美亞博。這使我相信孖士打、美亞博、修華及柯塞爾、布雷斯韋爾與朱利安尼、加迪納、溫斯頓等法律事務所都沒有掌握巴拿馬登記處的所有信息或所有相關文件。當然，這是為了把水攪渾，阻止完整的計畫被發現。

所以，我們現在可以看到，這一切都從購買和登記A Duckling號船開始的。對TMT的調查始於巴拿馬，然後是利比里亞和馬紹爾群島，可能是由韓國、巴拿馬和倫敦的兆豐銀行分行實施的。2009年8月，兆豐銀行的張定華和TMT的洪國琳之間進行過溝通對話。張定華要求洪國琳全面披露TMT的公司結構，為的是可以設計和激活X計畫。然後，兆豐銀行於2009年10月15日提出了為八艘Whale號船提供融資的提議。兆豐銀行很可能一咨詢完周美青夫人就意識到他們必須在巴拿馬開設公司實體以配合TMT的結構（他們通過洪國琳已經知道了）。兆豐銀行擁有眾多海外分支機構，很容易瞄準TMT在巴拿馬的旗艦。該計畫最妙的一環是設立一個英國擔保人，以避免資金流經紐約從而被紐約州金融署發現的——雖然該計畫的某一部分失效了，紐約州金融署仍然發現了洗錢的證據，因此才有了洗錢防制違規案。英國擔保人涉及兆豐銀行和摩根大通的倫敦分行——我已經在前文提到了新的貸

款人克里斯・克雷格（Chris Craig）在此案中的角色。

最大的好望角型巴拿馬旗船是A Duckling號輪，它以4,200萬美元從比利時前船東那裡被買下，並與在2007年賣給星散海運的另一艘A Duckling號輪同名。兆豐銀行的法律事務所是香港的孖士打和紐約的美亞博，他們與帕帕斯聘請的修華及柯塞爾法律事務所很可能勾結在一起。TMT的巴拿馬律師是基哈諾法律事務所，並且關於這家法律事務所在巴拿馬的註冊有一個耐人尋味的記錄。此外，一家馬紹爾群島的希臘法律事務所參與了85%的貸款註冊事件，這在前面幾章已經提過了。他們肯定已經注意到了貸款文件的奇怪之處，比如說主要貸款人是金融家，還有從一開始便做聯合貸款的少數船隻。這非常罕見。我需要找到基哈諾和其他巴拿馬法律事務所，包括白羊座法律事務所（Aries Law），摩根摩根法律事務所（Morgan & Morgan PA）和托里霍法律事務所（Torrijos & Associates）之間的電子郵件——因為他們都被牽涉其中，這錯綜複雜的關係將把這本書與我的下一本書聯繫起來。

要說麥格理與國民黨的關係，它們的台北辦事處之間的距離只有50米。兆豐銀行的雪梨分行與麥格理銀行有著長期關係——因此，麥格理投資銀行與國民黨之間的關係自然會非常深厚。麥格理和國民黨之間的金融交易很可能已經存在了很長時間。此外，陽明航運、中國造船、中鋼集團、台灣航業和長榮集團都與兆豐銀行有相似的銀行業務關係。這清楚地顯示了兆豐銀行在結構融資方面是專家，因此2009年10月15日兆豐銀行銀行向TMT提議融資從專業角度來說是很反常的。針對兆豐銀行聘用的眾多航運和公司律師的最新調查

結果表明，台灣金融市場的「專家」都渴望加入這一騙局。

正如我所說，最大問題是善後工作。偽裝如此大量的貨幣交易幾乎是不可能的。他們不得不經過一些國際銀行，如麥格理銀行、摩根大通、德意志銀行、巴克萊銀行、澳新銀行、渣打銀行和紐約梅隆銀行，所有這些銀行都設有台灣分行。追蹤這些資金並看看將來會發生什麼將會很有趣。台灣離岸風力發電的一個最新風機項目表明又一樁新的醜聞已經開始了。麥格理銀行贏了一份為期20年、投資額占總額50%的合同。但是，該交易有一條退出條款：不索賠，無違約和隨意出售。基本上，即使風不吹，台灣人也會付錢。6億美元的貸款再次來自與政府有關的台灣銀行，加上無抵押貸款。這件事情匪夷所思——為了貸款成功，錢必須先流到台灣外，然後再回流到台灣。

「症狀」又回來了——歷史會重演嗎？涉及金融欺詐的時候，這常常會。我們將在第三本書中看到這件事情的進展。

圖25.1：電視上的蘇信吉

CHAPTER 26 結論

X計畫的基本性質現在看起來非常簡單。這就是搶劫。台灣國營銀行和私人銀行搶劫了TMT，以便不留痕跡地將資金匯往海外。他們瞄準了TMT和我。我們失去了一個家族企業，因為我們不是「局內人士」。我們在「系統」之外。他們是如何從這樣的犯罪行為中逍遙法外的呢？必須通過那個在紐約談判、從紐約州金融署獲得K條例的人。那個人是蔡友才與蔡慶年（第一銀行董事長，已經因慶富弊案下台）口中的周美青夫人，還有她的前德意志銀行以及現任摩根大通銀行家女婿蔡沛然嗎？我把這個問題留給讀者。很清楚的是，這一切早在2010年到2011年就計畫好了。在沒有對台灣混亂的銀行業務深入了解的情況下，紐約州金融署一時不察，對台灣在紐約州建立金融機構並開設將商業銀行業務與投資銀行業務相結合的控股公司開了綠燈。

這事難度很大——但還是完成了。

當銀行使用SWAP交易時，他們使用了一個與純商業貸款無關的貸款或合同。它一定跟出售和購買銀行投資部門的合同有關。就好像是低息貸款業務，收益不在於因為低利率導致的低收益，而在於不良資產的買賣。美國證券交易委員會監管著投資銀行活動，而台灣的金融監督管理委員會主要監

管著商業貸款活動。在台灣，對兆豐銀行洗錢調查在前八個月被擱置，直到當局正式宣布該醜聞——因為台灣和紐約之間的SWIFT銀行代碼支付不存在。因此，2016年當選的新政府找不到任何洗錢證據——絲毫數據的痕跡都沒有留下。只有超過兩方的SWAP交易才能在沒有SWIFT代碼的情況下轉移資金。

2016年9月，TMT開始向台灣的金融監督管理委員會發出提醒。TMT向兆豐銀行總部所在的台北警方提供了收集到的一些第一手證據。然而，金融監督管理委員會既沒有回應，也沒有在調查期間接聽電話。直到台灣民視新聞台開始報導TMT案並將其調查結果廣而告之，台灣金融和法律機構才做出反應。但是，這種遲緩的反應令人大跌眼鏡——他們竟然認為這個真實的故事可能嚴重威脅國際銀行界。

對TMT破產案法庭文件的分析證明，該過程極為可疑並且具有欺詐性。很明顯，它涉及了偽造、誤導和瀆職行為。這些律師按其自認為的「聰明」程度每小時收費500至1,200美元，而現在他們正坐在一座活火山口上，它隨時會爆發並暴露出史上最大的金融詐騙之一。一些律師告訴法官他們在美國破產法方面有20多年的經驗，但從未涉及過這類案件。我也沒有。很快我們就發現案件的複雜性遠遠超出了美國破產專業律師的想像。100多名律師閱讀了這些長篇累牘的文件——文件非常多，其中內容大多數普通人在沒有親身參與的情況下無法理解。信息太多就跟沒有信息一樣。台灣銀行在政府高層的庇護下，悄悄地把大量納稅人的錢花在了休士頓、達拉斯、紐約和康涅狄格州的法律事務所上。

祕密計畫通常只涉及一小部分人——他們得小心翼翼地看好手中的牌，無論是跟局內人還是跟局外人打交道，都不能讓他們看到。當涉及的人很多的時候，整個計畫必須分割成數個部分，它仍然只由一小群人控制，而其他人則看不到全貌——你不知道我在做什麼，我也不知道你在做什麼。這需要自上而下的統籌協調和細致的時間安排。TMT的破產重組案就是這樣一個錯綜複雜的計畫。整個計畫就像是一場怪誕低俗的芭蕾舞劇，其中涉及大量金錢，還有在破產法庭上各個律師各施其職的表演。

尋求真相非常困難，到現在仍然非常困難。我已經花了五年作反抗，還有數百萬美元自己的資金，就是為了發掘所有的真相。你可能會說我瘋了，但我認為揭露頂級律師們如何為自己的利益和金錢而不是為了真理和正義而工作具有很重要的意義。在各世界都發生著類似的事情，不僅僅在TMT破產案，還發生在華爾街——雷曼兄弟、蘇格蘭皇家銀行等等。金融巨頭們對金錢欲壑難填：擁有的越多，想要的就越多。代價是犧牲那些首先創造財富的人——那些外出工作、真正創造財富的普通人。這些寄生蟲做的只是為自己牟取暴利。

如果當初TMT沒有申請破產重組會怎麼樣？TMT可能還是會通過其他手段獲救，但是「蘇信吉」這個名字在全世界都會被想要摧毀我的人誹謗為犯罪分子。然而TMT確實申請了破產，這促成了東西方銀行之間的勾結。我們現在置身於銀行業醜聞的新時代，其規模範圍超越了國界，淩駕於法律法規。解決方案有一個——我剛想起我已經提交了以事件驅

動的與服務器進行軟件通信的專利。這個分散的架構設計可以追溯到2001年至2002年的東京。當時我不得不專注於航運業務，並且之後的15年當中沒有就此多想。然而，現在世界終於看到了比特幣和區塊鏈的潛力。利用我的發明，我相信我們可以創造一個更優秀、更誠實的銀行和經濟體系。我多年來的調查使我見識到了全球銀行系統醜陋的真面目，並成為了相關方面的專家——從超前交易（front-running）到洗錢防制——我知道我們可以利用這場數字革命來修補在我看來病入膏肓的系統和制度。

在我的下一本書中，我打算深入挖掘。這個案例將影響台灣的政治和經濟格局，並在一定程度上影響中國的大文化。中國五千年的歷史是建立在王朝和王國的制度之上的。龐大的官僚機構支撐起這個制度，其法律體系和其他機構在數千年內逐漸建立起來。它堅如磐石，雖然中國領導人習近平主席正在改革，然而此情況並不會在一夜之間改變。我最希望的是讀者們能在本書《王朝大逃亡》中對歷史及其系統有一個新的認識。我們正處於一個轉折點——我們需要撕開精英主義的偽裝，明白對大眾來說什麼才是最好的，而不僅僅是少數特權階層。這是保證我們的子孫後代生活會越來越好的唯一途徑。

未來是我們現在必須考慮的問題，就在眼下。作為一名發明家，我在2000年時就想到了自己的未來，今天我已經有十多項與IT相關的專利。我在過去已經想到過它，現在它已經按照我的預測發生了。未來正掌握在現在的我們手中！我希望這本書能鼓勵人們思考未來——它會影響我們所有人的

後代，而不僅僅是那些強大卻貪婪的操縱者的子孫。

結論就是——這本書還沒有明確的結論。

一切都正在進行中。

我的下一本書將締造歷史！

圖26.1：台灣的旗幟

後記

這本關於兆豐銀行醜聞的書可能會在美國的書店上架，但我想它也能引起台灣和其他地方華人的閱讀興趣。真實的故事總是伴隨著巨大的犧牲，儘管這本書只揭示了冰山一角。

邢獻慈曾是一家國際銀行的副經理，於2012年底上任成為兆豐銀行國際銀行的法遵長。她直接參與了TMT的破產重組案和紐約州金融署1.8億美元的洗錢防制案。正常的法遵需要制衡，即無職務或利益衝突。而這個案例是相反的一個例子——誰了解巴拿馬醜聞，誰就是兆豐銀行的法律負責人的最好人選——周美青夫人在2008年前一直是兆豐銀行的法律負責人，這點是蔡友才告訴我的，我也對此深信不疑。

這是台灣近代史上最大的金融醜聞。很多當初被牽涉進此案的人現在都有生命威脅——這些可怕的威脅是前所未有的。這是因為我們追求正義，曝光了違反國際法的行為。我們在Twitter和Facebook上收到政府人員的威脅，還接到了匿名電話。有人希望給在民視新聞台上報導我們案件的新聞播報員好處，讓她停止播報該案件；當此舉失敗時，又轉而威脅她的家人。

向公眾呈現事實真相而不是假新聞，這點非常重要。在選舉下一任總統之前，讀者們必須捫心自問。我們是世界上擁有最先進的民主制度的國家之一，但國民黨王朝竊取了這一民主成果長達數十年，將其法律和金融體系變得面目全非，使其失去了應有的公平和獨立。

美亞博法律事務所、布雷斯韋爾與朱利安尼法律事務所、修華及柯塞爾法律事務所、凱利法律事務所、寶維斯法律事務所等等——所有這些法律事務所和個人都在2008年西方金融危機期間擔任銀行和政府的代表。他們對如何利用那場危機獲取暴利了如指掌。美亞博的查爾斯・凱利（Charles Kelley）失蹤了，而他對這些騙局的來龍去脈了如指掌。來自溫斯頓法律事務所的布萊克先生曾告訴我的一位同事：「TMT破產案中的一些內容很耐人尋味。」通過撰寫本書，我希望讓人們知道此案是如何逐步演變的。

我的下一本書，如果我還活著的話，將會挑戰和質疑所有關於過去百年美國歷史、中國歷史和歐洲歷史的書籍。我要把真相說出來，即使我的生命受到了威脅。任何讀者都可以有自己的結論，即什麼是真的，什麼不是真的——但在法庭上，只有一個真理，一個結論——那就是法官的結論。這是無可辯駁的，無論是對還是錯——而對TMT的破產重組案來說，這是錯的。法律制度就好像是一頭怪物，我的親身經驗證明了這一點。

您可能已經注意到，有幾個關鍵詞始終貫穿著整個騙局，它們在我前一本書《東方金客》中也出現過。現在它們又來了：

首先，要求借款人在提取貸款之前將自己的現金注入保留帳戶。這意味著可以建立一個基金來從其他來源獲得資金，或者該基金可以通過信用創造系統被用作銀行自己的資金。因此，整筆貸款將不會出現在銀行自己的資產負債表上。這是完全可能的，因為政黨高層也參與了。

然後，不給借款人發送保留帳戶的日報表和月報表，因此借款人會以為此筆錢是以質押形式存在的不能動的現金存款。沒有利息，也不需要向審計師或借款人提供財務報表，因此此筆資金可以在借款人帳戶下輕鬆地被當作銀行自己的資金來使用。

在兆豐銀行洗錢防制違規案發生後，兆豐銀行被紐約州金融署處以1.8億美元和2,800萬美元罰款，當時兆豐銀行是TMT集團公司的主要貸方。TMT集團現正處於破產狀態，亟需知道兆豐銀行的不當行為究竟對公司的命運產生了多少負面影響。在申請破產重組的過程中發生了很多離奇古怪、匪夷所思的事情，就好像是一個笑話，又像是一出肥皂劇。然而我會繼續尋求真相，永不退縮。TMT集團咨詢了Great Trust法律事務所，在全面分析了這一醜聞後，向三名兆豐國際商業銀行的現任和前任高層發起了刑事訴訟。這個騙局很可能不但涉及了兆豐銀行和其他主要的台灣銀行，也涉及了外國實體。令我感到失望的是，到目前為止，台灣的金融當局還沒有充分調查此案中潛在的不法行為。我希望提出訴訟可以改變這種情況。作為一個擁有國際化事業的商人和台灣之子，我感到非常羞恥：這一系列可悲的事件抹黑了我最熱愛的國家的形象。醜聞牽涉範圍究竟有多廣仍然是未知之數，很可能已經越過了台灣海岸線。這就是我們需要進行全面而徹底的調查的原因。

這本書解釋了金融系統是如何被少數人利用然後得益的，代價是多數人的利益。我們必須確保這樣的事情不會再次發生！

聲明

本書不僅講述了TMT（前身為1958年成立的小型航運公司台灣海運）的故事，它也是亞洲中國真實歷史的一個縮影。

本書以作者所知道的事實為基礎，政治立場中立，無意支持台灣或者中國大陸任何一個政黨。書中闡述的純粹是作者的觀點，這些觀點基於其個人經驗及在全球範圍內的調查結果，與作者的家族傳承和成長方式有密切關係。

許多問題仍在繼續，其根源在於英國、美國和澳大利亞的金融帝國主義——資金如何轉移到紐約、倫敦和其他多個世界金融中心。

本書的寫作過程對作者來說是一次難忘的奇妙之旅，穿越了不同時空，從台灣到世界各地，從末代皇帝，到蔣介石和夫人宋美齡女士及其後人和黨羽，到國民黨王朝及其如何控制台灣。在此過程中，潘朵拉魔盒被打開了，裡面隱藏著的關於中國近代史、金錢、權力等問題的祕密都被一一呈現，而重點是事態最終會如何發展。

在作者看來，正如大中華地區、印度尼西亞、馬來西亞、泰國和越南的人民在殖民主義和文化傳承方面飽受困擾一樣，台灣人民從過去到現在都一直存在著身分認同危機。

雖然未來成謎、前途未卜，但也許人們在閱讀本書時能得出這樣的一個結論：真相只有被發現了，才會戰勝欺騙。因此，我希望《王朝大逃亡》的讀者能夠從他們的過去中發現真相，並帶著這些真相奔向未來。

Nobu Su

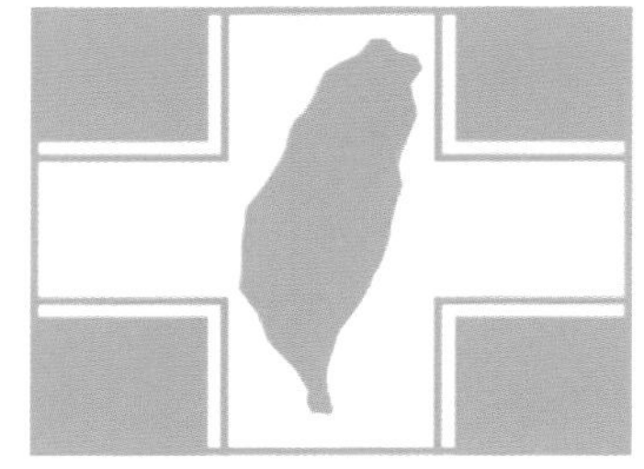

時代力量黨旗（左圖）和民進黨黨旗（右圖）

GLOSSARY I
專業詞彙表一：術語

對大多數讀者來說，本書中出現的很多海事、金融、法律等術語都比較陌生。我在寫作的時候盡量用日常生活中的語言去描述它們，盡可能不影響行文的暢順。希望以下術語表能更專業更準確確地向讀者們解釋這些術語：

Aframax Tanker：阿芙拉極限型油輪。一種能夠通過巴拿馬運河的油輪。

AML（Anti-money laundering）：反洗錢／洗錢防制。2016年8月，紐約州金融署命令台灣兆豐國際商業銀行支付1.8億美元的罰款並聘請一個獨立的洗錢防制監督人。

ANZ（Australia and New Zealand Banking Group）：澳大利亞紐西蘭銀行，簡稱澳新銀行。

Arrest：在本書中指船舶扣押。只要法院訴訟尚未判決，海事法院就有權阻止船舶合法行駛或交易。船舶被相關委員會授權扣押，通常是與索賠相結合，而不是獨立的扣押令。申請人依照司法程序扣押船舶以獲得海事賠償。

BCC（Broadcasting Corporation of China）：中國廣播公司。

BP（British Petroleum）：英國石油公司。

BSA（Bank Secrecy Act）：美國《銀行保密法》。

CDO（Collateralized Debt Obligation）：債務擔保證券，指以債券、貸款或其他資產的組合為抵押而發行的有資產擔

保的證券。CDO可以包含一系列貸款（汽車貸款、信用卡貸款、擔保貸款等）。

CDS（Credit Default Swap）：信用違約交換，又稱信用違約交換、信用違約掉期。債務買方從賣方購買金融合約保險，以抵消可能的違約損失。CDS是不受管制的，任何人都可以購買它們，即使它們不擁有相關貸款。

Central Bank of China：中華民國中央銀行（台灣），而非中國人民銀行。其紐約分行與兆豐國際商業銀行在同一棟辦公大樓裡。

CEO：首席執行官。

CFO：財政長；首席財務官。

Chapter 11：第11章，在本書中指《美國破產法》第11章，該章允許企業根據《美國破產法》進行重組。此法適用於所有企業，無論是公司、合夥企業、獨資企業還是個人，儘管企業實體運用此法最為常見。

China Investment Fund：中國投資基金，指一系列由兆豐國際商業銀行監管的國民黨控股公司。

CMPC（Central Motion Pictures Corporation）：中央電影公司。

CTB（Chiao Tung Bank Co. Ltd.）：交通銀行股份有限公司。

Designee：指定人，在本書中指「指定債務人」。指定債務人在債務人律師的指導下對根據第11章申請的破產程序進行管理，因為債務人律師可能沒有足夠的業務經驗來執行業務或重組要求。

DIP（Debtor-in-possession）：債務人持有資產。當公司申請破產時，公司的管理層和董事會仍然持有該公司。因此，該公司為債務人持有資產。

DIP Lender：DIP貸方。根據第11章申請的破產保護可以為破產公司提供不同的融資選擇。如果債務人公司在申請破產程序期間找到貸款人並能夠繼續進行運營，則該貸款人稱為DIP貸方或DIP貸款人。與非破產貸款不同的是，DIP貸款不會受到法律質疑。DIP貸款通常由內部人士或「假馬」提供，旨在購買公司的資產。DIP貸款利息很高，對於DIP貸方而言利潤非常豐厚。

Dodd-Frank：《多德-弗蘭克法案》，全稱《多德-弗蘭克華爾街改革和消費者保護法案》，是奧巴馬政府在2010年為應對2008年金融危機而通過的美國金融改革法規中占比重很大的一個法案。

DPP（The democratic Progressive Party of Taiwan）：台灣民進黨。

Error paper：錯誤紙張。賣給德意志銀行的7％貸款文件打印在錯誤紙張上。

FCPA（《Foreign Corrupt Practices Act》）：《反海外腐敗法》。

FFA（Forward Freight Agreement）：遠期運費協議。

FRB（Federal Reserve Board）：美國聯邦儲備委員會。

FSC（Financial Supervisory Commission）：台灣金融監督管理委員會。

FTV（Formosa TV）：台灣民視新聞台。

GDP（Gross Domestic Product）：國內生產毛額。

HHI（Hyundai Heavy Industries）：現代重工。

HSBC（The Hongkong and Shanghai Banking Corporation）：匯豐銀行。

ICBC（International Commercial Bank of China）：中國國際商業銀行或兆豐國際商業銀行；SWIFT銀行代碼：ICBCUS33（紐約）；SWIFT銀行代碼：ICBCTWTO011（台北）。

IMF（International Monetary Fund）：國際貨幣基金組織。

JPMC（JPMorgan Chase）：摩根大通。

KMT（Kuomintang）：中國國民黨，是中華民國或台灣的主要政黨。國民黨的前身中國同盟會是推翻清朝和建立中華民國的主要倡導者之一。1911年辛亥革命後不久，中國民國成立，孫中山成為了臨時大總統；同年8月，宋教仁和孫中山創立了國民黨。袁世凱擔任中華民國大總統，而國民黨由蔣介石領導。

KYC（Know your customer）：客戶背景調查，是企業識別和驗證客戶身分的盡職調查過程。該術語還指進行此調查時適用的銀行法規以及洗錢防制法規。公司無論規模大小都會對其潛在代理人、顧問及分銷商進行客戶背景調查以確保符合賄賂防制法遵標準。銀行、保險公司和出口債權人日益要求客戶提供詳細的反腐敗信息以進行盡職調查。

Legislative Yuan：立法院。立法院是中華民國（台灣）一院制的立法機關。它是中華民國（台灣）憲法遵循孫中山的

「五權憲法」和「三民主義」理論設立的五個分支機構（五院）之一。雖然有時被稱為議會，立法院是政府的一個分支機構。

LOC（Letter of credit）：信用證。

Maritime Lien：船舶優先權，又稱海上留置權、優先抵押權，是指特定海事債權人依法享有的、當債務人不履行或不能履行債務時，以船舶為標的的對擔保物優先受償的權利。當債權人沒有收到還款，債權人可以強行將船賣出。

Mediation in Chapter 11：根據第11章破產調解。亦即和解，其目標很簡單：在中立的第三方的幫助下找到爭議的解決方案。在破產中，調解因適用的破產法不同章節而異。根據第11章，破產調解可能會涉及債務人資產的部分清算或全部清算，但重點是準備和確認一個可行的計畫。

MICB（Mega International Commercial Bank）：兆豐國際商業銀行。

MOA（Memorandum of Agreement）：協議備忘錄。

MOF（Ministry of Finance）：財政部。

MOR（Management of risk）：風險管理。

NPP（The New Power Party）：時代力量是台灣於2015年初成立的政黨。該黨於2014年從「太陽花學生運動」中脫穎而出，倡導普遍的人權、公民和政治自由以及台獨。該黨是被稱為「第三力量」的政治現象的一部分，時代力量不屬於傳統的綠營或藍營，而是致力在台灣政壇提供新的政治選擇。

NT$：新台幣。

NYDFS（New York State Department of Financial Services）：紐約州金融署，又稱紐約州金融署，是紐約州政府的一個負責監管金融服務和產品部門，受紐約保險、銀行和金融服務法律約束的金融服務和產品都在其監管之下。

OFAC（Office of Foreign Assets Control）：海外資產控制辦公室。

Panamax：巴拿馬型。巴拿馬型油輪是一種專門設計的適合巴拿馬運河船閘的大型船舶。主要在巴拿馬地區運營，尤其是在巴拿馬運河。油輪尺寸按巴拿馬運河管理局（ACP）規定的尺寸規定設計。對於巴拿馬型油輪來說，尺寸方面非常重要，因為如果在油輪建造時沒有監控其尺寸，那麼船在行駛時會產生很多問題。第一艘巴拿馬型油輪在1914年開始運營。時至今日，它們仍然像九十年前那麼實用又受歡迎。

PDCF（Primary Dealer Credit Facility）：一級交易商信貸工具。

POA（Power of Attorney）：委託授權書。

PRC（People's Republic of China）：中華人民共和國，中國大陸的共產黨政府。

Qing Dynasty：清朝，又稱大清，是中國的最後一個封建王朝，成立於1636年，在1644年到1912年間統治中國。這個多元文化的帝國統治了中國近三個世紀，形成了現代中國的領土基礎，是世界歷史上第四大帝國。

RBS（Royal Bank of Scotland）：蘇格蘭皇家銀行。

Regulation K（K條例）：K條例是華盛頓的美國聯邦儲備委員會頒布的一條監管國際銀行業治理、為從事國際貿易的

銀行控股公司以及國內的外國銀行提供指導的條例。它限制了銀行控股公司和國內外資銀行可以參與的業務和金融交易的種類。

Retention Account：保留帳戶。在破產或清算過程中，面臨非流動性索賠的一方可以保留破產人欠他的非流動性款項，並且債務不一定是由同一合同產生的。

RO-RO／PCTC（Roll-on Roll off／Pure Car Truck Carrier）：汽車滾裝船。

ROC（Republic of China）：中華民國，亦即台灣。

SBSC（Shanghai Commercial & Savings Bank）：上海商業儲蓄銀行。

SEC（U.S. Securities and Exchange Commission）：美國證券交易委員會。

Shell company：空殼公司，又稱空頭公司、紙上公司，是一種由公司名字但無經營業務的公司，用作多種金融活動的工具或保持休眠狀態以備日後使用。

Star Bulk Carriers：星散海運有限公司，是由希臘船東帕帕斯（Petros Pappas）擁有的公司。

Swap：交換合約，又稱掉期合約，是一種雙方交換金融工具的衍生合約——大多數是利率掉期，不在交易所交易，但也有場外交易（OTC）。

SWIFT code：SWIFT銀行代碼是一種標準格式的銀行標識符代碼，也是特定銀行的唯一標識代碼。在銀行之間轉移資金和消息時需要使用SWIFT代碼。SWIFT代碼由8或11位字符組成。通常，8位字符代碼指的是主要辦事處。

Syndication（Loan）：聯合（貸款），又稱銀團（貸款）。聯合貸款是指讓數個不同的貸方參與提供貸款的不同部分。聯合貸款通常發生在借款人需要大量資金的情況下，這些資金可能對於單個貸方提供的金額過高或超出貸方曝險水平的範圍。因此，多個貸方共同合作為借款人提供所需資金。

TMT（Taiwan Maritime Transportation）：台灣海陸運輸公司，簡稱台灣海運，是蘇信吉的航運公司。

UCC（Unsecured Creditors Committee）：無擔保債權人委員會。

UN（United Nations）：聯合國。

VLCC（Very Large Crude Carrier）：超大型油輪。

Vulture Fund：禿鷲基金。是指那些通過收購違約債券，通過惡意訴訟，謀求高額利潤的對沖基金，私募股權基金或不良債務基金。禿鷲基金通常喜歡在二級市場上購買不良公司債務，然後使用多種方法獲得超過購入價格的收益。

GLOSSARY 2
專業詞彙表二：相關人物和公司

參與人物和公司（按字母順序）

以下是在本書中提到過的人物和公司名字，包括個人、銀行、法律事務所、船公司、金融機構等。我希望這個專業詞彙表能對讀者有所幫助。

銀行

ANZ Bank澳新銀行

Bank of America美國銀行

Bank of Kaohsuing高雄銀行

Bank of New York Mellon紐約梅隆銀行

Bank SinoPac兆豐銀行

Barclays Bank巴克萊銀行

BNP Paribas法國巴黎銀行

Cathay United Bank國泰世華銀行

CBT Bank

Central Bank of China中央銀行

Chang Hwa Bank彰化銀行

Chiao Tung Bank交通銀行

China Development Bank中國發展銀行

Chinatrust中國信託商業銀行

Citi Bank花旗銀行

Cortland Capital Services科特蘭資本

Credit Suisse瑞士信貸

Deutsche Bank德意志銀行

Federal Reserve Bank聯邦儲備銀行

First Bank第一銀行

Goldman Sachs高盛

Hua Nan Bank華南銀行

HSBC匯豐銀行

JPMorgan Chase摩根大通

Macquarie Bank麥格理銀行

Mega International Commercial Bank兆豐國際商業銀行

Royal Bank of Scotland（RBS）蘇格蘭皇家銀行

Shanghai Commercial & Savings Bank上海商業儲蓄銀行

Standard Chartered Bank渣打銀行

Ta Chong Bank大眾銀行

Taichung Commercial Bank台中商業銀行

Taishin International Bank台新國際商業銀行

Taiwan Cooperative Bank台灣合作金庫銀行

Taiwan Land Bank台灣土地銀行

UBS瑞銀

United Bank（Taiwan）台灣世華聯合銀行

法務咨詢及法律事務所

AlixPartners艾睿鉑投資咨詢公司

Aries Law白羊座法律事務所

Bracewell & Giuliani LLP布雷斯韋爾與朱利安尼法律事務所

Ding & Ding聯鼎法律事務所

Johnson Stokes & Master孖士打律師行（2008年與Mayer Brown合併，在亞洲稱Mayer Brown JSM）

Kelley Drye LLP凱利法律事務所

Lee & Li LLP理律法律事務所

Mayer Brown LLP美亞博法律事務所

Morgan & MorganPA摩根摩根法律事務所

Norton Ross Fulbright LLP諾頓羅氏

Paul Weiss Rifkind Wharton & Garrison LLP寶維斯法律事務所

Quijano & Associates基哈諾法律事務所

Seward & Kissel LLP修華及柯塞爾法律事務所

Torrijos & Associates托里霍法律事務所

Winston & Strawn LLP溫斯頓法律事務所

人物

Andy Case安迪・凱斯

Alan Donnelly亞倫・當納利

Albert Stein阿爾伯特・斯坦因

Allen Pei-Jan Tsai蔡沛然

Bruce Paulson布魯斯・保爾森

Chan Tin-Hwa張定華

Carl Chien錢國維

Charles Kelley查爾斯・凱利

Chen Shui-bian陳水扁

Chen Su Min陳世明

Chris Craig克里斯・克雷格

Deirdre Brown迪爾格・布朗

Esben Christensen艾斯本・克里斯坦森

Evan Flaschen埃文・弗萊申

George Panagopoulos喬治・帕納戈波斯

Hamish Norton哈姆什・諾頓

Jason Cohen傑森・科恩

Jeffrey Koo Jr.辜仲諒

Judge Jones瓊斯法官

Judge Marvin Isgur伊斯古爾法官

Ken Leung

Kim Pu-tsung金溥聰

Lien Chan連戰

Lin Thon Yong林宗勇

Lisa Donahue麗莎・多諾霍

Madame Chow周美青夫人

Ma Ying-jeou馬英九

McKinney Tsai蔡友才

Michael Zolotas麥克・佐洛塔斯

Mister Shi

Paul Weiss保羅・韋斯

Petros Pappas帕帕斯

Priscilla Hsing邢獻慈

Randy Ray蘭迪・雷伊

Samson Wu伍鮮紳

Charles Schreiber查爾斯・施賴伯

Stephen Clark斯蒂芬・克拉克

基金及金融機構

China Investment Fund中國投資基金

CITIC中信股份

Cortland Capital Market Services科特蘭資本市場服務公司

JPMorgan Chase摩根大通

KGI Group凱基集團

Monarch Capital君上資本

NewLead Holdings新利德控股有限公司

Oaktree Capital Management橡樹資本管理公司

Oaktree Huntington（Cayman）橡樹資本亨廷頓（開曼）

OCM Formosa Strait Holdings橡樹資本台灣海峽控股有限公司

SC Lowy Financial SC洛伊金融投資銀行

SC Lowy Primary Investment SC洛伊首要投資公司

Solus Capital索路斯資本

Sovereign Strategy主權策略咨詢公司

公司

Active Tankers活躍油輪公司

Hyundai Heavy Industries現代重工

Hyundai Mipo Shipyard現代尾浦造船

Hyundai Samho Industries現代三湖工業

Onassis Holdings奧納西斯控股有限公司

ORIX歐力士

Ro-Ro Lines滾裝運輸有限公司

Star Bulk Carriers（SBLK）星散航運

政府部門及政黨

Democratic Progressive Party（DPP）民進黨

Dodd-Frank《多德-弗蘭克法案》

Kuomintang（KMT）國民黨

NYDFS紐約州金融署

SEC證券交易委員會

FSC Taiwan台灣金融監督委員會

誌謝

如果我沒有調查巴拿馬報告以及兆豐銀行被紐約州金融署以洗錢防制違規罰款1.8億美元事件的話，那麼我將永遠不會寫下《王朝大逃亡》這本書。當我第一次到訪三一大街60號的時候，我沒想到太多，以為它只是兆豐銀行的一個小小的分行辦事處。我在這棟有著百年歷史的美麗建築前面站了30分鐘。我很驚訝，在那段時間裡，門從未打開過——沒有訪客，也沒有客戶——雖然門就在那裡，銀行就在那裡。然後我注意到台灣的中央銀行代表處辦公室的入口也在同一棟樓。一棟大樓，兩個招牌，還有兩扇緊閉著的門。這是什麼機構？它是台灣的中央銀行，六、七十年來一直是美元和新台幣的結算所。我突然有種自己是福爾摩斯，又或是他的夥伴華生的感覺，在盯著一個複雜的金融難題——而它好像在嘲笑我，看我敢不敢找到這個長期隱藏的祕密。

我的調查開始了，我覺得我需要向多年來直接或間接地為我提供支持的人表示衷心的感謝。感謝我的父親和祖父給了我責任感和不問前程、堅持到底的決心。感謝來自台灣人民歷年形成的台灣精神。位於南北中國海交會的美麗島嶼——台灣，永不沉沒！

我還要感謝林俊吉先生（Tonic Lin）以及台灣的律師團隊，他們幫助我理解本書中提到過的極其複雜的法律術語和流程，讓我順利完成了本書中對這些術語流程的概述。此外，還要感謝我的作家和編輯將無數複雜的調查文檔以一種

容易閱讀理解的文字呈現出來。

極具諷刺意味的是，在破產法庭上花費的時間和金錢對我寫這本書幫助很大。日復一日地坐在那裡，看著數百萬美元花在一部「戲劇」上——這在某種程度上激發了我的靈感，讓我覺得我應該把這個故事講出來。或許在未來有同樣遭遇的人可能會對這個故事感興趣。我希望這本書對讀者們有意義；他們能夠從中獲益，哪怕是一點微不足道的幫助。只要能幫到讀者，那我寫這本書就是值得的。

芭芭拉・布希（Barbara Bush）女士在我寫誌謝的時候去世了。德州是布希帝國（或者說「布希王朝」）的大本營。休士頓甚至有一個以喬治・布希命名的機場。在旅途中來過多少次休士頓，我都忘了，而這個王朝只是世界各地的許許多多的王朝之一——政治王朝、金融王朝、皇家王朝、犯罪王朝，還有這本書涉及的王朝。我感謝過去、現在和未來的所有王朝——以及他們注定的沒落消亡。

我要感謝35年來的好友丹尼爾・奧利瓦雷斯（Daniel Olivares）及他的夫人愛琳・奧利瓦雷斯（Irene Olivares）。丹尼爾協助我理解西班牙語，特別是巴拿馬和墨西哥使用的語言系統，對我研究和了解巴拿馬的情況幫助很大。來自東京的飛坂有三（Yuzo Tobisaka）先生有著在三菱公司工作38年的寶貴經驗，他幫助我了解日本人的觀點，讓我意識到不能避開日本來談台灣。他的真知灼見使我受益良多。我對此十分感激。

所有根據第11章申請破產保護的記錄都幫助我理解法庭的策略，這齣戲劇還有各部門的共謀。這些記錄文件超過了

30,000份，我的律師斯科特・古徹（Scott Goucher）在2018年春花了2個多月才把它們全部讀完。然後他告訴我，他從事破產法的30年，卻從未見過像這樣的案例。

最後，我要感謝我在台灣的團隊，他們為我收集了很多信息。謝謝你們踏實細緻的工作。

如果沒有一腔孤勇（也許你會認為是莽撞），我是無法寫完這本書的。它也是誠信和追根究底精神的反映。時至今日，事實和真相常常被媒體偽裝和歪曲而鮮被發現。但是，我現在最終完成了這本書。我相信這本書是現代中國史的真實反映。無論是在中國，還是在香港或台灣，華人都會對此感興趣。他們以前應該從未讀過這樣的書。為什麼呢？因為以前從未允許過這樣的書出版。

未來掌握在我們後代的手中。他們必須了解自末代皇帝和女皇倒台以來、過去100年中所發生的事情。只有了解過去，他們才能夠明白將要發生的事情並將之改變。

中國人口占世界人口的20%。這本書或許在某種程度上向世界展現並解釋了中國文化。中國人民仍然生活在王朝體系之下——但其實，你也一樣！

蘇信吉

2018年4月

附錄：證據

Confidential

Date: Oct. 15, 2009 (V2.1)

Senior Debt Term Sheet
Approximately USD 〔532 to 745〕 Million Term Loan Facility
Summary of Terms and Conditions

This indicative term sheet (the "Term Sheet") has been prepared for the purpose of discussing the financing of seven VLOOs between TMT Group and Mega International Commercial Bank, which does not constitute any obligation of Mega International Commercial Bank to provide the financing accordingly, and is valid till Nov. 12, 2009 and subject to documentation reasonably satisfactory to the parties.

Facility Purpose	:	To finance part of acquisition cost of seven VLOOs(Very large ore oilers) (the "Vessels" or "Vessel"), all 319,000 TDW, for delivery from February 2010 to February 2011 to be built by Hyundai Heavy Industries Co., Ltd.("HHI") in Korea. The total contract price is USD 1,064.384 million.
Sponsors	:	Taiwan Maritime Transportation Co., Ltd., Great Elephant Corporation and their subsidiaries and affiliates (collectively the "Sponsors").
Borrowers / Lessor	:	Tranche I – N Elephant Corporation. 1 Tranche II – Q Elephant Corporation. 2 Tranche III – R Elephant Corporation. 3 Tranche IV – S Elephant Corporation. 4 Tranche V – T Elephant Corporation. 5 Tranche VI – U Elephant Corporation. 6 Tranche VII – V Elephant Corporation. 7 All Borrowers are special purpose vehicles incorporated in The Republic of Liberia and 100% directly or indirectly owned by the Sponsors or their major shareholders.
Lessee / Charters	:	UDH, companies under TMT group.
Final Time Charters	:	〔Wisco America Company Limited, Hunan Valin Xiang Tan Iron And Stell Co., Ltd., Corus group, Arcelor-Mittal group, BHP Billiton Marketing AG and Great Elephant Corporation or its affiliates〕.(the "Charters")
Facility	:	Secured Term Loan Facility : Up to USD 〔532 to 745 or TBD〕 million in total of seven Tranches and in any event not more than the sum of 〔50% to 70%〕 the market value of each Vessel.

附錄1：優先債條款清單

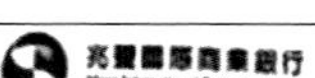

Confidential

		the vessel at least until the scheduled maturity of the Facility.
Representations and Warranties	:	Representations and Warranties given by the Borrowers (subject to customary exceptions, cure periods and materiality thresholds as applicable) reasonable and customary for a facility of this type including with respect to incorporation and authority of the Borrowers, binding agreement, ownership of assets, due authority, litigation, ranking of credit, no material adverse changes, accuracy of information, no default, solvency, tax, and other regulatory compliance, no encumbrances, capacity, material contracts, no indebtedness, government approvals and the like
Covenants	:	a. Usual covenants in a transaction of this type including material adverse change conditions as per Retention below; b. All shareholders' or inter-company loans in respect of or relating to purchase of each Vessel to be fully subordinated in terms of payment and enforcement; c. The loan outstandings shall not exceed 70% of aggregate amount of market value of the Vessels and other security acceptable to the lenders at any time during life of the Loan. Collateral coverage shall be reviewed annually when majority lenders require. Market value of the Vessels shall be determined in accordance with valuation by an independent broker or valuer acceptable to the Lenders. d. No further mortgage to be granted on the mortgaged Vessels securing the Facility; e. Each Time Charterparty will be kept in effect throughout the life of the Facility; f. No change in control or ownership of the Borrowers without the Lenders' prior approval.
Flag	:	Each Vessel will be registered in the ownership of each Borrower under the laws and flag of a jurisdiction acceptable to the lenders.
Events of Default	:	The Loan Agreement will contain the usual events of default including but not limited to; a. Failure to pay principal, interest and fees when due. b. Failure to comply with covenants and undertakings. c. Cross-default provisions relating to companies owned by Guarantors, unless the same in the opinion of the Lenders does not affect the ability of the Borrowers to perform their obligations with respect to the Facility.
Retention	:	The Borrowers shall ensure that monthly payments be made to a designated account with the Agent in an amount equal to 1/3

- 4 -

附錄2：Mega International Commercial Bank合約

SC LOWY FINANCIAL (HK) LIMITED	OCM FORMOSA STRAIT HOLDINGS LTD.
	By: Oaktree Capital Management, L.P. Its: Director
By: __________ Name: Soo Cheon Lee Title: Authorized Signatory	By: __________ Name: GEORGE LEIVA Title: Authorized Signatory
By: __________ Name: Steve Lyons Title: Authorized Signatory	By: __________ Name: WILLIAM MELANSON Title: Authorized Signatory

This Transfer Certificate is executed by the Agent and the Transfer Date is confirmed as 29 July, 2014.

Mega International Commercial Bank Co., Ltd. for itself and on behalf of each other Finance

附錄3：簽名證據

NOTICE OF TRANSFER

From：Mega International Commercial Bank Co., Ltd. (as Agent)

To：C Whale Corporation
Great Elephant Corporation
Taiwan Maritime Transportation Co., Ltd.
Hsin Chi Su

Dated：**December 23, 2013**

US$84,000,000 Facility Agreement
dated June 21, 2010 (the "Facility Agreement")

Dear Sirs：

Pursuant to Clause 24 *(Changes to the Parties)* of the Facility Agreement, we hereby inform you that a Lender has transferred all of its participation in the Loan together with related rights and obligations to a new lender (the "New Lender"). A copy of the Transfer Certificate executed by such Lender, the New Lender and the Agent is as attached.

Terms defined in the Facility Agreement shall have the same meaning herein.

Your sincerely,
For and on behalf of
MEGA INTERNATIONAL COMMERCIAL BANK CO., LTD.
(as Agent)

Name: Priscilla Hsing
Title: VP & DGM

附錄4：C Whale號輪的轉讓證（Deed of Transfer）

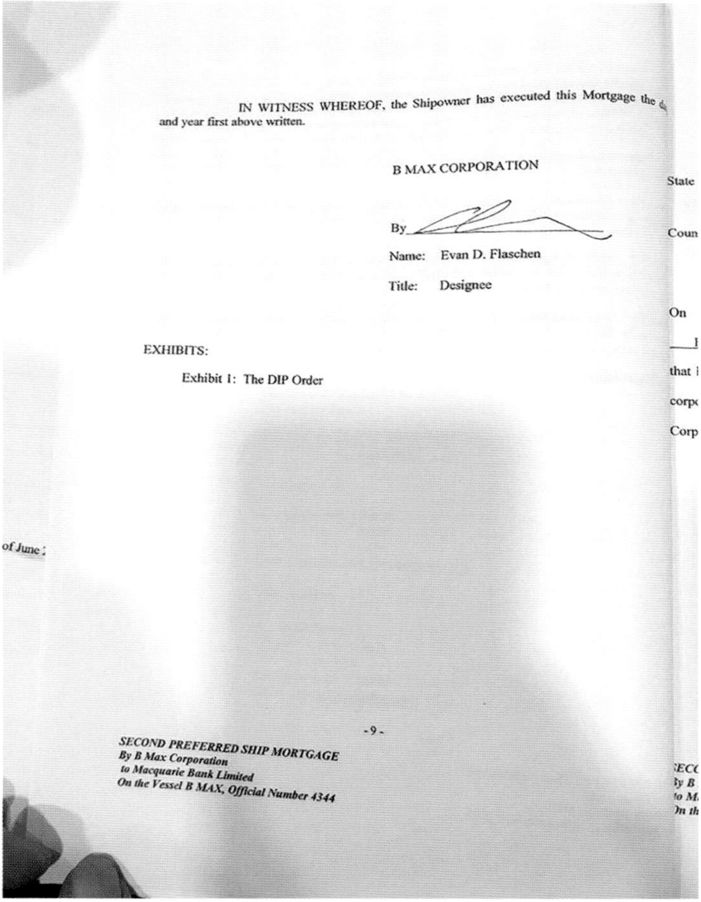

IN WITNESS WHEREOF, the Shipowner has executed this Mortgage the d
and year first above written.

B MAX CORPORATION

By

Name: Evan D. Flaschen

Title: Designee

EXHIBITS:

Exhibit 1: The DIP Order

of June

-9-

SECOND PREFERRED SHIP MORTGAGE
By B Max Corporation
to Macquarie Bank Limited
On the Vessel B MAX, Official Number 4344

State

Coun

On

that

corp

Corp

SEC
By B
to M
On th

附錄5：B Max號輪貸款合同附件——DIP法令（DIP order）

PROVIDED ONLY, and the condition of these presents is such that if the Shipowner, its successors or assigns, or any other party liable therefor, shall pay or cause to be paid the Indebtedness Hereby Secured as and when the same shall become due and payable in accordance with the terms of the DIP Order, and shall perform, observe and comply with the covenants, terms and conditions in the DIP Order and in this Mortgage contained, expressed or implied, to be performed, observed or complied with by and on the part of the Shipowner, then these presents and the rights hereunder shall cease, determine and be void; otherwise to be and remain in full force and effect.

IT IS HEREBY COVENANTED, DECLARED AND AGREED that the Vessel is to be held subject to the further covenants, conditions, provisions, terms and uses hereinafter set forth:

ARTICLE 1
COVENANTS OF THE SHIPOWNER

The Shipowner represents to, and covenants and agrees with, the Mortgagee as follows:

Section 1.1 Performance of Obligations. The Shipowner will fulfill its obligations under the DIP Order and such other orders of the Bankruptcy Court as are relevant to this Mortgage.

Section 1.2 Vessel Documentation. The Shipowner was duly organized and is now validly existing as a Marshall Islands corporation. The Vessel is duly and validly registered in the name of the Shipowner under the laws and flag of the Republic of the Marshall Islands and shall so remain during the life of this Mortgage.

Section 1.3 Valid Mortgage. The Shipowner has duly authorized the making, execution, and recordation of this Mortgage as a preferred ship mortgage under the laws of the Republic of the Marshall Islands.

Section 1.4 Due Recordation. The Shipowner will cause and/or permit this Mortgage to be duly recorded in accordance with the provisions of the Marshall Islands Maritime Act, and will otherwise comply with and satisfy all of the provisions of the Marshall Islands Maritime Act to establish and maintain this Mortgage as a second preferred mortgage lien upon the Vessel and upon all renewals, replacements and improvements made in or to the same.

Section 1.5 Arrest of Vessel. If a lien, libel or complaint is filed against the Vessel, or if the Vessel is attached or arrested, the Shipowner will promptly notify the Mortgagee in writing of such event.

- 4 -

SECOND PREFERRED SHIP MORTGAGE
By B Max Corporation
to Macquarie Bank Limited
On the Vessel B MAX, Official Number 4344

附錄6：B Max號輪貸款合同附件——第一條（Article 1）

Section 1.6 Access to Vessel. The Shipowner, during normal business hours upon reasonab[le] notice and at reasonable intervals, will afford the Mortgagee or its authorized representatives fu[ll] and complete access to the Vessel, where located, for the purpose of inspecting the same and i[ts] cargoes and papers and, at the written request of the Mortgagee, will deliver for inspectio[n] copies of any and all vessel documentation for the Vessel.

Section 1.7 Location of Vessel. The Vessel shall not be abandoned in any port or plac[e] except as may be permitted in writing by the Mortgagee.

Section 1.8 Notice of Mortgage. The Shipowner will carry or cause to be carried on boar[d] the Vessel with its documents a properly certified copy of this Mortgage and will cause suc[h] certified copy and the documents of the Vessel to be exhibited to any and all persons havin[g] business with the Vessel which might give rise to a maritime lien thereon, other than liens fo[r] current crew's wages, salvage and for insurance premiums not in arrears, and to an[y] representative of the Mortgagee; and will place and keep prominently displayed in the char[t] room and in the Master's cabin of the Vessel a framed and printed notice in plain type of such size that the paragraph of the reading matter shall cover a space not less than six (6) inches wide by nine (9) inches high, and reading as follows:

> NOTICE OF SECOND PREFERRED SHIP MORTGAGE
>
> This Vessel is subject to a Second Preferred Mortgage in favor of Macquarie Bank Limited as Mortgagee, under authority of Chapter 3 of the Maritime Act 1990 of the Republic of the Marshall Islands. Under the terms of such Second Preferred Mortgage, neither the Shipowner, any charterer, the Master of this Vessel nor any other person shall have the right, power or authority to create, incur or permit to be placed or imposed upon this Vessel any lien whatsoever other than the lien of said Second Preferred Mortgage, a pre-existing First Preferred Ship Mortgage, and liens for crew's wages (including wages of the Master), liens for wages of stevedores employed directly by the Shipowner or the operator, Master, ship's husband or agent of this Vessel, general average and salvage (including contract salvage)."

ARTICLE 2
EVENTS OF DEFAULT AND REMEDIES

Section 2.1 Event of Default. Each of the following events are herein termed an "*Event of Default*":

(a) Any representation or warranty by the Shipowner made or deemed made in this Mortgage shall prove to have been incorrect or misleading in any material respect when made; or

- 5 -

SECOND PREFERRED SHIP MORTGAGE
By B Max Corporation
to Macquarie Bank Limited
On the Vessel B MAX, Official Number 4344

附錄7：B Max號輪貸款合同附件——第二條（Article 2）

(b) Any default under the DIP Order or the DIP Facility shall have occurred and be continuing unless such default is waived in writing by the Mortgagee;

(c) Any Termination of the DIP Facility; or

(d) Any arrest of the Vessel.

Section 2.2 Consequences of Default. If any Event of Default as specified herein shall have occurred and be continuing, then and in each and every such case the Mortgagee shall have the right to:

(a) Exercise all of the rights and remedies in foreclosure and otherwise given to mortgagees by the Marshall Islands Maritime Act;

(b) Exercise any other rights granted pursuant to the DIP Order or otherwise granted by the Bankruptcy Court; and

(c) Act as attorney-in-fact of the Shipowner with irrevocable power to take such action as may be permitted and reasonably necessary with regard to the exercise of the foregoing rights of the Mortgagee.

Section 2.3 Possession of Vessel. So long as no Event of Default has occurred and is continuing, the Shipowner shall be suffered and permitted to retain actual possession and use of the Vessel.

ARTICLE 3
SUNDRY PROVISIONS

Section 3.1 Amount of Mortgage. For purposes of filing and recording this Mortgage as required by the provisions of the Marshall Islands Maritime Act, the total amount of this Mortgage is twenty million two hundred thousand Dollars, United States currency (US$20,200,000).

Section 3.2 Successors and Assigns. All of the covenants, promises, stipulations and agreements of the Shipowner in this Mortgage contained shall bind the Shipowner and its successors and assigns and shall inure to the benefit of the Mortgagee and its successors and assigns and all persons claiming by, through or under it. The Shipowner recognizes that the Mortgagee may, consistent with applicable law, assign or otherwise transfer its rights under this Mortgage.

-6-

SECOND PREFERRED SHIP MORTGAGE
By B Max Corporation
to Macquarie Bank Limited
On the Vessel B MAX, Official Number 4344

附錄8：B Max號輪貸款合同附件——第三條（Article 3）

: day

ACKNOWLEDGMENT

State of Connecticut)
) ss: Hartford
County of Hartford)

On the 14th day of March, 2014, before me personally came Evan D. Flaschen, to me known, who being by me duly sworn, did depose and say that he is a Designee of B Max Corporation, a Republic of the Marshall Islands corporation; that he executed the foregoing Second Preferred Mortgage in the name of B Max Corporation; and that he signed his name thereto by authority of his position with said company.

Elizabeth L. Tyler

Elizabeth L. Tyler
Notary Public-Connecticut
My Commission Expires
August 31, 2018

- 10 -

SECOND PREFERRED SHIP MORTGAGE
By B Max Corporation
to Macquarie Bank Limited
On the Vessel B MAX, Official Number 4344

附錄9：B Max號輪貸款合同附件——聲明（Acknowledgement）

SECOND PREFERRED SHIP MORTGAGE

Given By

C HANDY CORPORATION
Shipowner

To

MACQUARIE BANK LIMITED
Mortgagee

WITNESSETH; THIS SECOND PREFERRED SHIP MORTGAGE, dated as of this 20th day of June, 2013 (this "*Mortgage*"), by C Handy Corporation, a Marshall Islands corporation (the "*Shipowner*"), with an office in care of Care of TMT Co Ltd., 16th Floor, 200, Keelung Road, Section 1, Xinyi District, Taipei City, China, Republic of (Taiwan), to Macquarie Bank Limited (the "*Mortgagee*"), a bank and financial institution duly incorporated under the laws of Australia, having its registered office at 1 Martin Place, Sydney NSW 2000, Australia.

WHEREAS:

1. The Shipowner is the sole owner of the whole of the vessel named C HANDY (hereinafter called the "*Vessel*"), Official Number 4231, which Vessel is documented in the name of the Shipowner under the laws of the Republic of the Marshall Islands, of 22,683 gross tons or thereabouts; which Vessel is subject to that certain First Preferred Ship Mortgage dated September 16, 2011, granted by the Shipowner to The Shanghai Commercial & Savings Bank, Ltd. in the total amount of US$18,500,000, recorded on September 16, 2011 at 10:16 a.m. K.S.T. at Seoul, Korea (September 15, 2011 at 09:16 p.m. E.D.S.T. in the Central Office of the Maritime Administrator) in Book PM 22 at Page 395; as amended by that certain First Amendment to the First Preferred Mortgage dated May 11, 2012, recorded on May 17, 2012 at 11:51 a.m. H.K.T. (May 16, 2012 at 11:51 p.m. E.D.S.T. in the Central Office of the Maritime Administrator) in Book PM 23 at Page 470; as assigned by that certain Assignment of First Preferred Ship Mortgage dated December 9, 2013 to Deutsche Bank AG, London Branch except for the amount of U.S. $1.00, recorded on December 11, 2013 at 05:59 p.m. H.K.T. at Hong Kong (December 11, 2013 at 04:49 a.m. E.S.T. in the Central Office of the Maritime Administrator) in Book PM 24 at Page 1223; and as further assigned by that certain Assignment No. 2 of First Preferred Mortgage dated Dec. 12, 2013 to CVI CVF II Lux Master Sarl and its successors 85.65% of the right, title and interest of Deutsche Bank AG, London Branch, recorded on December 19, 2013 at 05:05 p.m. H.K.T. at Hong Kong (December 19, 2013 at 04:05 a.m. E.S.T. in the Central Office of the Maritime Administrator) in Book PM 24 at Page 1255.

附錄10：嘉沃（CarVal）僅擁有C Handy號輪的85%

From: Russell Gardner <Russell.Gardner@hilldickinson.com>
Date: Wed, 25 Jun 2014 08:57:17 +0000
To: tony@gamingventures.co<tony@gamingventures.co>; nobu@blueskyfing.com<nobu@blueskyfing.com>
Cc: Albert Luoh<albert.luoh@tmtship.com>; Rebecca Maddison<Rebecca.Maddison@hilldickinson.com>; Edwin Cheyney<Edwin.Cheyney@hilldickinson.com>
Subject: Lakatamia v Nobu Su et al [HD-UKLIVE.FID452107]

I refer to your emails last evening and, for ease of communication, I would be grateful if you could correspond with me – as partner in charge – henceforth with Rebecca copied in. I have the following comments:

1.

Vidal Martinez
collusion?

2. but I am afraid that we are not going to respond to threats. The allegations of "conspiracy" against Lakatamia in the Texas proceedings are in any event completely groundless. All that has happened is that we intervened in those proceedings to ensure that the court (and Vantage Drilling) were aware of the freezing orders which we had obtained so that our client's position was, so far as possible, protected. I suggest that you devote your efforts to achieving that instead of making unwarranted threats.

3. Tony's status is noted but it is inappropriate for us to communicate on substantive matters concerning the litigation with a solicitor who is not prepared to be on the Court record – and the Court would not expect us to. There is accordingly every basis for our position but, speaking wp, we would be interested to know what help it is anticipated Tony can give, in particular in relation to the matters set out in Rebecca's email dated 23rd June. If, as appears, our application to amend is going to be opposed, we will endeavour to arrange a convenient date in July but that cannot be guaranteed. That depends on our Counsel's and the Court's availability.

附錄11：維達爾・馬丁內斯／萬泰附件

EXHIBIT "D"
in the united states bankruptcy court
for the SOUTHERN district of TEXAS
HOUSTON division

In Re:	§	Chapter 11
TMT PROCUREMENT CORPORATION,	§	Case No. 13-33763
et al.,	§	
Debtors.	§	Jointly Administered

TO ALL CREDITORS AND INTERESTED PARTIES:

Mr. Su encourages all creditors to vote in favor of the Plan. In addition, to the Debtors' Disclosure Statement, Mr. Su encourages creditors and interested parties to review the pleadings and other disclosure statements that have been filed in the case – all of which are available at http://dm.epiq11.com/#/case/TMT/info, as well as review the pleadings and briefs in the related cases pending before the United States District Court for the Southern District of Texas.

Mr. Su believes that this Chapter 11 was unique. Most Chapter 11 ships were not allowed to generate revenue so MOR became simple expenditure. The jointly administered Debtors had assets with a combined assets exceeding $1.2 billion, including some of the newer, most valuable and innovative vessels in the world. Mr. Su contends those vessels sold for a fraction of their value less than outstanding secured debts. In many instances, the sales were to the lenders and/or their affiliates by credit bid over the objection of Mr. Su.

Since the filing of the Bankruptcy, Mr. Su continues to learn more and more about the issues which may have been related and/or contributed to the Debtors' perceived need to file Bankruptcy and/or which may have impacted the success of the Bankruptcy. In particular, recent news reports regarding investigations of some of the Debtors' lenders have raised significant concern.

According to one Consent Order entered into by Mega International Commercial Bank ("Mega Bank") with NYDFS where Mega Bank was subject to a huge fine, NYDFS' investigation of Mega International Commercial Bank occurred between 2012 and later. The Debtors issues with lenders spanned the same timeframe.

Given the recent news, Mr. Su has a heightened concern regarding meetings certain Taiwanese lenders reportedly had in the period before the Bankruptcy was filed, as well as meetings he had with such lenders. For example, in or around April 2013, Mega Bank requested that the Debtors pay $20 million and, if paid, Mega Bank reportedly would work to restructure the TMT related companies.

By further example, Mr. Su is concerned regarding a loan between Mega Bank and TMT Procurement which was an unsecured loan. After the NYDFS was already apparently auditing Mega Bank, Mega Bank demanded a security interest in the Panamanian flag M/V A Ladybug which was owned by A Ladybug Corporation in Panama, a different debtor, less than a year prior to the Bankruptcy filing. Mr. Su is concerned that this loan, improper demand for security and the actions of Mega Bank could be related to criminal cases filed in Taiwan regarding McKinney Tsai and Mega Bank.

News reports represent that McKinney Tsai was indicted on charges of breach of trust, forgery, insider trading and other crimes.[1] These reports further triggered Mr. Su's concerns because he had analyzed the lenders' signatures on loan documents and proof of claims and found significant discrepancies. Su Parties have also requested lenders voluntarily provide certified copies of loan documents attesting to the authenticity to no avail.

1 See, http://www.taipeitimes.com/News/front/archives/2016/12/03/2003660471 and http://focustaiwan.tw/news/aeco/201704200019.aspx

Mr. Su encourages the Plan Administrators to review and investigate issues related to the Debtors and all lenders, but especially with respect to Mega International Commercial Bank, First Commercial Bank, Chinatrust Commercial Bank Co., Ltd. a/k/a CTBC Bank, Shanghai Commercial & Savings Bank, Ltd., Cathay United Bank, Ltd., and Bank Sinopac, including but not limited to the sale of the debt by such lenders to SC Lowry, JP Morgan Chase Bank N.A., Macquarie Bank, Deutche Bank, Barclays Bank and Cortland Capital Services to the extent such debt was transferred to these parties as intermediaries for other lenders such as OCM Formosa Straight Holdings, Pacific Orca and Oaktree Capital or others as such transfers may have been contrary to Taiwanese financial public information and regulations.

In summary, Mr. Su is concerned that the Debtors' accounts and/or assets related to the loan facilities were improperly handled, including but not limited to: accounting irregularities; improper calculations; potentially improper use of intermediary Lenders when selling debt owed by the Debtors; ship flag mortgage registries: signatures on loan related documents and proof of claims which appear to be inconsistent; potentially improper default notices under English and/or Taiwanese law; etc. Further, on information and belief, entities with names similar to the Debtors or the Debtors' vessels were incorporated in foreign jurisdictions which Mr. Su believes appears odd and may be related to the Debtors' accounts or assets.

Mr. Su believed that authorizing the filing of Chapter 11 would provide an opportunity for the Debtors to restructure the business and continue operating. In the end, the ships were sold. Mr. Su opposed the sale of the vessels because he believed they had substantial value and a life of at least 25 years which in a long-term plan could have provided value to creditors. For evidences, 16 vessels had earned over USD300mill

EBITDA after ship sold until today. Others disagreed with him and the ships were sold. Contrarily, all banks started to auction Mr. Su personal assets and TMT Co, Ltd. assets without having proper audited deficiencies.

While Mr. Su is agreeing to release the Debtors as part of the settlement reached at mediation with the Debtors and UCC, such settlement in no way waives, prejudices or has any precedential effect on Mr. Su's patent claims against other parties. Mr. Su is preserving any and all rights, claims, interests and defenses he has related to all patent claims he may have against the vessels formerly owned by the Debtors, current owners, Debtors' lenders and/or other third parties. Mr. Su currently owns 3 granted patents related to estates ships as two of them were patent pending in 2014.

APPROVED BY:

HSIN CHI SU DATE

附錄12：D附件

PROOF OF CLAIM

COURT USE ONLY

Filed: USBC - Southern District of Texas - Houston Division
TMT Procurement Corporation, Et Al.
13-33763 (MI)　　0000000228

UNITED STATES BANKRUPTCY COURT FOR THE SOUTHERN DISTRICT OF TEXAS
TMT Procurement Corporation Claims Processing Center
c/o Epiq Bankruptcy Solutions, LLC
FDR Station, P.O. Box 5013
New York, NY 10150-5013

Name of Debtor: A Duckling Corporation

Case Number: 13-33748

Name and address where notices should be sent:

TMT Co., Ltd.

16 floor, No.200, Sec.1, Keelung Rd., Xinyi Dist., Taipei City 110, Taiwan

Telephone number:　　Email:

Name and address where payment should be sent (if different from above):

Telephone number:　　Email:

FILED / RECEIVED

NOV 13 2013

EPIQ BANKRUPTCY SOLUTIONS, LLC

1. Amount of Claim as of Date Case Filed: $65,327.07

2. Basis for Claim: Related Party Payable

3. Last four digits of any number by which creditor identifies debtor:

4. Secured Claim (See instruction #4)

5. Amount of Claim Entitled to Priority under 11 U.S.C. § 507 (a).

Amount entitled to priority: $

DO NOT SEND ORIGINAL DOCUMENTS. ATTACHED DOCUMENTS MAY BE DESTROYED AFTER SCANNING.

8. Signature:

Print Name: Greene Hung　　Kuo-Lin Hung (Signature)

Title:

Company:

Penalty for presenting fraudulent claim: Fine of up to $500,000 or imprisonment for up to 5 years, or both. 18 U.S.C. §§ 152 and 3571.

附錄13：A Duckling號輪附件

				Dollar: USD
		Anping Land	Hualilen house	Dunhua house
1	TaiChung Bank	$20,583,261		
2	Bank of America	8,836,538		$1,174,904
3	MRMBS II LLC			331,818
4	Wilmington Trust		$187,945	2,045,098
5	Shanghai Bank		1,853	625,720
6	Cathay Bank			1,575,391
7	Operation expense	4,643,164	35,869	117,440
	Auction Total	$34,062,963	$225,667	$5,870,370

No.	Subject	Date	Amounts of Transaction in USD	Counterparty	Loss or profit of transaction in USD
1	Bad debts and accounts receivable	December 13, 2013	10,825,000	SC Lowy Primary Investments, Ltd.	Loss approximately 6,654,012
2	Bad debts	December 18, 2013	36,400,000	Macquarie Bank Limited	Loss approximately 4,030,000

通匯銀行

幣別	通匯銀行	SWIFT CODE
日幣 (JPY)	Bank of Japan, H.O., Tokyo (日本銀行) The Bank of Tokyo-Mitsubishi UFJ, Ltd. Shinn-marunouchi Br. (三菱東京UFJ銀行新丸之內支店)	BOJPJPJT BOTKJPJT
美金 (USD)	Mega ICBC, New York (兆豐國際商業銀行紐約分行) Mega ICBC, HOTRD (兆豐國際商業銀行財務部)	ICBCUS33 ICBCTWTP011
歐元 (EUR)	Mega ICBC, Amsterdam (兆豐國際商業銀行阿姆斯特丹分行)	ICBCNL2A
人民幣 (CNY)	Mega ICBC, HongKong (兆豐國際商業銀行香港分行)	ICBCHKHH

東京分行服務專線

- 〒100-0005
  東京都千代田丸之內2-2-1岸本大樓7樓
  總機：03-3211-6688
  傳真：03-3216-5686
  SWIFT CODE：ICBCJPJT
  E-mail：tokyo@megabank.com.tw
- 存款：03-3211-1227
  放款：03-3211-2587
  外匯：03-3211-1240

どうぞ、お気軽に下記までご相談ください。

- 〒100-0005
  東京都千代田区丸の内2-2-1　岸本ビル7F
  TEL：03-3211-6688（代）
  FAX：03-3216-5686
  SWIFT CODE：ICBCJPJT
  E-mail：tokyo@megabank.com.tw
- 預金：03-3211-1227
  貸付：03-3211-2587
  外為：03-3211-1240

- 自2012年10月1日開始由台灣地區直接撥打東京分行免付費電話號碼：02-2181-1261

附錄14：其他證據

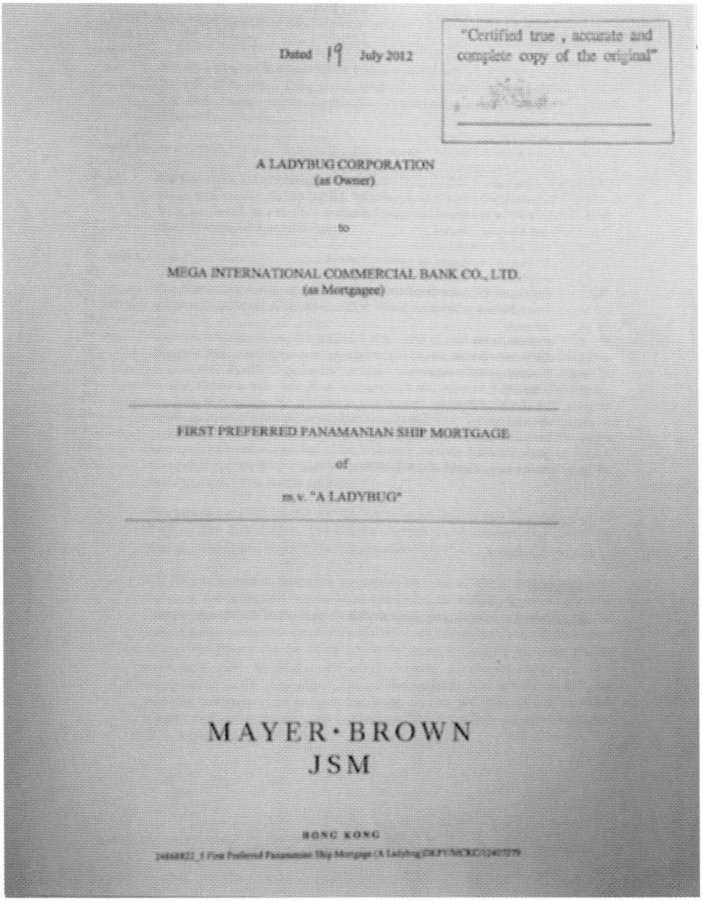

Dated 19 July 2012

"Certified true , accurate and complete copy of the original"

A LADYBUG CORPORATION
(as Owner)

to

MEGA INTERNATIONAL COMMERCIAL BANK CO., LTD.
(as Mortgagee)

FIRST PREFERRED PANAMANIAN SHIP MORTGAGE

of

m.v. "A LADYBUG"

MAYER·BROWN
JSM

HONG KONG

附錄15：A Ladybug號輪附件

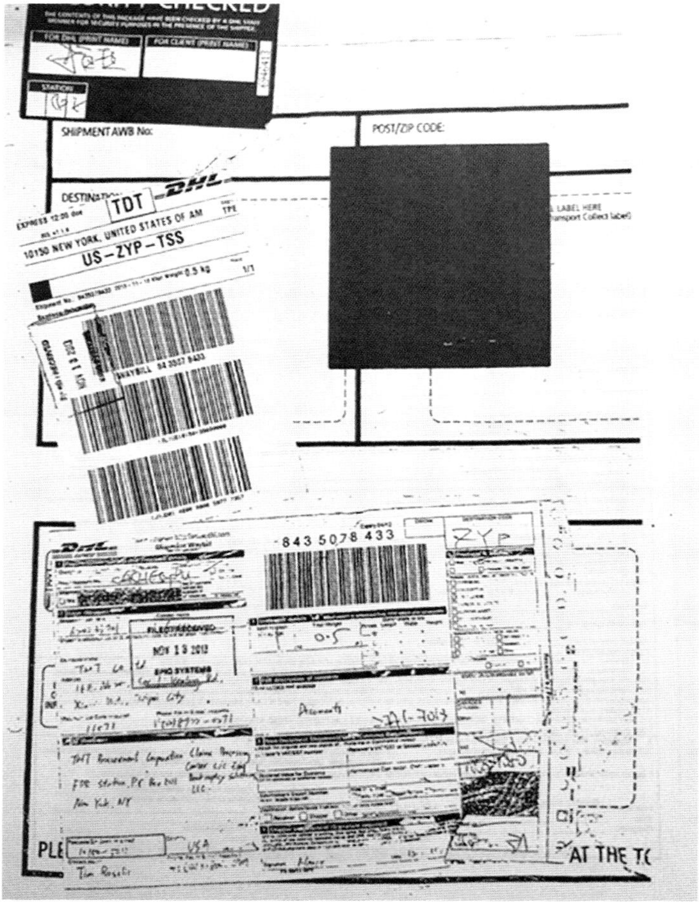

SECURITY CHECKED

FOR DHL (PRINT NAME)

FOR CLIENT (PRINT NAME)

STATION

SHIPMENT AWB No:

POST/ZIP CODE:

DESTINATION

TDT

EXPRESS 12:00 doc

10150 NEW YORK, UNITED STATES OF AM

US-ZYP-TSS

0.5 kg

1/1

WAYBILL 84 3507 8433

843 5078 433

ZYP

NOV 1 3 2012

0.5

Documents

PLE

AT THE TO

附錄16：更多證據

Claim no.	Creditor Name	Filed Date	Total Claim Value	Remark (excluded continuing interest, costs, fees, expenses and carrying fees)
371	Hyundai Heavy Industries Co., Ltd	13/11/2013	US$6,939,047.00	**against A Whale Corporation / MV A Whale** *Unpaid interest from the period Jan 8, 2010 to Mar 1, 2010, amount to $ 6,023,333 *Additional insterest from period Mar 1, 2011 to Jun 20, 2013 amounts to $915,714
378	Hyundai Heavy Industries Co., Ltd	13/11/2013	US$50,009,387.00	**against B Whale Corporation / MV B Whale** * as of the petition date, $ 29,785,358 principal of deferred amount + $ 6,448,928 in accrued interest *as of the petition date, $ 11,300,200 in principal of the Deferred CI amount + $ 2,474,901 in accured interest
379	Hyundai Heavy Industries Co., Ltd	13/11/2013	US$0.00	**against C Whale Corporation / MV C Whale**
380	Hyundai Heavy Industries Co., Ltd	13/11/2013	US$5,955,545.00	**against D Whale Corporation/ MV D Whale** * as of the petition date, $5,049,330 in principal of the Deferred CI Amount + $ 906,215 in accured interest
381	Hyundai Heavy Industries Co., Ltd	13/11/2013	US$5,893,761.00	**against E Whale Corporation/ MV E Whale** * as of the petition date, $5,019,230 in principal of the Deferred CI amount + $874,531 in accured interest
382	Hyundai Heavy Industries Co., Ltd	13/11/2013	US$5,809,033.00	**against G whale Corporation / MV G Whale** *as of the petition date, $5,117,840 in principal of the Deferred CI amount + $691,193 in accured interest
383	Hyundai Heavy Industries Co., Ltd	13/11/2013	US$7,330,523.00	**against H Whale Corporation / MV H Whale** *as of the petition date, $6,476,840 in principal of the Deferred CI Amount + $853,683 in accured interest
377	Hyundai Mipo Dockyard Co., Ltd	13/11/2013	US$1,080,000.00	**against C Handy Corporation / MV C Handy** * as of the petition date, the deferred amount of $1,000,000 and $80,000 in accured interest
372	Hyundai Sambo Heavy Industries Co., Ltd	13/11/2013	US$8,754,439.00	**against F Elephant Inc / MV Forturn Elephant** *as of the petition date, the deferred CI amount of $ 7,541,242 in principal + $1,213,197 in accured interest
373	Hyundai Sambo Heavy Industries Co., Ltd	13/11/2013	**US$57,437,266.00**	**against A Ladybug Corporation/ MV A Ladybug** * as of the petition date, the deferred amount of $40,000,000 in principal + $8,398,334 in accured interest * as of the petition date, $7,807,420 in principal of the deferred CI amount + $ 1,240,512 in accrued interest
374	Hyundai Sambo Heavy Industries Co., Ltd	13/11/2013	US$14,254,958.00	**against C Ladybug Corporation/ MV C Ladybug** * as of the petition date, the deferred amount of $5,000,000 in principal + $ 635,556 in accured interest * as of the petition date, $7,647,340 in principal of the deferred CI amount + $972,062 in accured interest
375	Hyundai Sambo Heavy Industries Co., Ltd	13/11/2013	**US$13,956,803.00**	**against D Ladybug Corporation/ MV D Ladybug** * as of the petition date, the deferred amount of $5,000,000 in principal + $ 467,639 in accured interest * as of the petition date, $7,645,550 in principal of the deferred CI amount + $715,071 in accured interest * as of the petition date, the delivery amount of$98,958 in principal + $29,858 in accured interest
375	Hyundai Sambo Heavy Industries Co., Ltd	13/11/2013	US$9,893,692.00	**against B Max Corporation/ MV B Max** * as of the petition date, the deferred amount of $9,023,661 in principal + $ 870,031 in accured interest
			US$187,314,454.00	

附錄17：現代（Hyundai）在破產案中提交索賠證據

LOAN AGREEMENT

by and between

C Handy Corporation

as Borrower

and

The Shanghai Commercial & Savings Bank, Ltd.

as Lender

GUARANTEED by

Taiwan Maritime Transportation Co., Ltd.

and

Mr. Hsin Chi Su (蘇信吉)

Ding & Ding Law Offices
10th Fl., No. 563,
Chung Hsiao E. Rd., Sec. 4,
Taipei, Taiwan, R. O. C.

Tel: 886-2-2762-5659
Fax: 886-2-2761-7682
E-mail: ddinglaw@ms12.hinet.net

附錄18：C Handy號輪和上海銀行的貸款協議，TMT作擔保人

FIRST PREFERRED MARSHALL ISLANDS SHIP MORTGAGE

of

m.v.."C Handy"

by

C Handy Corporation

As Owner and Mortgagor

to

The Shanghai Commercial & Savings Bank, Ltd.

As Mortgagee

To Secure

A US$18,500,000 Term Loan Facility

Under

A Loan Agreement

Ding & Ding Law Offices
10th Fl., No. 563,
Chung Hsiao E. Rd., Sec. 4,
Taipei, Taiwan, R. O. C.

Tel: 886-2-2762-5659
Fax: 886-2-2761-7682
E-mail: ddinglaw@ms12.hinet.net

附錄19：C Handy號輪抵押貸款文件

Notice of Assignment

(to Borrower/Guarantors)

To: **C Handy Corporation** ("**Borrower**")
Attention: Greene Hung
Address: 12F, No. 167, Fu Hsin N. Rd., Taipei, Taiwan, ROC
Fax number: 886-2-8771-1559

TAIWAN MARITIME TRANSPORTATION CO., LTD. ("**Corporate Guarantor**").
Attention: Greene Hung
Address: 12F, No. 167, Fu Hsin N. Rd., Taipei, Taiwan, ROC
Fax number: 886-2-8771-1559

HSIN CHI SU (蘇信吉) ("**Personal Guarantor**")
Address: 12F, No. 167, Fu Hsin N. Rd., Taipei, Taiwan, ROC
Fax number: 886-2-8771-1559

From: Deutsche Bank AG, London Branch ("**Assignor**") and
CVI CVF II Lux Master S.a.r.l. ("**Assignee**")

12 December 2013

Dear Sirs

Loan Agreement dated 7 June 2011 (as amended from time to time) between Borrower and The Shanghai Commercial & Savings Bank, Ltd. ("SCSB"), together with any amendments, supplements to such Loan Agreement ("Loan Agreement") and all guarantees, promissory notes, mortgages, pledges, and other collaterals and securities provided by Borrower set forth in the Security Documents (as defined in the Loan Agreement) executed in connection with such Loan Agreement (collectively referred to the "Assigned Related Agreements")

1. On and with effect from 12 December 2013, Assignor assigned to Assignee pursuant to an Assignment Agreement dated 12 December 2013 (the "**Assignment**") any and all of Assignor's rights, titles, interests, benefits, entitlements, remedies, claims, and causes of action arising from and/or under the Assigned Related Agreements corresponding to an outstanding principal amount of Five Million Nine Hundred Three Thousand Seven Hundred Thirty-Six and Twenty-Seven Cent United States Dollars (USD5,903,736.27) ("**Outstanding Principal**") under SCSB's claim in the insolvency proceedings of the Borrower in connection with the Assigned Related Agreements (the "**Assigned Rights**"), including, without limitation:

(a) the Guarantees issued by the Corporate Guarantor and Personal Guarantor to guarantee the performance of any and all the obligations under the Loan Agreement and Security Documents in favor of and to SCSB,

(b) Assignor's rights and entitlements to collect the hire, freight and other payments under the charterparties of m.v. C Handy (if any), the rights and entitlements to claim and receive the insurance proceeds arising from the Hull and Machinery

附錄20a：上海商業儲蓄銀行用錯誤紙張打印文件

Insurance, War Risk Insurance and other related insurances, and the protection and indemnity insurance coverage provided by mutual (i.e., co-operative) insurance association, the rights and entitlements to claim and receive Earnings and Requisition Compensation (as defined in the Assignment Agreement dated 7 June 2011 between Borrower and SCSB, which is part of the Security Documents);

(c) the rights and interests of the Assignor in and with respect to any and all the benefits of any payment orders (支付命令) and the certification of such payment orders being final and irrevocable (支付命令確定證明書) issued by the courts of the Republic of China and the promissory note enforcement order (本票裁定) and the certification of such enforcement orders being final and irrevocable (本票裁定確定證明書) (if any) issued by the courts of the Republic of China and any other court orders, court judgment awards, execution titles of the like obtained or to be obtained by SCSB against the Borrower and/or Corporate Guarantors and /or Personal Guarantors and the funds, proceeds and /or any recovery arising from or in connection with these orders, judgment awards, execution titles, or the like, including without limitation, the payment orders and promissory note enforcement orders listed in the **Schedule 1** attached hereto.

2. The details of Assignee's facility office are as follows:

CVI CVF II Lux Master S.a.r.l.
C/O Carval Investors UK Limited
3rd Floor, 25 Great Pulteney Street
London, W1F 9LT

Attn: Annemarie Jacobsen/David Short
Email: Annemarie.jacobsen@carval.com/ david.short@carval.com
Tel: + 44 207 292 7720/21
Fax: + 44 207 292 7777

3. With effect from the date of this notice, all payments due to Assignee (to the extent attributable to the Outstanding Principal) and required to be deposited to the Retention Account and Earnings Account (which account details are set out below) in accordance with the Assigned Related Agreements (i.e., the Loan Agreement and Security Documents) shall remain unchanged, and Borrower shall continue to abide by the Assigned Related Agreements and make and deposit the payments to these accounts just as Borrower has done before receipt of this notice of assignment:

<u>Retention Account</u>
Account Name: C Handy Corporation
Account No.: 27108005507191
Name of Bank: The Shanghai Commercial & Savings Bank, Ltd.
Offshore Banking Unit

<u>Earnings Account</u>
Account Name: C Handy Corporation
Account No.: 27108000305201
Name of Bank: The Shanghai Commercial & Savings Bank, Ltd.

Error! Unknown document property name.

附錄20b：上海商業儲蓄銀行用錯誤紙張打印文件

Offshore Banking Unit

For avoidance of any doubt, from the effective date of this notice of assignment, SCSB shall continue to act as the Agent in relation to the administration of the facility and security under and in accordance with the Assigned Related Agreements and account bank for the Retention Account and Earnings Account.

4. Except for the payments required to be deposited into the Retention Account and Earning Account as set forth in paragraph (3) above, with effect from the date of this notice, all other payments (if any) due to Assignor in respect of the Assigned Rights (to the extent attributable to the Outstanding Principal) shall be directly paid to Assignee. The details of Assignee's account for these purposes are as follows:

   Account Name: CVI CVF II Lux Master Sárl
   Account Number: 486347003
   Beneficiary Bank: JP Morgan Chase, New York
   BIC: CHASUS33

5. Terms defined in the Assignment have the same meanings when used in this notice.

6. Assignor assigned to Assignee pursuant to the ASSIGNMENT OF A FIRST PREFERRED MORTGAGE dated on or around the date hereof Assignor's rights, interest and benefit (to the extend attributable to the Outstanding Principal) in the First Preferred Mortgage established and registered on m.v. C Handy.

Sandeep Chandak Heng Cheam
Director Director
Deutsche Bank AG, London Branch

CVI CVF II Lux Master S.a.r.l.
BY CARVAL INVESTORS UK LIMITED
DAVID SHORT
OPERATIONS MANAGER

Schedule 1:
List in conjunction with the enforcement orders and payment orders

Error! Unknown document property name.

附錄20c：上海商業儲蓄銀行用錯誤紙張打印文件

C Handy

Account Name: C Handy Corporation
Account No.: 27108000305201
Name of Bank: The Shanghai Commercial & Savings Bank, Ltd.
Offshore Banking Unit

For avoidance of any doubt, from the effective date of this notice of assignment, Assignor shall continue to act as the Agent in relation to the administration of the facility and security under and in accordance with the Assigned Related Agreements and Account Bank for the Retention Account and Earnings Account, and the Agent shall only, to the extent permitted by applicable laws and/or court orders and the terms of the Assigned Related Agreements and the account opening agreements in respect of the Retention Account and Earning Account between Account Bank and the account holder, operate these two accounts in accordance with the instructions of majority of Assignee and Syndicated Members Banks (as defined in the Assignment); Account Bank shall not exercise any right of combination, consolidation, or set-off against the accounts without Assignee's prior written consent; nor shall Account Bank amend or vary any rights attaching to the accounts without the prior written consent of a majority of Assignee and Syndicated Members Banks.

4. Except for the payments required to be deposited into the Retention Account and Earning Account as set forth in paragraph (3) above, with effect from the date of this notice, all other payments (if any) due to Assignor in respect of the Assigned Rights shall be directly paid to Assignee. The details of Assignee's account for these purposes are as follows:

   Deutsche Bank Trust Americas, New York (ABA 021001033)
   Account Number: 04411739
   Beneficiary: Deutsche Bank AG London (SWIFT - DEUT GB 2L)
   Reference: TMT / SCSB
   Attention: London Loans Admin / Yvonne Choo
   Email: yvonne.choo@db.com

5. Terms defined in the Assignment have the same meanings when used in this notice.

6. Assignor, in its capacity as a lender, assigned to Assignee pursuant to the ASSIGNMENT OF A FIRST PREFERRED MORTGAGE dated on or around the date hereof Assignor's First Preferred Mortgage established and registered on m.v. C Handy.

The Shanghai Commercial & Savings Bank, Ltd. Kevin Shiao
Senior Vice President

Deutsche Bank AG, London Branch
Sandeep Chandak
Director

Jack Tsai
Director

Schedule 1:
List in conjunction with the enforcement orders and payment orders

錯誤！無法識別文件屬性名稱。

附錄20d：上海商業儲蓄銀行用錯誤紙張打印文件

C Handy

Schedule 1

List in conjunction with the enforcement orders and payment orders

The status of orders granted until 2013.10.15

C HANDY

	Order Number	Principal Payable	Interest and Fees Payable	Status
C HANDY promissory note enforcement order	Taipei District Court, Year 102 Si-PiaoTze No.8605	USD 16,496,703.19	Interest is 6% per year with the principal of USD 16,453,692.32 and calculated from May 4, 2013, until payment in full + Procedural fee NTD5,000.	Not final
TMT promissory note enforcement order	Taipei District Court, Year 102 Si-PiaoTze No.8604	USD 16,496,703.19	Interest is 6% per year with the principal of USD 16,453,692.32 and calculated from May 4, 2013, until payment in full + Procedural fee NTD5,000.	Final and Binding
TMT payment order	Taipei District Court, Year 102 Si-Tzu-Tze No.12390	USD 16,496,703.19	Interest: 4.0058% per year with the principal of USD 16,453,692.32 and calculated from May 4, 2013, until payment in full. Default Penalties: (See the annex of the payment order). Procedural fee NTD500.	Final and Binding

錯誤！無法識別文件屬性名稱。

附錄20e：上海商業儲蓄銀行用錯誤紙張打印文件

Case 13-33763 Document 1195 Filed in TXSB on 03/07/14 Page 1 of 4

IN THE UNITED STATES BANKRUPTCY COURT
FOR THE SOUTHERN DISTRICT OF TEXAS
HOUSTON DIVISION

In re:	§	**Chapter 11**
	§	
TMT PROCUREMENT CORP., ***et al.*****,**[1]	§	**Case No. 13-33763**
	§	
	§	
DEBTORS.	§	**Jointly Administered**

EMERGENCY MOTION FOR ENTRY OF FINAL ORDER (I) AUTHORIZING POST-PETITION SECURED FINANCING TO B MAX CORPORATION AND (II) PROVIDING RELATED RELIEF WITH RESPECT THERETO

THERE WILL BE A HEARING ON THIS MOTION ON MARCH 10, 2014 AT 9:00 A.M. IN COURTROOM 404 AT THE U.S. BANKRUPTCY COURT, 515 RUSK AVENUE, HOUSTON, TEXAS 77002.

THIS MOTION SEEKS AN ORDER THAT MAY ADVERSELY AFFECT YOU. IF YOU OPPOSE THE MOTION, YOU SHOULD IMMEDIATELY CONTACT THE MOVING PARTY TO RESOLVE THE DISPUTE. IF YOU AND THE MOVING PARTY CANNOT AGREE, YOU MUST FILE A RESPONSE AND SEND A COPY TO THE MOVING PARTY. YOU MUST FILE AND SERVE YOUR RESPONSE WITHIN 14 DAYS OF THE DATE THIS WAS SERVED ON YOU. YOUR RESPONSE MUST STATE WHY THE MOTION SHOULD NOT BE GRANTED. IF YOU DO NOT FILE A TIMELY RESPONSE, THE RELIEF MAY BE GRANTED WITHOUT FURTHER NOTICE TO YOU. IF YOU OPPOSE THE MOTION AND HAVE NOT REACHED AN AGREEMENT, YOU MUST ATTEND THE HEARING. UNLESS THE PARTIES AGREE OTHERWISE, THE COURT MAY CONSIDER EVIDENCE AT THE HEARING AND MAY DECIDE THE MOTION AT THE HEARING.

THIS MOTION SEEKS A WAIVER OF THE NORMAL REQUIREMENT FOR SEPARATE INTERIM AND FINAL HEARINGS ON PROPOSED POST-PETITION FINANCING. EMERGENCY RELIEF HAS BEEN REQUESTED. IF THE COURT CONSIDERS THE MOTION ON AN EMERGENCY BASIS, THEN YOU WILL HAVE LESS THAN 14 DAYS

[1] The Debtors in these chapter 11 cases are: (1) A Whale Corporation; (2) B Whale Corporation; (3) C Whale Corporation; (4) D Whale Corporation; (5) E Whale Corporation; (6) G Whale Corporation; (7) H Whale Corporation; (8) A Duckling Corporation; (9) F Elephant Inc.; (10) A Ladybug Corporation; (11) C Ladybug Corporation; (12) D Ladybug Corporation; (13) A Handy Corporation; (14) B Handy Corporation; (15) C Handy Corporation; (16) B Max Corporation; (17) New Flagship Investment Co., Ltd; (18) RoRo Line Corporation; (19) Ugly Duckling Holding Corporation; (20) Great Elephant Corporation; and (21) TMT Procurement Corporation.

附錄21：破產案的緊急動議

DECLARATION OF JOHAN SUDIMAN

I, Johan Sudiman, declare as follows:

1. I am employed as Executive Director of J.P. Morgan Securities (Asia Pacific) Limited. All statements of fact contained herein are true and correct and are based upon my personal knowledge, or based upon a review of defendant JPMorgan Chase Bank, N.A.'s ("JPMorgan") records where ownership of the "Debt," as defined below, would reasonably be expected to be reflected.

2. Transfer Certificates dated various dates in January 2014 were executed pursuant to which the holders of various tranches of loans secured by certain vessels known as the *M.V. C Whale*, the *M.V. D Whale*, the *M.V. G Whale* and the *M.V. H Whale* transferred such tranches to JPMorgan, as set forth below (the "Debt"):

M.V. C Whale

- A Transfer Certificate dated January 17, 2014 was executed pursuant to which CTBC Bank Co. Ltd. transferred to JPMorgan $7,500,000 of a loan designated as US$84,000,000 Facility Agreement for C Whale Corporation dated June 21, 2010. (Ex. A.)
- A Transfer Certificate dated January 20, 2014 was executed pursuant to which Ta Chong Bank Ltd. transferred to JPMorgan $4,125,000 of a loan designated as US$84,000,000 Facility Agreement for C Whale Corporation dated June 21, 2010. (Ex. B.)
- A Transfer Certificate dated January 21, 2014 was executed pursuant to which First Commercial Bank Co., Ltd. transferred to JPMorgan $2,625,000 of a loan designated as US$84,000,000 Facility Agreement dated June 21, 2010. (Ex. C.)
- A Transfer Certificate dated January 29, 2014 was executed pursuant to which a syndicate of lenders transferred to JPMorgan $38,624,999 of a loan designated as US$84,000,000 Facility Agreement dated June 21, 2010. (Ex. D.)

Exhibit B

1

附錄22a-e：摩根大通的供詞

M.V. D Whale

- A Transfer Certificate dated January 17, 2014 was executed pursuant to which CTBC Bank Co. Ltd. transferred to JPMorgan $7,200,000 of a loan designated as US$91,600,000 Facility Agreement for D Whale Corporation dated September 28, 2010. (Ex. E.)
- A Transfer Certificate dated January 20, 2014 was executed pursuant to which Ta Chong Bank Ltd. transferred to JPMorgan $5,520,000 of a loan designated as US$91,600,000 Facility Agreement for D Whale Corporation dated September 28, 2010. (Ex. F.)
- A Transfer Certificate dated January 21, 2014 was executed pursuant to which First Commercial Bank Co., Ltd. transferred to JPMorgan $5,520,000 of a loan designated as US$91,600,000 Facility Agreement dated September 28, 2010. (Ex. G.)
- A Transfer Certificate dated January 29, 2014 was executed pursuant to which a syndicate of lenders transferred to JPMorgan $44,839,999 of a loan designated as US$91,600,000 Facility Agreement dated September 28, 2010. (Ex. H.)

M.V. G Whale

- A Transfer Certificate dated January 17, 2014 was executed pursuant to which CTBC Bank Co. Ltd. transferred to JPMorgan $10,284,999 of a loan designated as US$90,000,000 Facility Agreement for G Whale Corporation dated March 9, 201[1]. (Ex. I.)
- A Transfer Certificate dated January 20, 2014 was executed pursuant to which Ta Chong Bank Ltd. transferred to JPMorgan $7,225,000 of a loan designated as US$90,000,000 Facility Agreement for G Whale Corporation dated March 9, 201[1]. (Ex. J.)
- A Transfer Certificate dated January 21, 2014 was executed pursuant to which First Commercial Bank Co., Ltd. transferred to JPMorgan $10,285,000 of a loan designated as US$90,000,000 Facility Agreement dated March 9, 2011. (Ex. K.)
- A Transfer Certificate dated January 29, 2014 was executed pursuant to which a syndicate of lenders transferred to JPMorgan $41,480,000 of a loan designated as US$90,000,000 Facility Agreement dated March 9, 2011. (Ex. L.)

M.V. H Whale

- A Transfer Certificate dated January 17, 2014 was executed pursuant to which CTBC Bank Co. Ltd. transferred to JPMorgan $10,285,000 of a loan designated as US$90,000,000 Facility Agreement for H Whale Corporation dated June 7, 2011. (Ex. M.)

- A Transfer Certificate dated January 20, 2014 was executed pursuant to which Ta Chong Bank Ltd. transferred to JPMorgan $7,225,000 of a loan designated as US$90,000,000 Facility Agreement for H Whale Corporation dated June 7, 201[1]. (Ex. N.)

- A Transfer Certificate dated January 21, 2014 was executed pursuant to which First Commercial Bank Co., Ltd. transferred to JPMorgan $10,284,999 of a loan designated as US$90,000,000 Facility Agreement dated June 7, 2011. (Ex. O.)

- A Transfer Certificate dated January 29, 2014 was executed pursuant to which a syndicate of lenders transferred to JPMorgan $41,480,000 of a loan designated as US$90,000,000 Facility Agreement dated June 7, 2011. (Ex. P.)

3. Transfer Certificates dated various dates in January 2014 were executed pursuant to which the Debt was transferred from JPM to OCM Formosa Strait Holdings, Ltd. ("OCM"), as set forth below:

M.V. C Whale

- A Transfer Certificate dated January 21, 2014 was executed pursuant to which JPMorgan transferred to OCM $11,625,000 of a loan designated as US$84,000,000 Facility Agreement for C Whale Corporation dated June 21, 2010. (Ex. Q.)

- A Transfer Certificate dated January 23, 2014 was executed pursuant to which JPMorgan transferred to OCM $2,625,000 of a loan designated as US$84,000,000 Facility Agreement for C Whale Corporation dated June 21, 2010. (Ex. R.)

- A Transfer Certificate dated January 29, 2014 was executed pursuant to which JPMorgan transferred to OCM $38,624,999 of a loan designated as US$84,000,000 Facility Agreement dated June 21, 2010. (Ex. S.)

3

M.V. D Whale

- A Transfer Certificate dated January 21, 2014 was executed pursuant to which JPMorgan transferred to OCM $12,720,000 of a loan designated as US$91,600,000 Facility Agreement for D Whale Corporation dated September 28, 2010. (Ex. T.)
- A Transfer Certificate dated January 23, 2014 was executed pursuant to which JPMorgan transferred to OCM $5,520,000 of a loan designated as US$91,600,000 Facility Agreement for D Whale Corporation dated September 28, 2010. (Ex. U.)
- A Transfer Certificate dated January 29, 2014 was executed pursuant to which JPMorgan transferred to OCM $44,839,999 of a loan designated as US$91,600,000 Facility Agreement dated September 28, 2010. (Ex. V.)

M.V. G Whale

- A Transfer Certificate dated January 21, 2014 was executed pursuant to which JPMorgan transferred to OCM $17,509,999 of a loan designated as US$90,000,000 Facility Agreement dated March 9, 2011. (Ex. W.)
- A Transfer Certificate dated January 23, 2014 was executed pursuant to which JPMorgan transferred to OCM $10,285,000 of a loan designated as US$90,000,000 Facility Agreement for G Whale Corporation dated March 9, 2011. (Ex. X.)
- A Transfer Certificate dated January 29, 2014 was executed pursuant to which JPMorgan transferred to OCM $41,480,000 of a loan designated as US$90,000,000 Facility Agreement dated March 9, 2011. (Ex. Y.)

M.V. H Whale

- A Transfer Certificate dated January 21, 2014 was executed pursuant to which JPMorgan transferred to OCM $17,510,000 of a loan designated as US$90,000,000 Facility Agreement dated June 7, 2011. (Ex. Z.)
- A Transfer Certificate dated January 23, 2014 was executed pursuant to which JPMorgan transferred to OCM $10,284,999 of a loan designated as US$90,000,000 Facility Agreement for H Whale Corporation dated June 7, 2011. (Ex. AA.)
- A Transfer Certificate dated January 29, 2014 was executed pursuant to which JPMorgan transferred to OCM $41,480,000 of a loan designated as US$90,000,000 Facility Agreement dated June 7, 2011. (Ex. BB.)

4

Certificates described in Paragraphs 2 and 3 above. Such records do not reflect, nor am I aware of, (a) any current ownership of the Debt; (b) any other ownership or transfer of the Debt; or (c) any agreement by JPMorgan to retain any right, title, interest, benefit, claim, cause of action, obligation or liability related to the Debt.

I declare under penalty of perjury under the laws of the United States of America that the foregoing is true and correct.

Executed on: 26th March 2015

Historical Information

Provided by: CTBC FINANCIAL HOLDING CO., LTD.

SEQ_NO 3 Date of announcement 2013/11/12 Time of announcement 19:12:55

Subject: Announced by CTBC Financial Holding Co., Ltd. on behalf of CTBC Bank Co., Ltd. (CTBC Bank) regarding the sales of distressed assets

Date of events 2013/11/12 To which item it meets paragraph 20

Statement

1.Name and nature of the subject matter (if preferred shares, the terms and conditions of issuance shall also be indicated, e.g.dividend yield): Non-Performing Loan of CTBC Bank
2.Date of occurrence of the event: 2013/11/12
3.Volume, unit price, and total monetary amount of the transaction:
(1) Volume: NA
(2) Unit Price: NA
(3) Total monetary amount: USD$29,198,001.25
4.Counterpart to the trade and its relationship to the Company (if the trading counterpart is a natural person and furthermore is not an actual related party of the Company, the name of the trading counterpart is not required to be disclosed):
J.P. Morgan Chase Bank N.A.
5.Where the counterpart to the trade is an actual related party, a public announcement shall also be made of the reason for choosing the related party as trading counterpart and the identity of the previous owner (including its relationship with the company and the trading counterpart), price of transfer, and date of acquisition:
NA
6.Where a person who owned the property within the past five years has been an actual related person of the company, a public announcement shall also include the dates and prices of acquisition and disposal by the related person and the person's relationship to the company at those times: NA
7.Matters related to the creditor's rights currently being disposed of (including types of collateral of the disposed creditor's rights; if the creditor's rights are creditor's rights toward a related person, the name of the related person and the book amount of the creditor's rights toward such related person currently being disposed of must also be announced):
(1)Type of collateral of the disposed: Secured loans' collaterals are vessels and interest rate swap loans are unsecured loans;
(2)Creditor's right toward a related person: NA
8.Anticipated profit or loss from the disposal (not applicable in cases of acquisition of securities) (where originally deferred, the status or recognition shall be stated and explained):
Anticipated loss of USD 25,330,160.69
9.Terms of delivery or payment (including payment period and monetary amount), restrictive covenants in the contract, and other important stipulations:
Based on the terms of Sales Agreement
10.The manner in which the current transaction was decided, the reference basis for the decision on price, and the decision-making department:
(1)The manner in which the current transaction was decided: Negotiating the transaction price directly with the counter parties
(2)The reference basis for the decision on price and the decision-making department: BOD of CTBC Bank Co., Ltd.
11.Current cumulative volume, amount, and shareholding percentage of holdings of the security being traded (including the current trade) and status of any restriction of rights (e.g.pledges): NA
12.Current ratio of long or short term securities investment (including the current trade) to the total assets and shareholder's equity as shown in the most recent financial statement and the operating capital as shown in the most recent financial statement: NA
13.Broker and broker's fee: NA
14.Concrete purpose or use of the acquisition or disposition: For Accelerating disposal of Non-Performing Loans.
15.Net worth per share of company underlying securities acquired or disposed of: NA
16.Do the directors have any objection to the present transaction?: NA
17.Has the CPA issued an opinion on the unreasonableness of the price of the current transaction?: NA

C.D.E.G
4slips

↓4ull ?

Historical Information

18.Any other matters that need to be specified:
The above related transaction is recorded and traded in USD. The exchange rate: USD 1= NTD 29.61
The Buyer will pay CTBC Bank Ltd., related fees USD 373,000.

參考書目

《金融時報》，2009年9月。

紐約州金融署，2016年8月。

路透社，2005年8月。

《南華早報》，2016年11月。

《南德日報（Süddentsche Zeitung）》，2016年12月。

《東方金客》，蘇信吉著，2017年，倫敦Gatecrasher出版社。

《貿易風》，2013年11月。

維基百科。

插圖

本書《王朝大逃亡》中的所有插圖，除非另有說明，均由Nobu Su先生自他人處接收、委託他人創作或擁有版權。

卷首插圖作者——Nobu Su（© Odette Sugerman）。

第51頁圖5.1蔡友才（© Liberty Times）。

第131頁圖13.1純戲劇（© stocksnapper／123RF）。

第197頁圖17.1銷毀證據（© orangeline／123RF）。

第229頁圖22.1摩根大通（© Felix Lipov／123RF）。

第235頁圖22.2賄賂和腐敗（© Andriy Popov／123RF）。

國家圖書館出版品預行編目資料

王朝大逃亡／Nobu Su著；Jackie Lun譯. --初版.--
臺中市：白象文化，2018.10
面；　公分
譯自：Dynasty escape
ISBN 978-986-358-733-0（平裝）
1.臺灣政治
573.07　　107016453

王朝大逃亡

作　　者　Nobu Su
譯　　者　Jackie Lun
專案主編　黃麗穎
出版編印　吳適意、林榮威、林孟侃、陳逸儒、黃麗穎
設計創意　張禮南、何佳諠
經銷推廣　李莉吟、莊博亞、劉育姍、李如玉
經紀企劃　張輝潭、洪怡欣、徐錦淳、黃姿虹
營運管理　林金郎、曾千熏
發 行 人　張輝潭
出版發行　白象文化事業有限公司
412台中市大里區科技路1號8樓之2（台中軟體園區）
出版專線：（04）2496-5995　傳真：（04）2496-9901
401台中市東區和平街228巷44號（經銷部）
購書專線：（04）2220-8589　傳真：（04）2220-8505
印　　刷　基盛印刷工場
初版一刷　2018年10月
定　　價　319元

英文版《DYNASTY ESCAPE》由「GateCrasher Books」出版發行，並授權予白象文化編印發行繁體中文版，內容權責由作者自負。
缺頁或破損請寄回更換